삼성으로 가는 **길**

삼성으로 가는 길

지은이 홍기찬
펴낸이 안용백
펴낸곳 (주)넥서스

초판 1쇄 발행 2015년 1월 5일
초판 2쇄 발행 2015년 1월 10일

출판신고 1992년 4월 3일 제311-2002-2호
121-893 서울특별시 마포구 양화로 8길 24
Tel (02)330-5500 Fax (02)330-5555

ISBN 979-11-5752-200-2 13320

저자와 출판사의 허락 없이 내용의 일부를
인용하거나 발췌하는 것을 금합니다.
저자와의 협의에 따라서 인지는 붙이지 않습니다.

가격은 뒤표지에 있습니다.
잘못 만들어진 책은 구입처에서 바꾸어 드립니다.

www.nexusbook.com
넥서스BIZ는 (주)넥서스의 경제경영 브랜드입니다.

삼성으로 가는 길

직무 분석·SSAT·자기소개서·면접 완벽 준비서

홍기찬 지음

넥서스BIZ

프롤로그

왜 **삼성으로** 가야 하는가

취업이란 것은 왜 그렇게 힘든 것일까? 이유는 단순하다. 대학에 진학하는 사람의 수가 너무 많기 때문이다. 1970년대 후반까지만 해도 1년 사이에 배출되는 대졸자 수는 약 7만 명으로, 대학 진학률은 전체 고등학교 졸업자의 20% 미만이었다.

하지만 현재 대학 진학률은 80%에 달하며 연간 30만 명에 육박하는 대졸자가 사회에 쏟아져 나오고 있다. 1980~90년대 고도 성장기를 지나 저성장 시대에 진입한 사회적 상황에서 우리나라 특유의 지나친 교육열로 인해 수많은 대졸자가 양산되고 있으니 취업이 잘된다면 오히려 그것이 더 이상할 것이다. 그렇다고 신세 한탄만 하면서 청춘을 허비할 수는 없는 노릇이다.

입사지원서만 200번 남짓 제출했다는 취업 준비생이 이렇게 말했다.

"실제 취업문은 상당히 좁아요. 정말 죽고 싶은 심정이에요."

한 기관의 조사에 따르면 취업 준비생의 72.9%가 우울증을 경험한 적이 있다고 한다. 이것이 대한민국의 현실이다. 그렇다면 그는 왜 200번이나 입사지원서를 제출했는데도 합격 통지를 받지 못했을까? 아무리 학점이 낮고, 스펙이 없다 해도 이쯤 되면 방법론에 대해 고민해 보아야 한다.

수많은 학생을 만나며 느낀 것은 그들 모두 비즈니스의 세계에 대한 이해가 없다는 것이다. 획일화된 교육을 받으며 스펙 쌓기에만 골몰해 온 학생들은 자신을 표현하는 방법도, 포장하는 방법도 서툴다. 그러다 보니 맨땅에 헤딩하듯 무턱대고 입사지원서부터 들이밀고 본다.

이 책은 자기계발서가 아니다. 우수한 직장인, 뛰어난 삼성인으로 거듭나기 위한 내용이 담겨 있지 않다. 철저하게 현실론에 입각해 취업을 하기 위한 준비 과정, 구체적인 방법 그리고 방향성 등에 대해 이야기한다. 이 책이 당신의 취업을 100% 보장해 주는 것은 아니지만, 적어도 구직을 할 때 시행착오를 줄여 주고 당신이 올바른 방향으로 나아갈 수 있도록 길라잡이 역할을 해 줄 것이라 확신한다.

삼성인이 된다고 해서 인생에서 성공하는 것은 아니다. 하지만 확실한 것은 삼성이라는 직장이 구직자들에게는 충분히 의미 있는 일터라는 점이다. 또한 삼성을 목표로 구직을 준비한다면 국내의 어떤 회사도 두렵지 않을 것이다.

우리가 취업하려는 이유는 두 가지이다. 첫째는 '지위 향상'이다. 대한민국에서 간판은 무시할 수 없는 삶의 조건이다. 글로벌 브랜드인 삼성이라는 배지를 다는 것은 충분히 의미 있는 경험이다. 높은 연봉 또한 무시할 수 없다. 하지만 내가 강조하고 싶은 것은 두 번째 이유, 바로 '지속 성장'이다. 단언컨대 삼성은 국내 사기업 중에서 구직자들을 가장 업그레이드시켜 줄 수 있는 기업이다. 다음 신문 기사가 이런 사실을 잘 보여 준다.

> 퇴사 '삼성맨' 파워…재계 영입 1순위　　　_2013년 12월 17일, 〈지디넷 코리아〉
>
> 5월에 진행한 조사 결과, 국내 500대 기업 최고경영자(CEO) 중 삼성그룹에 몸담은 경력이 있는 사람이 30여 명에 이르는 것으로 나타났다.
> 　　　　　　　　　　　　　　　　　　　　_2014년 7월 17일, 〈동아일보〉

낙타가 바늘귀를 통과하듯 어렵게 들어간 대기업에서의 생존 기간은 점차 짧아지고 있다. 하지만 삼성 특유의 강력한 업무 훈련을 받은 사람들은 내부에서는 물론 세상에 나가서도 인정받는다. 나 또한 삼성의 교육 과정과 업무 수행을 통해 성장했고 그 경험을 바탕으로 강연과 저술 활동을 하고 있다. '교육의 삼성'과 '인재의 삼성'은 구직자들에게 많은 기회를 줄 것이다.

삼성이 매력적인 이유는 압도적인 채용 규모 때문이다. 대한민국 리딩 컴퍼니(Leading Company) 삼성은 다른 기업이 감히 따라올 수 없는 많은 기회를 구직자들에게 제공하고 있다.

이 책에는 삼성에 입사하기 위해 알아 두어야 할 현실적인 조언이 담겨 있다. 구직자들이 이해하기 쉽도록 삼성이 갖는 의미를 분석하고 삼성의 기업 문화와 경영 상황을 구체적으로 설명했다. 삼성 입사의 핵심이라고 할 수 있는 SSAT 시험에 대한 설명과 학습 방법을 제시했고, 실제 학생들의 자기소개서를 분석하여 전략적인 작성 기법을 정리했다. 그리고 구직자들이 가장 두려워하는 삼성 입사의 관문인 면접을 PT 면접과 임원 면접으로 나누어 그 대응 방법을 소개했다.

현재 취업 시장에서 길을 잃고 정처 없이 방황하고 있는 구직자들은 이 책을 통해 단기간에 액션 플랜(Action Plan)을 세우고, 저학년들은 차근차근 입사 대비 전략을 구축해야 한다. 액션 플랜, 전략, 전술 등이 딱딱하게 들릴 수도 있겠지만 어차피 취업은 경쟁이고, 경쟁에서 살아남기 위해서는 차별화되어야 한다.

비루한 학점이나 낮은 스펙이라도 믿음과 자신감을 가지고 도전한다면 강철처럼 보이는 단단한 취업 문을 뚫을 수 있을 것이다. 이 시대 모든 구직자들의 건승을 기원한다.

홍기찬

Contents

| 프롤로그 | 왜 삼성으로 가야 하는가　　　　　　　　　　004

PART 1 삼성의 이해
지름길을 알고 가라

01 취업 시장, 이것저것 다 빼고 '팩트'만 보라　　　014
02 스펙, 취업의 절대 무기가 될 수 있을까?　　　021
03 취업에 성공하고 싶다면 삼성을 알아야 한다　　　033
Plus 1 ▶ 삼성그룹 계열사 소개　　　049
Plus 2 ▶ 삼성의 인재 채용 시스템　　　055

PART 2 SSAT 요령
한 번보다 열 번 풀어 본 사람이 낫다

01 공대생에게 왜 미술 작품을 물어보는 것일까　　　060
02 영역별 공부 방법을 짚어 보자　　　064
　　언어논리 | 수리논리 | 추리논리 | 시각적 사고 | 직무 상식

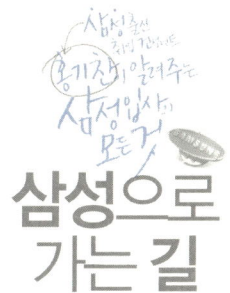

PART 3 자기소개서 공식
핵심만 알면 간단명료하다

01 자기소개서, 채용 담당자의 입장에서 작성하라 080
02 모든 질문의 의도는 항상 '직무 역량'이다 085
03 훌륭한 자기소개서에는 공통점이 있다 090
04 일반 전형 1번 문항
   자기소개서 작성 시 흔히 하는 착각과 실수 100
05 일반 전형 2번 문항
   과거의 경험을 부각시키는 자기소개서의 조건 111
06 일반 전형 3번 문항
   기업 입장에서 사고하고 親기업적으로 판단하라 119
07 SCSA 전형
   가능성에 초점을 두고 작성하라 126
08 장교 전형
   분명한 리더십을 어필하라 132

09 초대졸·고졸 전형
　　2차 역량이 최우선이다　　　　　　　　　　　137
10 열린 채용
　　당당하게 작성하라　　　　　　　　　　　　144
Plus 3　자기소개서 작성 포인트　　　　　　　　148
Plus 4　삼성그룹 계열사별·직무별 자기소개서 분석　　150

삼성전자 영업 마케팅 | 삼성전자 연구 개발직 | 삼성전자 설비 엔지니어
삼성전자 SCSA | 삼성카드 영업 관리 | 삼성 SDS S/W | 제일기획 AE
삼성물산 상사 부문 해외 영업직 | 삼성물산 건설 부문 | 제일모직 패션 부문

PART 4　면접의 기술
결국 사람 대 사람이다

01 구직자들의 오해, 임원 면접이 오히려 쉽다?　　200
02 기업이 요구하는 인재상부터 이해하라　　　　203
Plus 5　SSAT 시험 출제를 통한 삼성 인재상 이해　　211

03 임원 면접의 기본, 가면을 쓰지 마라	218
04 첫 번째 무기, 면접관은 눈에 보이는 것만 믿는다	222
05 두 번째 무기, 1분 자기소개에 질문거리를 담아라	234
06 세 번째 무기, 스토리텔링으로 관심을 끌어라	243
Plus 6 케이스별 실전 임원 면접 분석	249
07 PT 면접, '설명'이 아니라 '설득'을 하라	262
08 PT 면접을 '논리'로 무장시켜 줄 툴	266
Plus 7 SWOT를 활용한 PT 면접 문제 풀이	278
09 실전, PT 면접 진행 시 주의 사항	286
| 에필로그 | 제도는 변해도 본질은 바뀌지 않는다	292

PART 1

삼성의 이해
지름길을 알고 가라

국민 모두가 알고 있듯 삼성은 국내 최고의 기업이다. 아니, 국내를 뛰어넘어 글로벌 시장을 주도하고 있는 프론티어 기업이다. 삼성 입사를 꿈꾸는 구직자라면 당연히 삼성이 어떻게 성공했는지 알아야 한다. 그런데 많은 구직자가 삼성이 성공한 기업이라는 것은 알지만 어떻게 해서 성공했는지에 대해서는 충분히 알지 못한다. 삼성의 성공 이유를 알아야 삼성을 이해할 수 있고, 바로 이것이 취업의 초석이 될 수 있다.

PART1》 삼성의 이해 _지름길을 알고 가라

취업 시장,
이것저것 다 빼고
'팩트'만 보라

돈이 있는 곳에 일자리도 있다

나는 구직 현장에서 이런 질문을 많이 받는다.

"컨설턴트님, 저의 부족한 스펙으로도 삼성에 입사하는 것이 가능할까요?"

국민 모두가 알고 있듯 삼성은 국내 최고의 기업이다. 아니, 국내를 뛰어넘어 글로벌 시장을 주도하고 있는 프론티어 기업이다. 2012년, 삼성전자의 매출은 200조 원을 넘어섰다. 우리나라의 2014년 예산은 약 357조 원이었다. 여러 기업도 아닌 한 기업이 한 나라를 움직이는 예산의 절반 이상을 벌어들이고 있으니 삼성의 힘이 어느 정도인지 가늠해 볼 수 있을 것이다.

글로벌 제조 기업 중 연매출 200조 원을 넘긴 기업은 일본의 도요타와

독일의 폭스바겐이 전부이다. 그러나 이 두 기업은 자동차 회사이다. IT 전자 제조 업체가 매출 200조 원을 넘긴 경우는 인류 역사상 삼성전자가 최초이다. 그러니 많은 구직자가 삼성을 꿈의 기업이라고 생각할 수밖에. 때문에 삼성은 스펙 공화국인 대한민국에서 가장 입사하기 어려운 기업으로 여겨지고 있다.

물론 삼성에 입사하는 것은 결코 쉽지 않다. 그럼에도 삼성 입사에 도전해야 하는 이유가 무엇일까?

첫째, 압도적인 채용 규모 때문이다. 입사 비율의 높고 낮음을 논하기에 앞서 삼성은 채용 규모가 가장 큰 기업이다. 삼성은 연간 9,000여 명의 대졸자 공채를 진행한다. 연간 1만 명에 가까운 대졸 취업자를 양산하고 있는 것이다. 최근 구직 시장에서 이미지 선호도가 높은 CJ의 경우 일 년에 약 1,500명의 대졸자 공채를 진행하고 있다. 만약 도전해 보지도 않고 지레 겁을 먹어 삼성에 지원하는 것을 포기한다면 CJ급 기업 여섯 곳을 포기한 것과 같다.

둘째, 철저하게 성과를 중시하는 집단이기 때문이다. 현재 국내외 기업 혹은 개인이 삼성의 성공 요인을 분석하고 있다. 그들이 모두 입을 모아 말하는 것은 인재 관리가 매우 체계적이고 강력하다는 것이다. 삼성은 국내에서 가장 깨끗한 조직이다. 물론 대기업 경영 체제와 관련한 비판 요소가 많은 것이 사실이지만, 내가 삼성에서 근무하면서 느낀 점은 삼성 실무단은 학연, 혈연, 지연으로부터 자유롭다는 것이다.

간혹 사회 초년병인 신입사원들이 입사 후에 사내 이메일을 통해 '○○ 대학교 모임'과 같은 이메일을 보내는 경우가 있는데, 그럴 경우 곧바로 감사팀으로부터 제재 연락을 받게 된다. 이러한 기업 문화가 바탕에 깔려 있기 때문에 채용 프로세스상 학벌과 관련된 불이익은 단언컨대 '전혀' 없다.

한 학생은 한국철도대학교를 졸업하고 2012년 하반기에 삼성전자 대졸 공채 사원으로 입사했다. 한국철도대학교는 3년제이다. T3직군[1](학사 대졸 공채 직급)으로 입사하기 위해서는 학사학위가 필요했기 때문에 그는 학점은행제에서 학사학위를 취득했다. 학벌 관련 채용 문화가 남아 있는 그룹이었다면 입사하기 힘들었을 것이다. 하지만 삼성은 치열한 성과주의에 입각하여 채용 절차가 이루어지기 때문에 충분히 입사가 가능했던 것이다.

최근에는 삼성을 비롯하여 여러 기업에서도 블라인드 채용[2]을 진행하고 있다. CJ, 포스코 등이 대표적이다. CJ의 경우, 서류 전형에서는 학교명이 노출되지 않는다. 2.21이라는 낮은 학점으로 CJ 최종 면접까지 올라간 학생이 있다. 이런 일이 가능했던 것은 바로 블라인드 채용 제도 때문이었다. 이렇듯 삼성은 스펙보다 실력을 보는 기업이기 때문에 스스로 스펙이 부족하다고 생각한다면 삼성이라는 기업에 더욱 집중해야 한다.

삼성이 우리나라 경제에서 차지하는 비중은 절대적이다. 그중에서도 삼성전자는 최고이다. 최근에는 '삼성전자 착시효과'라는 용어까지 사용되고 있다.

---

[1] T3직군 : 삼성은 생산 및 관리, 마케팅, 디자인, 엔지니어 등으로 직군을 나눈다. 관리 부문의 경우 사원은 G1, G2, G3로 분류되고, 대리는 G4, 과장은 G5, 차장은 G6, 부장은 G7으로 분류된다. 마케팅은 M1~M7, 디자인은 D1~D7, 엔지니어 직군은 E1~E6로 나뉜다. T직군은 품질 신뢰성 담당이다.

[2] 블라인드 채용제 : 학력 파괴, 스펙 초월을 위해 면접자의 학력 정보, 인적 사항 등 정보를 면접관에게 공개하지 않는 제도

세전 이익이 30% 이상 줄어든 10대 그룹(삼성전자 제외)	
그룹사	세전 이익 증감률(%)
현대중공업	-82.23
포스코	-40.71
한화	-34.36
롯데	-16.05
삼성	-14.47
삼성(전자 제외)	-77.38
LG	-3.90
현대자동차	-1.36
SK	46.10
GS	적자 전환
한진	적자 확대

총합계 -14.92%
총합계(삼성전자 제외) -31.73%

※10대 그룹은 공정위 발표 자산 기준, 12월 결산법인 대상 분석
※증감률은 2012년 대비 2013년
자료 : 에프앤가이드

시가총액 상위 10개 종목이 코스피에서 차지하는 비중(5월 2일 기준)

삼성전자 17%
삼성전자 포함 상위 10개사 38.6%
하루 거래량 비중 0.2%
하루 거래량 비중 4.3%
자료 : 한국거래소

한국 경제의 주축인 10대 그룹의 세전(稅前) 이익이 지난 1년 동안 15% 줄어든 것으로 나타났다. 기업들이 사업을 해서 벌어들이는 돈이 그만큼 줄었다는 것이다. 삼성전자를 뺄 경우 10대 그룹의 이익은 30% 이상 급감했다. 특히 삼성그룹의 경우 삼성전자를 포함하면 1년 동안 이익이 15% 줄었지만 삼성전자를 뺄 경우 77%나 줄어든 것으로 집계되어 '삼성전자 착시현상'은 삼성그룹 내에서 더욱 심각하다. 삼성, 현대차, LG, SK 등 자산기준 10대 그룹 계열의 12월 결산상장법인 87곳을 대상으로 분석한 결과, 이들의 지난해 세전 이익은 50조 9,000억 원으로 전년의 59조 8,000억 원보다 15% 감소했다. 삼성전자를 뺄 경우 10대 재벌 상장사의 지난해 이익은 전년(39조 원)보다 32% 적은 26조 7,000억 원에 불과하다.

_2014년 5월 8일, 〈조선일보〉

위 기사를 보면 알 수 있듯이 국가경제에서 삼성이 차지하는 비중은 절대적이고, 그중에서도 전자 쏠림 현상이 상당히 크다. 결국 대한민국이 잘나가는 것이 아니라 삼성이 잘나가는 것이고, 엄밀히 말해 삼성이 잘나가기보다 삼성전자가 잘나가는 것이다. 결국 돈이 있는 곳에 일자리가 있게 마련이고, 일자리가 있어야 취업도 할 수 있다. 구직자들은 이 사실을 반드시 기억하기 바란다.

실체를 알아야 대비가 가능하다

삼성에 집중해야 하는 또 다른 이유는 삼성 취업 준비가 모든 취업 준비의 기준이 되기 때문이다. 삼성은 대한민국에서 최초로 대졸 공채를 진행한 기업이다. 현재 국내 기업의 채용 프로세스 기준을 잡은 것도 삼성이다. 삼성 입사의 키(Key)라고 할 수 있는 인·적성 시험인 SSAT[3]는 현재 많은 기업에도 퍼져 있다. 두산(DCAT), 현대자동차(HMAT), SK그룹(SKCT), CJ그룹(CAT&CJAT), 한국전력공사 등도 인·적성 검사를 실시하고 있다. 실제로 외국계 기업에서도 인·적성 시험을 보는 경우가 늘어나고 있다.

많은 구직자가 상·하반기 취업 시즌 개막과 동시에 자기소개서를 작성하고 제출한다. 물론 삼성 채용이 시발점이 된다. 구직자들은 서류 전형에 합격하면 해당 기업의 인·적성 시험을 치른다. 이 좁은 문을 뚫어야 비로소 1차 면접의 기회를 잡을 수 있다. 당연히 구직자들은 자신의 경쟁력을 올리기 위해 SSAT에 매진할 수밖에 없다.

물론 SSAT에서 떨어질 수도 있다. 그러나 삼성에서 낙방한다고 해서 마냥 내년을 기약할 수는 없다. 삼성 외 다른 기업에도 도전할 것이고, 취업 시즌 막바지에는 중견 기업에도 도전할 것이다. 그런데 최근에는 중견 기업도 인·적성 시험을 실시하는 곳이 많아졌다. 그때 당신 옆의 경쟁자는 대부분 SSAT 낙방자들일 것이다. 결국 인·적성 시험 자체의 경쟁력을 끌어올리는 것이 상당히 중요하다.

삼성의 SSAT는 많은 인·적성 시험의 바이블이 되고 있다. 더불어 삼성은 타 기업과 다르게 서류

---

[3] SSAT(Samsung Attitude Test) : 삼성직무적성검사로 언어 능력, 수리 능력, 추리 능력, 공간지각 능력, 상식 능력의 총 5가지 영역으로 구분되어 진행된다.

필터링 없이 자격 요건만 갖춰지면 누구에게나 SSAT 시험을 볼 수 있는 기회를 부여하고 있다.(2015년 하반기부터 서류 전형 부활 예정) 바꿔 말하면 취업 시즌 개막과 동시에 삼성의 SSAT를 본인의 인·적성 경쟁력을 체크하고 또 끌어올릴 수 있는 기회로 삼아야 한다는 것이다. 결국 당신은 삼성에 입사하기 위해, 삼성이 아니더라도 다른 기업에 입사하기 위해 반드시 SSAT를 준비해야 한다.

삼성 입사를 준비하는 많은 구직자가 SSAT를 어렵게 생각한다. 그러나 SSAT는 그렇게 어렵지 않다. SSAT 때문에 삼성을 포기해서는 절대 안 된다. 물론 SSAT를 처음 접하는 구직자들은 많이 당황할 것이다. 문과 학생들은 수리논리 파트에서의 방정식 문제와 시각적 사고의 복잡한 도형 구조를 보고 얼굴이 하얗게 질릴 것이고, 이공계 학생들은 '검은 머리 외국인[4]'이라는 시사용어를 보고 어리둥절한 표정을 지을 것이다.

하지만 천천히 문제를 살펴보면, 수리논리 파트의 방정식 문제는 모두 간단한 1차 방정식이다. 마찬가지로 경제·경영 파트 문제에 자주 등장하는 수요의 가격탄력성, 베블런 효과[5], 기펜재[6] 등의 개념은 대학에서 배우는 미시경제 내용이 아니다. 수리 통계 및 경제·경영의 출제 수준은 중·고교 수준의 범주를 벗어나지 않는다.

SSAT 점수가 높은 학생들의 공통적인 특징이 있다. 물론 IQ가 좋기도 하겠지만 그보다는 대학시절에 중·고교 학생을 대상으로 오랫동안 과외 아르바이트를 한 경우, SSAT 점수가 높다. 다시 말해,

4 검은 머리 외국인 : 조세 피난처에 있는 회사의 자금을 본사로 회귀하기 위해 외국인 투자자의 가면을 쓰고 자기자본을 국내에 유입시키는 경영 사례를 지칭하는 용어

5 베블런 효과 : 가격이 오르는데도 일부 계층의 과시욕이나 허영심 등으로 인해 수요가 줄어들지 않는 현상

6 기펜재(Giffen's Goods) : 열등재 중에서 소득 효과가 대체 효과보다 커 가격이 하락함에도 불구하고 수요가 감소하는 재화

많은 구직자가 영어와 자격증 공부 등으로 인해 망각해 버린 지난날의 공부 이력이 SSAT 고득점의 원천인 셈이다. 이는 누구나 시간을 투자하면 SSAT에 합격할 수 있다는 논리를 보여 준다. 학점을 0.1점 올리기 위해 일주일 만에 영문 전공서적을 독파한 구직자들이 소소한 중·고교 학습 수준의 장벽을 넘지 못한다는 것은 어불성설이다. 그러므로 SSAT에 대한 괜한 선입견과 편견, 두려움을 버리고 좀 더 자신감을 가지고 당당하게 시험에 대비할 필요가 있다.

PART1» 삼성의 이해 _지름길을 알고 가라

스펙,
취업의 절대 무기가
될 수 있을까?

지금 대한민국 기업은 '탈스펙' 중

지금 대한민국은 '스펙 공화국'이라고 불러도 될 만큼 스펙에 미쳐 있다. 어렸을 때부터 봉사활동, 공모전, 어학 능력, 자격증 등에 목을 맨다. 스펙이 쌓이면 쌓일수록 안전하게 취업하고, 안전하게 회사 생활을 할 수 있을 것이라 착각한다. 그러나 정작 기업은 '탈스펙'이 대세이다.

앞서 거론했듯이 한 학생은 2점대 초반의 학점으로 CJ 최종 면접까지 갔다. 이 학생의 학점을 알고 있던 사람들은 놀라움을 금치 못했다. 어떻게 그런 일이 가능했을까? 바로 기업들의 탈스펙 때문이다. 최근 많은 기업이 인턴, 자격증, 공모전, 봉사활동 등의 스펙을 채용 프로세스에서 제외하는 블라인드 전형을 실시하고 있다.

SK그룹의 경우에는 이러한 것이 더욱 확대·적용되고 있다. SK그룹이

2013년부터 적용한 'SK바이킹 챌린지[7]' 프로그램을 통해 4년제 학위가 없어도 면접장까지 충분히 올라갈 수 있게 되었다. 뿐만 아니라 서류가 아닌, 면접 전형에서도 스펙이 블라인드 처리된다. 이러한 흐름의 변화는 다른 기업에서도 마찬가지이다.

삼성 또한 예전부터 스펙에서 자유로운 기업으로 유명하다. 아니, 삼성 같은 경우 학점이 3점을 넘지 못하면 도전 자체가 불가능하기 때문에 스펙 자체가 소용이 없다. 결론적으로 스펙은 점점 구직 활동의 핵심에서 멀어지고 있는 것이다.

그렇다면 기업이 스펙을 등한시하는 이유는 무엇일까? 이유는 명확하다. 좋은 학점을 받았다고 해서, 다양한 대외 활동을 했다고 해서, 좋은 대학교를 졸업했다고 해서 일을 잘하는 것이 아니기 때문이다. 삼성에 몸담고 있는 동안 고졸 출신의 임원을 심심치 않게 볼 수 있었다. 스펙이 업무 성과를 담보하는 것이 아니기 때문에 기업은 다양한 절차를 통해 지원자의 자질을 평가하려고 한다.

그렇다면 구직자들이 전전긍긍하는 스펙이 구직 활동에 전혀 도움이 되지 않는 것일까? 그동안 안간힘을 쓰며 쌓아 왔던 노력이 모두 헛수고였던 것일까? 그렇지 않다. 우선 학교를 보자. 좋은 학교를 졸업했다는 것은 무엇을 의미할까? 두 가지로 요약할 수 있다. 머리가 좋아서 수능시험을 잘 봤거나 성실히 공부해서 내신 관리를 잘했거나, 스마트함을 가지고 있고 성실하다는 이력은 당연히 자랑할 만한 일이다. 물론 집안 사정으로 인해 학업에 정진할 수 있는 기회 자체가 차단된 경우도 있겠지만, 통상적인

[7] SK바이킹 챌린지 : 2013년부터 SK그룹이 젊은이들의 끼와 열정, 도전 정신만으로 신입사원을 뽑는 스펙 초월 채용 프로그램

경우라면 당연히 긍정적이다.

그러나 좋은 이력임에도 기업이 채용 절차에서 절대적 기준으로 적용시키지 않는 데는 이유가 있다. 탈스펙의 원인은 두 가지로 정리할 수 있다. 먼저 스펙이 사회적 차별로 대변될 수 있다. 신라시대의 육두품처럼 성골, 진골이어야만 출세할 수 있다면 우리 사회는 당연히 해당 기업을 부정적인 시선으로 바라볼 것이다. SK그룹의 경우, SK의 'S'와 'K'가 특정 대학의 이니셜이라는 부정적인 시선을 받은 적이 있다. 고교 시절의 학업 진척도와 성실성이 평생의 낙인이 된다면 이는 당연히 불공정한 사회의 지표가 될 것이다.

또 하나는 고스펙 그 자체의 문제이다. 언뜻 듣기에는 이해가 되지 않을 것이다. 스펙이 많을수록 기업에도 도움이 될 텐데, 왜 고스펙이 문제가 되는 것일까? 한 가지 예를 들어보겠다. 만약 당신이 농심에 취업하면 어떻게 될까? 부모님께 이제부터 라면 걱정은 하지 말라고 당당하게 이야기할 것이다. 그러나 객관적인 사실을 앞에 두고 보자. 삼성전자는 매출이 연 200조 원이 넘는 기업이다. 농심은 연매출이 2조 원 수준이다.

당신이 머릿속으로 생각하는 삼성전자와 농심의 가치는 상당히 다를지도 모른다. 두 곳 모두 일상생활에서 우리가 밀접하게 접하는 기업이기 때문이다. 하지만 농심 매출은 삼성전자의 백분의 일 수준이다. 다시 말해 삼성전자 협력사 중에서 삼성전자 매출의 백분의 일만 따라오면 그 기업은 농심급 회사인 것이다. 삼성전자의 다양한 사업과 복잡한 제품 그리고 더욱 복잡할 부품의 가짓수를 고려하면 그런 기업은 세상에 정말 많을 것이다.

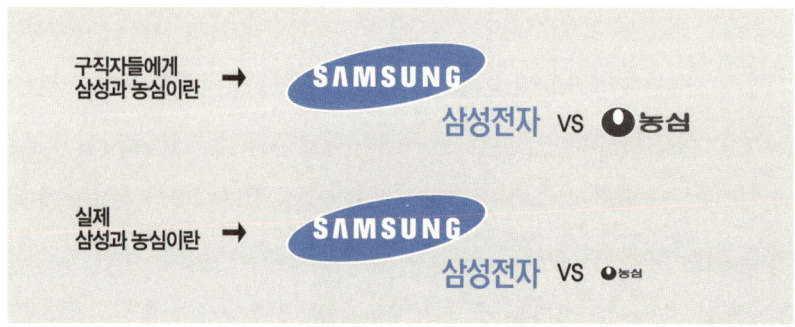

대기업 도전에 지친 연세대학교 출신의 한 학생이 바로 이런 기업에 입사하고자 삼성 협력사 채용박람회를 찾았다. 하지만 그가 면접장에서 받은 첫 질문은 "연세대를 졸업했는데 우리 회사에 만족할 수 있겠어요?"였다. 결국 오버 스펙이 문제가 된 것이다.

이런 모습은 주변에서 심심치 않게 볼 수 있다. 삼성 협력사에 있는 사람들은 대한민국에서 브랜드 타이틀을 무시할 수 없다는 것을 잘 알고 있다. 매출 1조 원이 넘는 탄탄한 중견 기업이라 해도 연세대학교 정도의 학벌을 가진 구직자라면 입사 이후에도 채용 사이트를 기웃거리며 다시금 SSAT에 도전할 것이라는 것을 경험상 쉽게 예상한다. 모 중견 기업은 채용이 확정된 미국 명문대 유학생들을 마지막 단계에서 모두 탈락시켰다고 한다. 바로 앞의 경우와 같은 이유 때문이었다.

솔직히 말해 회사 생활은 당신이 꿈꾸는 장밋빛 미래가 아니다. 많은 돈을 들여 유학 생활을 마친 미국 아이비리그 졸업생이라면 당연히 브랜드 타이틀과 자유로운 기업 문화를 가진 구글 같은 기업을 꿈꾸고 사회생활을 시작할 것이다. 하지만 현실은 전혀 다르다. 신문이나 인터넷에 소개된 파격적인 복지는 어디 갔는지 보이지 않고, 사방이 꽉 막힌 사무실에서 하루걸러 야근을 하는 것이 현실이다.

기대와 다른 이런 현실 때문에 입사 이후에 회사를 떠나는 구직자가 한둘이 아니다. 한국경영자총협회에 따르면 2014년 대졸 신입사원 4명 중 1명이 입사한 지 얼마 되지 않아 회사를 떠났다고 한다. 조직 및 직무 적응 실패, 급여 및 복리후생 불만, 근무 지역 및 환경에 대한 불만, 공무원 및 공기업 취업 준비가 바로 그 이유이다.

아무리 좋은 대학을 졸업했다 해도 신입사원이 초반부터 금전적 결과물을 도출하지는 못한다. 당연히 교육 기간이 필요하다. 통상 대리급 이상은 되어야 그때부터 아웃풋이 나오기 마련인데, 이처럼 중간에 포기하는 신입사원이 속출하면 기업 입장에서는 굉장히 난처할 수밖에 없다. 그러므로 경우에 따라서는 오버 스펙이 문제가 될 수 있는 것이다.

결국 스펙을 획일적 잣대로 적용하면 고객이라고 할 수 있는 사회의 지탄을 받게 되고, 고스펙은 그 자체로 기업에 악영향을 줄 수 있다. 또한 근본적으로 스펙 자체가 구직자의 역량을 100% 대변하는 것이 아니기 때문에 지금의 탈스펙 변화가 일고 있는 것이다.

많은 취업 준비생이 스펙이 없으면 나중에 아무것도 하지 못할 것 같다는 불안감에 일단 따고 보자는 식으로 자격증에 덤벼든다. 하지만 이는 처음부터 잘못된 시도이다. 물론 스펙이 많으면 면접 기회가 늘어날지도 모른다. 그러나 스펙이 합격을 보장하는 것은 아니다. 기업이 바라는 것은 스펙의 절대적 '양'이 아니기 때문이다.

내가 쌓고 있는 스펙 vs 기업이 바라는 스펙

스펙이 중요하지 않다면 구직 시장에서 무엇을 무기로 삼아야 할까? 현직에서 수많은 구직자를 만나며 정리한 답은 하나이다. 스펙의 시대가 끝나가고 있으므로 다른 부분에 집중해야 한다는 것이다. 이제는 토익 점수가 중요한 것이 아니므로 본인의 실력 자체를 높이기 위한 노력을 해야 한다.

아래 내용은 얼마 전 공개된 포스코의 자기소개서 항목이다.

설비 가설비 가동 중 기계단위장치에 고장이 발생했습니다(이때 고장의 유형은 임의로 가정해 주십시오.). 해당 고장의 원인을 조사하고, 고장에 대한 해결 방안을 도출하는 과정을 서술해 주십시오.
※기계단위장치는 Gear, Shaft, Bearing 중 한 가지 선택

코크스 오븐에서 발생하는 COG에 포함된 불순물(Tar Mist, H2S, NH3, BTX)을 포집 및 정제하기 위한 방법을 각 불순물의 특성을 고려하여 서술해 주십시오.

당사는 가스터빈과 스팀터빈이 동시에 운영되는 복합화력발전소입니다. 복합화력발전의 시스템(가스터빈, 스팀터빈) 정상 운전 과정을 열역학적 사이클과 연계하여 설명하십시오(P-V 선도, T-S 선도 활용).

발전소 기계 설비(터빈, 배관류, 펌프류, 압력용기, 기계구조물 등)의 경우

설비의 동작 유체별로 고온, 고압 및 부식에 노출된 조건으로 운전되어 다양한 금속재료가 사용되고 있습니다. 해당 작동 유체별 운전 조건에 따른 기계 설비의 금속 재료 선정 방법에 대해 설명하되, 금속 원소별 특성을 고려하여 설명하십시오.

박사 경력 엔지니어를 대상으로 출제된 자기소개서 항목이 아니다. 학부 졸업생들을 대상으로, 그것도 인턴 채용에서 출제된 자기소개서 항목이다. 물론 공대생들을 대상으로 한 내용이기 때문에 다소 전문적일 수 있다.

다음 상경계 학생들에게 출제된 자기소개서 항목을 보자.

포스코 홈페이지의 투자자 정보를 바탕으로 최근 3년간 의 포스코 기업 분석을 실시하고, 해당 기간 동안의 주요 변화와 그 원인을 분석해 주십시오.

포스코에 설비, 자재 등을 공급하는 파트너사인 공급사와의 동반성장의 중요성이 높아지고 있습니다. 포스코 동반성장 제도를 조사해 보고, 현 제도를 개선할 수 있는 방안 또는 새로운 동반성장 제도를 제안해 주십시오.

공대생만큼은 아니지만, 확실히 전문적인 영역이다. 현직에 있는 선배들도 접근하기 쉽지 않은 과제들이라고 생각한다. 추후 면접 파트에서 세부적인 대응법을 소개하겠지만, 삼성의 PT 면접도 전공에 대한 전문성이 점차 강화되고 있다.

　LG 계열사들의 경우 마케팅 관련 PPT(파워포인트) 과제가 다양하게 출제되고 있고, VMD[8]나 디자인 직군의 경우, 전공의 전문성을 다양하게 어필할 수 있는 포트폴리오 준비가 취업의 시금석이 되고 있다. 따라서 이러한 전문적인 자기소개서 항목과 사전 과제, 세부적인 PT 면접에 대응하기 위해서는 스펙이라는 정형화된 루트보다 본인 자체의 경쟁력을 올리기 위한 노력이 필요하다.

　'본인 자체의 경쟁력'이라고 하면 상당히 추상적으로 들릴 수 있다. 나는 여기서 '양에 입각한 스펙보다는 질이 좋은 스펙에 주목하라'고 말하고 싶다. 다시 말해 이제는 스펙도 방향성이 필요한 것이다.

　세 명의 실제 구직자를 예로 들어 구체적으로 설명해 보겠다. 첫 번째 구직자 P군은 서울 소재 상위권 사립대를 졸업했고 학점은 4점이 훌쩍 넘었다. P군은 전공 과목과 복수 전공을 다양하게 이수했지만 특별히 방향성이 있는 학업 포트폴리오가 없었다. 저학년일 때 금융권 취업을 대비하여 흔히 말하는 금융 3종 자격증(펀드투자상담사, 증권투자상담사, 파생상품투자상담사)을 취득했지만, 인턴 생활은 금융권과 상이한 중견무역회사에서 했다. 그리고 한국사 자격증과 MS 오피스 활용능력 시험인 MOS, 컴퓨터활용능력 자격증을 가지고 있었고, 외국어 말하기 시험인 Opic IH[9]를 취득했다. 토익 점수는 910점이었다. 일단 겉으로

8 VMD(visual merchandiser) : 브랜드 콘셉트에 맞춰 제품을 전시하는 등 매장 전체를 꾸미는 직종
9 Opic IH : 삼성 계열 온라인 교육 업체인 크레듀가 진행하는 응시자 친화형 외국어 말하기 평가 테스트

보기에는 학교, 학점, 어학 능력, 인턴, 자격증 등 모든 부분에서 부족함이 없는 구직자이다.

두 번째 구직자 K군은 수도권 소재의 사립 공대를 졸업했고 학점은 3점 중후반대로 평범한 수준이었다. 공학 인증을 통해 전자공학과 관련된 수업을 위주로 들었고, 반도체 공정에 대한 학업 외적인 도전을 위해 서울대학교에서 진행하는 반도체 실무교육 과정을 이수했다. 이는 삼성전자 DS 부문 설비엔지니어 도전에 큰 도움이 된다. 전공은 제품 설계와 관련되는 '회로'적인 전자공학이지만, 별도의 도전을 통해 반도체의 '재료'적인 제조 공정을 학습했기 때문이다. 또한 전자 업계 공장에서 아르바이트를 했다. 이를 통해 공장에 있는 이른바 블루컬러 계층들과 '협업'한 경험을 갖추었다.

세 번째 구직자 O양은 지방 국립대 출신으로 경제학을 전공했다. 경제학은 경영학 같은 실용 학문이 아니기 때문에 전공의 방향성이 부족할 수 있다. 하지만 O양은 무역학 관련 수업을 많이 들었고, 영문학 과목인 영문 비즈니스 레터 작성 과목도 이수했다. 그리고 독학을 통해 높은 실력은 아니지만 신HSK[10] 4급을 획득했고, 향후 무역언어에 대한 이해력을 높이기 위해 국제무역사 자격증을 취득했다. 학부 시절에는 미국에서 교환학생을 한 학기 이수했다.

당신이 채용 담당자라면 과연 어떤 사람을 선택하겠는가. P군의 경우, 스펙의 양은 많지만 방향성이 뛰어나지 못하다. 전공 과목으로 무역이나 통상 관련 수강을 했거나 국내 거시경제를 파악하기 위한 동아리 활동 혹은 학회 활동을 했다면 글로

10 신HSK : 중국어가 모국어가 아닌 사람을 대상으로 실시하는 중국어 능력 시험

별 직무와 금융권 진입에 도움이 됐을 텐데 그렇지 못했다. 어렵게 취득한 금융 자격증은 고객의 금융자산을 효과적으로 관리할 수 있는 능력으로 어필하는 것이 가능하지만 무역 회사에서 인턴 생활을 했기 때문에 자격증과 괴리감이 크다. 금융권은 내수인 B2C(기업과 소비자 거래)에 가까운 영역이고, 인턴 생활을 한 것은 해외 영업이나 외자 구매 등 B2B(기업 간 거래)에 적합한 경험이다. 다시 말해 스펙의 '양'은 많지만 예리하지 못한 것이다.

반면 K군의 경우는 학점은 낮지만, 전공을 근간으로 기본 공학 지식을 취득했고, 공정에 대한 기술적 이해를 높였으며, 라인에서 직접적으로 업무를 진행할 수 있는 캐릭터의 시너지가 가능해 설비직군 도전에 용이하다. 만약 설비직군에 대한 TO가 없을 때는 R&D 파트 지원도 용이하다.

임베디드[11] 관련 프로젝트와 모바일 애플리케이션 공모전에 도전한 이력이 있다면 삼성전자 CE/IM[12] 부문(SET 사업부)의 연구 개발 직무로도 도전이 가능한 이력이다. 임베디드와 모바일 애플리케이션 같이 H/W와 S/W가 융복합화 되고 있는 기술 영역은 최근 삼성전자 무선이나 TV, 가전 사업에서 기술적으로 성장 가능성이 넓다.

이런 구직자에게는 높은 어학 점수와 교환 학생 및 어학연수 그리고 별도의 자격증은 큰 의미가 없다. 삼성전자 DS 부문 설비 직군과 CE/IM 부문 연구 개발은 사업부 성격도 다르고 직무도 차이가 있지만, 많지 않은 스펙으로 예리하게 삼성전자에 가까이 서 있는 구직자라고 볼 수 있다.

---

11 임베디드(embedded) : 업계에서는 프로그램 시스템의 일종으로서, 전자제품이나 전자 기기에 들어가는 소규모의 마이크로 프로세스 시스템을 통칭하는 개념으로 넓게 사용된다.
12 CE : 소비자 가전, **IM** : IT · 모바일, **H/W** : 오픈소스 하드웨어, **S/W** : 소프트웨어

O양의 경우 역시 별도의 인턴이나 대외 활동이 부족해 보일 수도 있지만, 스펙의 방향성은 좋은 편이다. 원전공이 경제학이기 때문에 유가, 환율, GDP처럼 거시경제에 대한 기초 지식은 습득하였고, 특히 무역 관련 학업 이력이 많다. 비록 한 개뿐이기는 하지만 연장선상에서 국제무역사 자격증을 취득했으므로 무역언어에 대한 이해력을 충분히 어필할 수 있다. 그리고 신흥시장이라고 할 수 있는 중화시장에 대한 도전이 현재 진행 중이고, 교환학생 경험을 통해 다양한 문화권에 대한 이해를 높이려는 노력을 엿볼 수 있다. 이런 경우, 토익 점수가 꼭 900점이 넘지 않다고 해도 B2B 해외영업과 외자구매 파트 도전을 위한 적합한 스펙이 갖추어져 있다고 볼 수 있다.

삼성의 핵심은 '양'보다 '질'이다. 이는 삼성뿐 아니라 어떤 구직에서든 마찬가지이다. 당신이 채용 담당자라면 양은 많으나 수습이 되지 않는 스펙 남발자에 주목하겠는가, 시간을 조금만 들이면 곧바로 실무에 투입할 수 있는 구직자에 주목하겠는가. 대동소이한 조건이라면 후자에 더 많은 점수를 줄 것이 자명하다.

한때 팔방미인, 멀티플레이어가 각광받던 시절이 있었다. 그러나 성공한 사람들의 이면을 들여다보면 대부분이 줄기차게 한 우물을 팠다는 것을 알 수 있다. 무리하게 두 마리 토끼를 잡으려고 하다가는 한 마리도 잡지 못하는 신세로 전락할 수 있다.

이제 무의미하게 양으로 승부하는 스펙 시대는 끝났다. 숫자로 차별화되기에는 너무 어려운 세상이다. 높은 수치의 스펙을 갖춘 구직자는 차고 넘치기 때문에 방향성 있게 스펙을 구비해야 한다. 특히 35% 지방대 할당제를 진행하고, 예부터 학교 수준에 대한 선호가 거의 없는 삼성에서는 더욱 그렇다. 본인의 최종 목표, 특히 직무에 초점을 맞춘 스펙 수양 전략이 필요하다. 결국 당신의 날카로움, 스펙의 예각이 필요한 것이다.

그렇다고 오해는 하지 말라. 스펙의 시대가 끝났으니 학교 공부를 등한시해야 한다는 말이 절대 아니다. 삼성 면접장에서는 C^+를 받은 전공과목 하나에 대해 집중적인 네거티브 질문을 받게 된다. 또한 스피킹 등급이 없으면 제아무리 천재라 해도 삼성에 입사할 수 없다. 다시 말해 기본적인 소양을 갖춘 이후 자신만의 주특기를 살릴 수 있는 무기를 장착해야 한다.

취업에 성공하고 싶다면 삼성을 알아야 한다

기업의 성공 이유를 파악하라

《시마》라는 유명한 일본 만화가 있다. 단행본만 4천만 권 이상 팔린 일본의 베스트셀러 만화 시리즈 중 하나로, 국내에도 잘 알려져 있다. 일본의 대표적인 전자업체 하쓰시바(현 파나소닉 모델)를 배경으로 홍보부 시마 과장이 자신의 능력과 운으로 위기를 극복하며 부장, 이사, 상무, 전무로 승진하는 과정을 다루고 있다.

해당 시리즈의 마지막 편에 해당하는 〈시마 사장〉에 다음과 같은 장면이 등장한다. 하쓰시바에 입사한 지 38년 만에 사장 자리에 오른 시마는 취임 후 첫 이사회에서 이렇게 연설한다.

"섬상전자(현 삼성전자 모델)는 불과 20년 전까지만 해도 일개 로컬 전기 메이커였습니다. 그런데 지금은 시가총액이 하쓰시바의 두 배에 달하는 거대 기업으로 성장했습니다. 어떻게 단기간에 세계 정상에 오른 것인지 그곳의 전략을 자세히 연구해 배워야 합니다."

삼성의 현재 위치를 잘 알려 주는 좋은 사례이다. 세계 전자 업계를 장악하던 일본 기업들은 현재 역사의 뒤안길로 사라지고 있고, 삼성은 가장 영향력 있는 종합전자 메이커로 거듭나고 있다.

내가 삼성에 입사한 시절에 '일본 전자 9룡'이라는 말이 있었다. 이는 세계 전자 업계를 지배하는 일본의 유명 전자 메이커 9개 회사를 지칭하는 표현으로 히타치, 파나소닉, 소니, 도시바, NEC, 후지쓰, 미쓰비시전기, 샤프, 산요가 이에 해당된다. 물론 지금도 브랜드 가치가 높은 회사들이다. 그런데 현재 이 9개 회사의 이익을 모두 합쳐도 삼성전자 1개 회사의 이익을 넘어서지 못한다.

삼성 입사를 꿈꾸는 구직자라면 당연히 이런 부분을 이해하고 있어야 한다. 그런데 많은 구직자가 삼성이 성공한 기업이라는 것은 알지만 어떻게 해서 성공했는지에 대해서는 충분히 알지 못한다. 삼성의 성공 이유를 알아야 삼성을 이해할 수 있고, 이는 취업의 초석이 될 수 있다. 따라서 기본적인 삼성의 성공 이유를 파악해 둘 필요가 있다.

삼성 신경영은 일반 경영 상식의 범주에 들어설 만큼 중요한 사안이며, 시장에도 삼성 관련 서적이 많이 나와 있다. 하지만 나는 정형화된 삼성의 기업 문화에 대한 이해보다 실제 입사 후 느꼈던 경험을 통해 삼성의 성공 이유에 대해 접근해 보고자 한다.

삼성의 첫 번째 성공 이유_ 오너경영의 힘

삼성 면접장에서 한 학생이 면접관으로부터 이런 질문을 받았다.

"○○씨는 오너경영에 대해 어떻게 생각하세요?"

당신이라면 어떻게 답변하겠는가? 오너경영(Owner Management)에 대한 전반적인 사회 인식, 특히 진보적인 색채가 짙은 대학생들은 부정적으로 바라볼 것이다. '오너경영=재벌'이라는 등식이 성립되어 있기 때문이다. 오너경영의 반대격인 전문 경영은 어떨까? 전문성을 갖춘 깨끗한 경영인의 이미지가 있는 것은 사실이다. 그렇다면 오너경영은 과연 우리 사회에 부정적인 요소이기만 할까?

나는 오너경영이 삼성의 첫 번째 성공 이유라고 생각한다. 정확히 표현하면 삼성의 강력하고 장기적인 리더십이 삼성 성공의 시금석이다. 이는 삼성의 발전 역사를 확인해 보면 알 수 있다. 지금의 삼성 성공을 이끈 배경에는 1980년대에 반도체 라인에 대한 선행 투자가 있었다. 당시 우리나라는 가장 기본적인 전자제품이라고 할 수 있는 TV 시장에서도 일본에 밀리는 형국이었다. 그러한 상황에서 고(故) 이병철 삼성그룹 회장은 고도화된 전자 산업 재료인 반도체에 선행 투자하겠다는 결정을 내렸다.

하지만 주변 사람들은 모두 부정적이었다. 이병철 전 회장은 "설탕 팔아서 번 돈을 반도체에 모두 쏟아붓게 되었다."라는 비아냥거림을 들어야 했지만 결심을 바꾸지 않았다. 그는 당시 73세였던 본인이 아닌, 다음 대인 이건희 회장의 미래를 보고 과감한 결단을 내린 것이었다. 이렇듯 오너경영은 장기적인 비즈니스 계획을 이끌어 나갈 수 있는 강한 추진력이 된다.

그렇다면 전문 경영인도 이와 같은 투자가 가능할까? 전문 경영인은 어쩔 수 없는 월급 사장이다. 삼성전자에 취임한 전문 경영인이 삼성의 10년 후, 20년 후 미래를 보고 반도체에 선행 투자를 집행한다고 가정해 보자. 바로 이사회에서 심각한 위기 상황을 맞을 것이다. 전문 경영은 태생적으로 단기적인 이익에 집착할 수밖에 없는 단점이 있다. 취임을 한 후 곧바로 성과를 끌어내야 한다는 강박관념을 갖기 쉬운 것이 전문 경영인인 것이다.

물론 전문 경영 체계의 강점도 분명히 존재한다. 삼성의 반도체 투자는 결과가 좋았기 때문에 인정받고 있다. 만약 이 선택이 실패로 돌아갔다면, 아마 삼성은 지구상에서 사라졌을지도 모른다. 결국 오너경영은 경영인의 전문성을 확인할 수 없다는 치명적인 단점이 있다. 하지만 반대로 전문 경영은 이러한 부분에 대한 검증이 가능하다는 강점이 있다.

그렇다면 현재 삼성의 경영 체계는 어떻게 판단해야 할까? 물론 현실적으로는 오너경영의 힘이 크다. 하지만 알다시피 삼성의 모든 계열사는 각기 전문 경영인 체계를 갖추고 있다. 다시 말해 1차적으로는 이건희 회장의 강력한 리더십을 기반으로 하여 장기적 비즈니스 계획을 탄탄하게 구축하고, 그 아래에 사업부와 계열사별로 포진된 전문 경영인들의 경영 능력을 추가시켜 지금의 경영 구조를 구축한 것이다.

오너경영과 함께 구직자들이 추가적으로 알아 두어야 할 것이 있다. 우리나라 대기업들의 공과 과에 대한 사실이다. 물론 우리나라 대기업에서는 부정적인 일도 많이 일어난다. 정치권과의 유착 관계를 통한 부정비리, 공정한 경쟁 질서를 어지럽히는 가격 담합 행위는 국내 대기업이 뛰어넘어야 할 커다란 장벽이다. 하지만 공로 역시 분명히 있다.

우리나라에서 가장 오래된 기업은 두산이다. 1896년에 문을 연 박승직 상점이 모태가 된 두산의 업력은 100년이 훌쩍 넘는다. 우리나라에서 100년이 넘는 역사를 가지고 있는 기업은 두산, 동화약품, 우리은행, 신한은행, 단성사 등 7개 정도에 불과하다.

삼성은 1938년에 창립되었으니 아직 100년까지는 오랜 시간이 필요하다. 그렇다면 세계에서 가장 오래된 기업은 어디일까? 일본의 사찰 건설사 콘고구미(金剛組)라는 기업이다. 이곳은 무려 1,500년에 가까운 업력을 자랑한다. 물론 유럽에는 오랜 역사를 갖고 있는 기업이 즐비하다.

이를 통해 우리나라는 기업 발전, 즉 경제 발전의 역사가 극단적으로 짧은 국가라는 점을 알 수 있다. 박정희 대통령이 필리핀을 방문한 1960년대 당시 미 국무장관보다 못한 대우를 받았다고 한다. 지금은 역사 속으로 사라진 장충체육관도 필리핀의 기술적 원조와 자문으로 건축되었다. 우리 부모들 세대에는 선명하게 뇌리에 박혀 있는 기억이다. 하지만 지금의 우리나라와 필리핀의 경쟁력을 생각하면 우리나라의 빠른 경제성장을 누구나 쉽게 이해할 수 있다.

세계 역사를 통틀어 이렇게 단기간에 경제성장을 일구어 낸 국가는 서독, 일본, 우리나라 정도로 꼽힌다. 그렇기 때문에 단기간에 빠른 경제성장을 이룬 나라이니 성장통이 없다면 그것이 오히려 이상할 것이다.

대표적으로 순환출자제도 같은 것을 예로 들을 수 있다. 순환출자란 한 그룹 안에서 계열사들끼리 돌려 가며 출자 규모를 늘리는 것을 일컫는다.

A계열사가 B계열사에, B계열사가 C계열사에, C계열사는 다시 A계열사에 출자하는 식의 상호 지배 구조로 삼성도 순환출자제도를 이용해 왔다. 물론 지금은 지주사로의 전환을 준비하고 있는 상황이다.

진보 진영에서는 예전부터 이러한 지배 구조가 재벌의 족벌 경영을 가능하게 하는 꼼수라고 주장해 왔다. 물론 계열사 간 일감 몰아주기가 이루어질 수 있고, 이를 통해 일반 계열사의 주주들에게 손해가 간다면 이는 분명히 개선되어야 한다. 하지만 국부적인 차원에서 상기 제도는 삼성 등 국내 대기업들의 경영권 방어 차원에서 실익이 있었던 것도 사실이다.

우리나라 기업들은 과거 SK 소버린 사태[13]처럼 해외 사모펀드들의 적대적 M&A 리스크로부터 자유로울 수 없다. 물론 지금은 가능성은 희박하지만 만약 해외 자본이 삼성전자를 M&A하게 되면 어떤 일이 벌어질까? 삼성전자는 규모가 너무나 크고 사업 분야가 다각화된 기업이기 때문에 아마 사업부별로 기업을 쪼개어 다시 되파는 상황이 펼쳐질 것이다. 그리고 연 9,000명 가까이 채용되는 대졸 공채의 규모도 극단적으로 줄어들 것이다.

국내 대기업들이 해외 자본에 넘어가는 것은 국부적·장기적 관점에서 부정적 상황이다. 결국 순환출자제도가 부정적인 부분이 있지만 국내 경제성장의 역사를 뒤집어 보면 분명 존재 이유가 있었다고 볼 수 있다. 비단 순환출자제도에 머물지 않고 우리는 이러한 경제성장의 성장통을 겪고 왔고 지금도 현재 진행 중이다.

삼성을 비롯한 국내 대기업은 규모의 경제를 활

---

[13] **SK 소버린 사태** : 2003년 SK 글로벌(현 SK네트웍스)의 분식회계로, 최태원 그룹 회장이 구속된 틈을 타 외국계 자산운용사인 소버린이 SK그룹에 대한 적대적 인수·합병(M&A)을 시도했던 사건

용해 국부를 증진시켜 왔다. 물론 성장 위주의 경제정책이 가져온 폐단도 많다. 현재 일고 있는 경제민주화가 가장 큰 증거이다. 하지만 위에서 언급했듯이 단기간에 경제성장을 이루다 보니 필연적으로 겪어야 할 성장통의 과정이 있었고, 지금은 이러한 부작용을 줄이기 위한 노력을 기업은 물론, 사회 전반에서 추진해 가는 과정이라고 생각하면 좋겠다. 개인적 의견이지만 당신과 소통하게 될 대기업 임원들의 가치관도 큰 차이가 없을 것이다. 삼성 등 국내 대기업들의 성과에 대해 구직자들의 이해의 폭이 넓었으면 한다.

> **잠시 읽고 가는 코너**
>
> ### 한국의 경제 발전과 함께해 온 삼성의 역사
>
> 삼성그룹의 발전 역사는 우리나라의 경제 발전과 그 맥을 같이한다. 삼성 사업은 우리나라 소비재 산업에서부터 시작되었다. 1938년에 창업한 이후 삼성은 50년대 수입 대체 산업에서 약진하기 시작한다. 당시 우리나라는 먹고사는 의식주 문제를 자체적으로 해결하지 못해 상당 부분 수입에 의존하고 있었다. 이때 삼성은 한국 최초의 근대적 제조공장을 구축해 제일제당과 제일모직에서 설탕과 원단을 자체적으로 생산하기 시작했다. 이처럼 초기 삼성의 성공에는 소비재 산업이 있었다. 제일제당은 현재 CJ로 분리되었지만, 제일모직이라는 사명이 꾸준히 유지되고 있는 이유는 두 회사가 그룹의 모태가 되는 기업이기 때문이다.
>
> 삼성은 1960년대에 들어와 소비재 산업에서 기간 산업으로 핵심을 바꾸기 시작했다. 당시 세계 최대 규모의 한국비료라는 기업을 건립하여 국내 비료의 자급자족을 이끌어 내기 위해 노력했으나 안타깝게도 한국비료는 1966년 삼성그룹의 계열사인 한국비료공업이 사카린을 밀수하려다 발각된 이른바 사카린 밀수사건으로 인해 국가에 헌납되었다.
>
> 삼성은 1970년대 들어서서 전자 산업에 진출하고 종합상사와 중공업, 조선 사업에 투자를 집행하게 되었다. 당시 수출 증대의 첨병에 섰던 삼성물산이 대표적이다. 그리고 1980년대에 들어 메모리 사업, 가전, 컴퓨터 등 첨단기술 산업에 도전하면서 현재의 삼성으로 거듭나게 되었다. 이러한 과정은 돈을 벌기 위한 삼성의 움직임이기도 하지만 우리나라 국가 발전 및 시대의 요구를 반영해 성장한 기업이라는 것을 보여 주기도 한다.

삼성의 두 번째 성공 이유_ 건전한 위기의식

삼성의 두 번째 성공 이유는 건전한 위기의식이다. 이건희 회장이 내뱉은 말은 다음날 아침 신문의 일면을 장식한다. 이건희 회장이 입에 달고 사는 단어는 '위기'이다. 내가 삼성에 재직하던 시절, 단 한 번도 위기가 아닌 해가 없었다. 하지만 실적은 늘 매년 최고치를 갱신했다. 외국의 삼성 경쟁 업체들은 이러한 이상한 기업 문화를 연구까지 한다고 한다.

많은 경영자가 충격 요법이 얼마나 효과적인 방법인지 잘 알고 있다. 위기의식 고취는 조직에 활기를 불어넣을 수 있는 좋은 방법이다. 하지만 실전에서는 자주 꺼내 들 수 없는 카드이다. 위기라는 카드는 마지막 방책이기 때문이다. 한 번 꺼내 들면 다음에는 그만한 카드를 찾아내기 어렵다.

하지만 삼성은 늘 위기라고 한다. 이솝우화《늑대와 양치기 소년》의 이야기를 모두 알고 있을 것이다. 경영진이 계속 위기라고 말하는데 실적이 좋으면 임직원들은 위기라는 단어에 둔감해지는 것이 정상이다. 그런데 이상하게 삼성 임직원들은 계속 이 위기를 심각하게 받아들인다. 이러한 특이한 기업 문화가 우연히 생긴 것은 아닐 것이다.

어찌 보면 이처럼 괴이한 삼성의 기업 문화가 지금의 삼성을 만든 핵심 요인이 아닐까. 치열한 현실 인식을 통한 끊임없는 자기 혁신, 즉 삼성 특유의 '건전한 위기의식'이 지금의 삼성을 유지하는 원동력인 것이다.

건전한 위기의식을 잘 설명해 주고, 또 삼성 구직자라면 능히 알아야 할 개념이 바로 삼성의 신경영이다. 1938년에 이병철 회장에 의해 창업

된 삼성은 1988년에 이건희 회장이 취입하면서 2세 경영 체제로 넘어갔다. 삼성의 신경영은 1993년 '후쿠다 보고서'에서 시작된다.

당시 일본 도쿄에서 이건희 회장 주재로 삼성전자 기술개발 회의가 진행되었고, 삼성전자의 디자인 고문이었던 후쿠다 다미오는 이건희 회장에게 '경영과 디자인'이라는 제목의 보고서를 전달했다. 저녁 5시쯤 시작된 회의는 이튿날 새벽 5시까지 이어졌다. 통상 기술 고문들은 오너인 회장 앞에서 쓴소리하는 것을 힘들어한다. 하지만 후쿠다 다미오는 보고서를 통해 삼성의 문제점들을 적나라하게 지적했다. 후쿠다 보고서를 바탕으로 밤샘 회의를 마친 이건희 회장은 곧이어 비서실로부터 삼성전자의 '세탁기 사건'을 보고받았다. 세탁기 생산 라인 근로자들이 결함이 있는 세탁기 뚜껑을 칼로 깎아 내어 본체에 붙인 불량 세탁기 조립 사건이 방송에 보도되면서 파문이 일어난 것이다.

후쿠다 보고서와 세탁기 사건은 이건희 회장에게 큰 위기감을 주었을 것이고, 보통 이런 상황이라면 일반적인 기업의 총수는 격노하며 하급자들에게 개선책을 요구할 것이다. 하지만 이건희 회장은 단순하게 후쿠다 보고서의 세부적인 디자인 개선안에 대해 조사하거나 세탁기 사건을 방지하기 위한 품질 개선 계몽 활동을 기획하지 않았다. 이러한 미시적 노력으로는 현재의 기업 문화를 바꿀 수 없다고 판단한 것이다. 이건희 회장은 경영관 자체를 바꾸었고, 또 지금의 삼성을 만든 신경영은 이렇게 태동하게 되었다.

이건희 회장은 200여 명의 삼성 핵심 경영진을 프랑크푸르트로 집결시켰다. 일반 직원도 아니고 200명이나 되는 기업의 핵심 임원을 타국으로 불러 모은 것은 큰 경영 공백을 감수한 결정이었다. 이는 조직원들에게 위기감을 고취시키기 위한 이건희 회장의 전략이라고 생각된다. 신경영은 단순하게 한 번의 워크숍으로 끝나지 않았다. 이건희 회장은 장장 4개월에 걸쳐 LA, 프랑크푸르트, 오사카, 도쿄, 런던으로 이어지는 대장정을 통해 1,800여 명의 임직원을 해외로 불러 500여 시간 동안 열변을 토했다. '은둔의 경영자'라는 별명을 가지고 있는 이건희 회장의 그동안의 행보를 보면 지극히 이례적인 일이었다. 신경영의 핵심 키워드는 '변화'였다.

"국제화 시대에 변하지 않으면 영원히 2류나 2.5류가 될 것이다. 지금처럼 하면 1.5류이다. 마누라와 자식 빼고 다 바꾸자."

프랑크푸르트 회의 당시 이건희 회장이 한 유명한 발언이다. 신경영 선언 이후 삼성은 양적 성장에서 질적 성장으로, 매출 위주에서 이익 위주로, 국내 제일 기업에서 세계 일류 기업으로 방향을 바꾸었다. 저부가가치 사업을 정리하고 IT 등 고부가가치 사업에 그룹의 역량을 집중시켰고, 회사 중심에서 고객 중심의 기업으로, 하향식 관리 중심 기업 문화에서 상향식의 자유로운 기업 문화로 나아가고자 했다. 실제로 신경영 이후 삼성은 급속한 성장을 경험하게 되고 국내를 뛰어넘어 세계적인 기업으로 발돋움하게 된다.

1993년 매출 41조 원, 이익 5,000억 원의 삼성은 신경영 10년 후인 2003년 매출 135.5조 원, 이익 19조 원의 기업으로 거듭났다. 2003년 6월, 이건희 회장은 신경영 10주년 기념사에서 "신경영을 하지 않았으면 삼성이 2류, 3류로 전락했거나 망했을지도 모른다는 생각에 등골이 오싹하다. 신경영의 성과를 어려운 국가 경제위기 극복과 국민 생활에 도움이 되도록 확산시켜 나가자."라며 지난날을 회고했다.

이제 삼성은 신경영 20주년을 맞이했다. 그동안 삼성은 세계에서 유례를 찾아볼 수 없을 정도로 급신장세를 유지했다. 삼성 신경영의 성공에는 혁신, 국제화, 효율성 등 여러 가지 요소가 있지만, 그 중심에는 사람, 인재가 있다. 지금 당신은 그런 삼성의 중심, 인재가 되는 길 위에 서 있다.

삼성의 세 번째 성공 이유_ 수직계열화의 힘

삼성의 세 번째 성공 이유는 수직계열화의 힘이다. 삼성의 주력 계열사는 당연히 삼성전자이고, 주력 제품은 스마트폰이다. 최근에는 스마트폰 쏠림 현상에 대한 우려가 있을 만큼 삼성전자 CE/IM 사업부(Set Maker)의 의존도가 높다. 다시 말해 현재 삼성전자 성공의 정점에는 스마트폰이 있다. 그렇다면 스마트폰을 정점으로 하는 삼성 계열사의 수직계열화의 구조는 어떤 힘을 갖고 있을까?

스마트폰의 핵심 부품은 AP(Application Processor)이다. 이는 스마트폰과 디지털 TV 등에 사용되는 비메모리 반도체로, 일반 컴퓨터의 중앙처리장치(CPU)와 같은 역할을 한다. 스마트폰 반도체 중 가장 기술집약적인 부품으로 고가에 속한다. 삼성전자 갤럭시 시리즈에 들어가는 상당수의 AP는 같은 삼성전자의 DS 부문 LSI 사업부에서 공급하고 있다. 또 스마트폰의 속성상 상당히 많은 낸드 플래시(Nand Flash)가 필요하다.

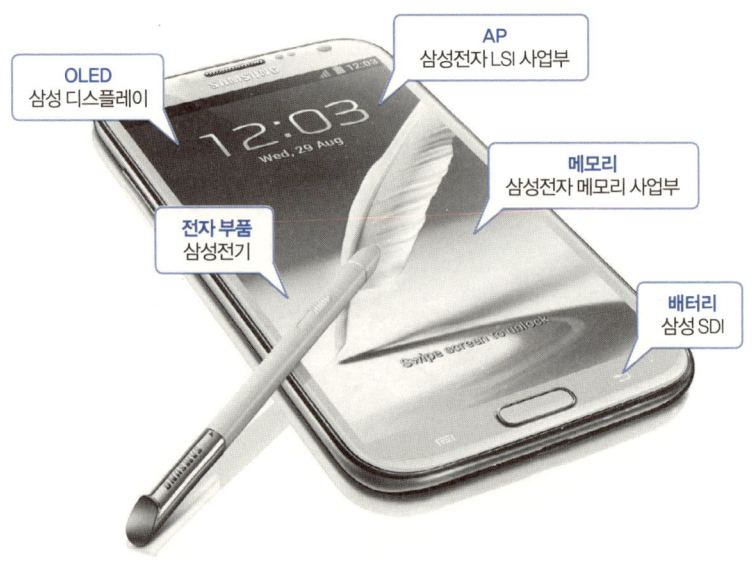

　낸드 플래시는 D램과 함께 메모리 반도체를 대표하는 제품으로 정보를 저장한다는 점은 D램과 같지만 전원이 꺼져도 저장한 정보가 사라지지 않는다는 장점을 지니고 있다. 스마트폰을 위시한 많은 포터블 디바이스의 저장 장치로 애용되고 있다.

　휴대폰의 전면에는 디스플레이 패널이 필요하다. OLED 디스플레이 패널은 현재 삼성 디스플레이에서 공급을 담당하고 있다. 그리고 스마트폰이기에 당연히 뒷면에는 배터리가 필요하다. 이 부분은 삼성 SDI에서 공급을 담당한다. 또한 스마트폰의 기본 부품이라고 할 수 있는 휴대폰용 기판과 카메라 모듈, 진동 모터 등 다양한 부품은 삼성전기라는 종합부품 회사에서 담당하고 있다. 이렇듯 삼성은 다양한 계열사들이 협업하는 공급 구조를 갖추고 있다. 이것이 삼성의 큰 힘 중 하나이다.

물론 삼성 스마트폰의 주요 부품을 단일 공급업체에 몰아주지는 않는다. 거래선은 다원화되게 마련이다. 하지만 삼성은 주력 계열사들끼리 부품을 공급하는 구조를 갖고 있기 때문에 단가 인하 측면에서 강점이 있다. 예를 들어 삼성전자 SET 제품에 들어가는 특정 부품을 삼성의 다른 계열사가 공급한다고 가정하자. 당연히 상기 계열사 외 다양한 해외 업체들이 삼성전자에 부품을 공급하고 있을 것이다. 삼성전자는 저가에 부품을 납품받으려는 반면 공급업체들은 고가에 공급을 하려고 할 것이다.

이런 상황에서 삼성 계열사가 부품을 저가에 공급하게 된다고 가정해보자. 그러면 삼성전자의 물량이 매우 크기 때문에 해외 업체들은 울며 겨자 먹기 식이긴 하겠으나 부품 가격을 인하시킬 수밖에 없다. 이로써 삼성그룹 전체적으로는 경쟁력이 생기게 된다. 이것이 바로 수직계열화의 힘이다.

여담이지만 동일한 경쟁 상황에서 LG는 삼성을 능가하기가 버겁다. LG 또한 LG이노텍에서 다양한 전자부품을 LG전자에 납품하고 LG디스플레이가 디스플레이 패널을, LG화학이 배터리를 공급하고 있다. 하지만 결정적으로 LG는 '전자 업계의 쌀'이라고 불리는 반도체 사업을 못하고 있다. 따라서 이러한 부분에서 만큼은 삼성의 경쟁력이 높다고 할 수 있다.

삼성은 앞서 예를 든 전자 업계 외에도 다양한 산업군에서 동일한 방식의 수직계열화를 구축하고 있다. 이것이 규모의 경제를 구현하는 삼성그룹의 성공 이유 중 하나라고 생각된다.

삼성의 네 번째 성공 이유_ 따뜻한 기업 문화

마지막으로 이야기하고 싶은 삼성의 성공 이유는 따뜻한 기업 문화이다. 대학생들에게 물어본 일반적인 삼성은 차디찬 엄친아의 이미지이다. 사람들은 '삼성맨' 하면 왠지 찌르면 파란 피가 나올 것 같은 현실적이고 이성적인 이미지를 생각한다. 그런데 내가 경험한 삼성의 기업 문화는 상당히 따뜻하다. 물론 차디찬 공정함은 가지고 있다. 하지만 실무를 하는 선배들에게서는 온정과 인정미가 느껴진다. 우선 삼성의 기본적인 경영 이념을 알아보자.

삼성은 기업 목적을 '인류 사회의 공헌', 목표는 '최고의 제품과 서비스', 경영 핵심 요소는 '인재와 기술'로 정하고 있다. 풀어서 서술하면 '인재와 기술을 사용하여 최고의 제품과 서비스를 만들고 이를 통해 인류 사회에 공헌한다'라는 것이다.

삼성의 경영 이념 중 포커스를 맞춰야 할 것은 '인재'와 '기술'이다. 나머지는 일반적인 경영 철학으로 봐도 무방하다. 삼성은 인재와 기술을 아주 소중하게 생각한다. 삼성의 다양한 닉네임 중 유명한 것이 '인재의 삼성', '교육의 삼성'일 정도로 삼성은 인재에 많은 투자를 한다. 신입사원 교육 과정인 SVP 과정에서부터 지역전문가 제도, 삼성 MBA, 학술 연수 등을 위해 타 기업과는 비교할 수 없을 만큼 많은 장기적 투자를 지향하고 있다. 21세기 경쟁 사회에서는 두산의 슬로건처럼 '사람이 미래'일 수밖에 없다. 삼성은 일찌감치 이러한 투자를 지속해 온 기업이다. 삼성 자체적으로 성공 DNA라고 일컫는 핵심 가치 역시 첫 번째로 인재를 꼽는다. 삼성의 핵심 가치는 다음과 같다.

1. 인재 제일 - 기업은 사람이다.
2. 최고 지향 - 모든 분야에서 최고를 추구한다.
3. 변화 선도 - 늘 앞선 변화를 시도한다.
4. 정도 경영 - 언제나 바른길을 간다.
5. 상생 추구 - 모두의 이익에 기여한다.

첫 번째는 앞서 말한 인재 중심이며, 두 번째와 세 번째는 품질 위주의 세계 1등 제품에 주력하고 건전한 위기의식을 통해 끊임없는 자기 혁신을 강조하는 삼성 신경영과 연결되는 이야기이다. 다섯 번째는 고객, 임직원, 주주, 협력 업체와의 상생을 추구하는 최근의 경제민주화와 연결되는 삼성의 노력이라고 파악할 수 있다.

나는 네 번째의 '정도 경영'이 삼성 성공의 큰 밑바탕이라고 생각한다. 삼성과 관련된 닉네임 중 하나가 '깨끗한 삼성'이다. 삼성은 국내에서 유일하게 혈연, 학연, 지연으로부터 자유로운 집단이다. 기회 균등 인사를 통해 학력, 성별의 차별을 지양하고 있으며 채용 프로세스에서 탈스펙을 가장 먼저 현실화시켜 적용하기도 한다.

또한 능력과 성과 본위의 공평한 인사제도를 운영하고 있다. 실적이 있는 곳에 보너스가 있고 승진도 있다는 기본적 모토를 실제로 지키고 있는 기업이다. PS[14]가 대표적인 증거가 될 수 있다. 이러한 실제 성과에 근간을 둔 정도 경영이 내부적으로 공정한 경쟁 질서를 만들었고 삼성 특유의 기업 문화를 형성했다.

삼성 내부에는 임직원을 대상으로 한 '삼성헌법'

14 PS(Profit Share) : 성과주의 보너스 제도로, 이익 분배를 통해 임직원에서 보너스를 제공하는 삼성특유의 보너스 지급 제도

이라는 내부 지침이 있다. 삼성헌법의 핵심은 인간미, 도덕성, 예의범절, 에티켓으로 요약된다. 신입사원을 지도할 때에도 교육 말미에 팀원을 평가하는 항목 중 가장 상단에 위치하고 있는 것이 바로 인간미이다. 이것이 바로 '따뜻한 삼성'을 지향하는 구체적인 모습이다.

삼성의 경쟁주의 문화를 소개할 때 많이 언급되는 개념이 '메기론'이다. 메기론이란, 유럽의 어부들이 북해 연안에서 잡은 청어를 먼 배송지까지 운반할 때 수조에 천적인 메기를 함께 넣어 운반함으로써 싱싱한 청어를 산 채로 운반할 수 있었다는 일화에서 유래된 신경영 이론이다.

삼성은 실제 계열사끼리, 사업부끼리 경쟁을 유도한다. 과거 디스플레이 시장에서 삼성전자의 LCD와 삼성 SDI의 PDP는 말이 좋아 같은 삼성이지 치열하게 경쟁했다. 결국 강한 자만이 살아남는 것이다. 다소 과도하게 비춰질지도 모르지만 이런 경쟁이 있었기에 지금의 삼성이 있는 것이다.

그러한 경쟁 체제에서도 삼성을 탄탄하게 받쳐 주는 것은 현업에서, 같은 부서에서 함께 일하는 선후배들 사이의 인간미였다. 삼성에 대한 단순한 이미지로 업무 환경까지 동일하게 생각하는 것은 옳지 않다. 원리 원칙과 공정성이 갖춰진 삼성의 기업 문화는 밖에서 보는 것보다 훨씬 더 인간미 넘친다. 이러한 인간미 있는 업무 환경에서 많은 후배가 직장 생활을 시작했으면 한다.

Plus 1⁺

삼성그룹 계열사 소개

삼성에는 다양한 계열사가 있다. 각자 본인의 전공과 이력 선호도를 고려하여 도전할 계열사를 선정하기 바란다. 물론 동등한 수준이라면 입사 TO 또한 무시할 수 없다. 당연히 규모가 큰 계열사의 채용이 활성화되게 마련이다. (※매출액은 2013년 기준, 임직원 수는 2013년 말 기준)

1. 전자 계열

계열사명	삼성전자				
설립일	69.01.13	본사 소재지	경기 수원시	임직원 수	95,976*
주요 제품/서비스	휴대폰, 가전제품, 반도체			매출액	228조 6,900억
국내 사업장	수원, 구미, 기흥, 화성, 온양, 광주				
해외 사업장	81개국 207개 지점				

* 국내 임직원 수이며, 해외 종업원 수 포함 시 약 28만 6,000명

계열사명	삼성 디스플레이				
설립일	12.07.01	본사 소재지	충남 아산시	임직원 수	26,962
주요 제품/서비스	휴대폰, 카메라, 모니터 등에 채택되는 패널			매출액	29조 3,869억
국내 사업장	아산, 천안, 기흥				
해외 사업장	중국, 슬로바키아, 베트남				

계열사명	삼성 SDI(에너지솔루션 부문)				
설립일	70.01.20	본사 소재지	경기 용인시	임직원 수	8,500*
주요 제품/서비스	소형전지, 자동차전지, ESS			매출액	5조 164억*
국내 사업장	용인, 기흥, 수원, 천안, 울산				
해외 사업장	말레이시아, 중국, 멕시코, 베트남, 미국, 독일, 인도, 대만, 일본 등				

* 임직원 수와 매출액은 에너지솔루션과 소재 부문의 통합 수치임

계열사명	삼성 SDI(소재 부문)				
설립일	70.01.20	본사 소재지	경기 의왕시	임직원 수	8,500*
주요 제품/서비스	케미칼, 전자소재			매출액	5조 164억*
국내 사업장	의왕, 수원, 여수, 구미, 청주				
해외 사업장	독일, 미국, 헝가리, 멕시코, 중국, 태국, 일본 등				

*임직원 수와 매출액은 에너지솔루션과 소재 부문의 통합 수치임

계열사명	삼성전기				
설립일	73.08.08	본사 소재지	경기 수원시	임직원 수	12,440
주요 제품/서비스	첨단 전자부품 및 기계부품			매출액	8조 2,566억
국내 사업장	수원, 세종, 부산, 서울				
해외 사업장	중국, 태국, 필리핀, 미국, 인도, 일본				

계열사명	삼성 SDS				
설립일	85.05.01	본사 소재지	서울 송파구	임직원 수	17,570
주요 제품/서비스	전산 시스템 구축 및 통합, 비즈니스 컨설팅, 솔루션 컨설팅, 개발 및 판매			매출액	7조 468억
국내 사업장	서울, 분당, 수원, 과천, 구미, 대덕				
해외 사업장	28개국 41개 거점				

2. 화학 계열

계열사명	삼성정밀화학				
설립일	64.08.27	본사 소재지	울산 남구	임직원 수	1,097
주요 제품/서비스	질소, 인산 및 칼리질 비료 제조			매출액	1조 3,140억
국내 사업장	울산, 수원, 인천, 부산				
해외 사업장	중국, 일본 등				

계열사명	삼성BP화학				
설립일	89.07.13	본사 소재지	울산 울주군	임직원 수	198
주요 제품/서비스	초산, 초산비닐, 수소			매출액	3,329억
국내 사업장	울산, 서울				
해외 사업장	–				

3. 금융 계열

계열사명	삼성생명				
설립일	57.05.05	본사 소재지	서울 중구	임직원 수	6,550
주요 제품/서비스	보험, 대출, 수익증권, 퇴직연금			매출액	30조 3,832억
국내 사업장	8개 지역 사업부 및 전국 지점망				
해외 사업장	중국, 태국, 미국, 일본, 미얀마 등				

계열사명	삼성화재				
설립일	52.01.26	본사 소재지	서울 중구	임직원 수	5,782
주요 제품/서비스	손해보험 및 기타 금융 서비스			매출액	19조 2,578억
국내 사업장	본부 산하 전국 지점망 및 보상팀				
해외 사업장	11개국 19개 거점				

계열사명	삼성증권				
설립일	82.10.19	본사 소재지	서울 중구	임직원 수	2,736
주요 제품/서비스	증권, 자산관리, 위탁매매 등			매출액	2조 2,291억
국내 사업장	5개 지역 사업부 및 전국 지점				
해외 사업장	중국, 미국, 일본, 영국				

계열사명	삼성카드				
설립일	83.03.24	본사 소재지	서울 중구	임직원 수	2,811
주요 제품/서비스	결제/금융, 생활 편의, 마케팅			매출액	2조 8,000억
국내 사업장	서울 및 전국 25개 지역단				
해외 사업장	미국				

계열사명	삼성벤처투자				
설립일	99.10.22	본사 소재지	서울 서초구	임직원 수	38
주요 제품/서비스	신설단계기업 투자, 경영지원 등 토탈 서비스			매출액	239억
국내 사업장	서울				
해외 사업장	–				

계열사명	삼성자산운용				
설립일	97.04.14	본사 소재지	서울 중구	임직원 수	238
주요 제품/서비스	펀드운용, 투자자문, 투자일임운용			매출액	1,371억
국내 사업장	서울				
해외 사업장	홍콩				

4. 중공업/건설 계열

계열사명	삼성중공업				
설립일	74.08.05	본사 소재지	서울 서초구	임직원 수	13,546
주요 제품/서비스	선박건조, 해양플랜트, 건설			매출액	14조 8,345억
국내 사업장	거제, 수원, 대덕				
해외 사업장	중국, 인도 외 해외 지점 14개소				

계열사명	삼성엔지니어링				
설립일	70.01.20	본사 소재지	서울 강동구	임직원 수	7,135
주요 제품/서비스	화학, 환경플랜트 공사, 에너지 공급시설 공사, 환경오염방지시설 공사 등			매출액	9조 8,063억
국내 사업장	서울, 수원				
해외 사업장	사우디, UAE, 인도, 미국, 멕시코, 태국, 중국 등				

계열사명	삼성물산(건설 부문)				
설립일	38.03.22	본사 소재지	서울 서초구	임직원 수	8,714*
주요 제품/서비스	건축, 토목, 플랜트, 주택 등 종합건설			매출액	28조 4,334억*
국내 사업장	서울 및 전국 140여 개				
해외 사업장	27개국 89개 현장				

5. 서비스 계열

계열사명	삼성물산(상사 부문)				
설립일	38.03.22	본사 소재지	서울 서초구	임직원 수	8,714*
주요 제품/서비스	상품 종합 도매 무역업			매출액	28조 4,334억*
국내 사업장	서울				
해외 사업장	46개국 97개 지점				

* 건설 부문과 통합된 수치임

계열사명	제일모직(리조트/건설 부문)				
설립일	54.09.15	본사 소재지	서울 중구	임직원 수	5,062
주요 제품/서비스	리조트, 테마파크, 조경, 에너지 건설			매출액	3조 2,261억
국내 사업장	용인, 울산, 여수				
해외 사업장	베트남				

계열사명	제일모직(패션 부문)				
설립일	54.09.15	본사 소재지	서울 종로구	임직원 수	3,825
주요 제품/서비스	패션의류			매출액	4조 4,111억
국내 사업장	1,600개 매장, 구미, 금천 외				
해외 사업장	중국, 미국, 이탈리아, 일본				

계열사명	호텔신라				
설립일	73.05.09	본사 소재지	서울 중구	임직원 수	2,126
주요 제품/서비스	면세유통, 호텔 서비스			매출액	2조 2,970억
국내 사업장	서울, 제주, 거제, 인천, 김포, 대구, 청주				
해외 사업장	중국, 싱가포르				

계열사명	제일기획				
설립일	73.01.17	본사 소재지	서울 용산구	임직원 수	1,248
주요 제품/서비스	광고대행, 행사기획, 광고제작			매출액	2조 7,092억
국내 사업장	서울				
해외 사업장	미국, 중국, 영국, 러시아, 인도 등 38개국 45개 거점				

계열사명	에스원				
설립일	77.11.28	본사 소재지	서울 중구	임직원 수	5,028
주요 제품/서비스	보안 시스템 서비스			매출액	1조 1,600억
국내 사업장	서울				
해외 사업장	중국, 러시아				

계열사명	삼성바이오로직스				
설립일	11.04.21	본사 소재지	인천 연수구	임직원 수	326
주요 제품/서비스	바이오 의약품 생산			매출액	437억*
국내 사업장	인천				
해외 사업장	–				

*바이오에피스와의 연결 매출

계열사명	삼성바이오에피스				
설립일	12.02.28	본사 소재지	인천 연수구	임직원 수	254
주요 제품/서비스	바이오 의약품 연구개발 및 상업화			매출액	437억*
국내 사업장	인천				
해외 사업장	–				

*바이오로직스와의 연결 매출

Plus 2⁺

삼성의 인재 채용 시스템

일반공채 삼성 3급 신입사원 공개 채용

인·적성 검사 실시 여부는 기업에 따라 다르지만, 보통 대기업은 서류 전형(이력서 및 자기소개서) 심사 후 합격자에 한해 인·적성 검사를 실시한다. 삼성은 서류 전형 없이 자격 기준을 갖춘 모든 지원자에게 직무적성검사 응시의 기회를 부여하는 것이 가장 큰 특징이다. 삼성 채용에 지원할 수 있는 지원 자격은 평균 평점 3.0/4.5 이상, 각 계열사별/직무별 어학 성적(OPIc, 토익스피킹) 기준을 충족해야 한다. 직무적성검사 합격자를 발표하면 2일 이내에 에세이를 제출해야 하며, 에세이 제출자는 심사 과정 없이 모두 종합면접(인성 검사, 임원 면접, 직무역량 면접)의 기회를 부여받는다. 2015년 하반기부터 SSAT 폐지, 서류 전형 부활 등의 프로세스 개편이 이루어질 가능성이 있다.

삼성 신입사원 공개 채용 프로세스
입사지원서 작성 → 직무적성검사(SSAT) → 에세이 작성(SSAT 합격자에 한해 2일 이내에 제출) → 종합 면접 → 건강검진 및 최종 입사

기타 대기업 공개 채용 프로세스
서류 전형(이력서 및 자기소개서) → 인·적성 검사 → 면접 전형 → 건강검진 및 최종 입사
(인·적성 검사의 실시 여부 및 유형은 기업별로 상이함)

기타 전형 SCSA

SCSA(Samsung Convergence S/W Academy) 지원 자격과 종합 면접까지의 과정은 일반 채용과 동일하다. 종합 면접 합격자는 6개월간의 S/W 직무 교육을 받게 된다. 교육 기간 중 식사비 및 교재비로 6개월 교육 중 첫 두 달은 월 150만 원, 이후 넉 달

간은 월 250만 원이 지급된다. 직무 교육을 수료해야만 최종 입사를 할 수 있다.

기타 전형 **전역 장교 전형**

전역 장교 및 당해 년도 7월 1일 이전 전역 예정 장교에 한하여 지원할 수 있다. 지원 자격은 일반 채용과 동일하며, 일반 및 SCSA 채용과 달리 서류 심사 후 합격자에 한해 직무적성검사(SSAT)를 실시한다.

기타 전형 **열린 채용**

첫째, 국민기초생활보장법 제2조 제1호에 따른 수급권자 및 차상위가구의 자녀에 한한다. 차상위 가구 자녀의 경우 지방자치단체의 증빙이 가능한 학생에 한해 추천이 가능하다.
둘째, 어려운 환경을 긍정적 마인드와 성실함으로 극복한, 미래에 대한 희망과 의지가 강한 대학생이어야 한다.
셋째, 4년제 대학 졸업 예정자여야 한다.
넷째, 4학년 1학기까지 취득 평점이 2.5/4.5 이상이어야 한다.
다섯째, 인문계 전공자는 오픽 IL 또는 토익스피킹 5급 이상, 이공계 전공자는 오픽 NH, 토익스피킹 4급 이상의 어학 성적 보유자여야 한다.

이 다섯 가지 요건이 모두 충족해야 지원 자격을 갖게 된다. 열린 채용은 일반 채용과 다르게 각 단과대학에서 공지하고, 입사지원서 역시 채용 시스템 등록이 아닌 각 학교 취업 담당 부서 또는 학과 사무실에서 접수한다. 이력서 및 자기소개서, 단과대학장의 자필 서명이 들어간 추천서, 저소득층 증명서 등을 제출해야 한다. 모든 지원자를 대상으로 직무적성검사를 실시하며 에세이 평가와 병행 후 합격자에 한해 면접을 실시한다.

`기타 전형` **4급(초대졸) 신입사원**

초대졸 채용은 그룹 공채가 아닌 각 계열사별로 시행한다. 평균 평점 3.0/4.5 이상이어야 하며, 어학과 관련해서는 기준이 없다. 서류 전형 합격자에 한해 직무적성검사(SSAT)를 실시한다. 종합 면접은 임원 면접으로 진행되며, 엔지니어 및 S/W 직군의 경우 별도 기술 면접을 실시한다.

`기타 전형` **5급(고졸) 신입사원**

고졸 신입사원 역시 그룹 공채가 아닌 각 계열사별로 시행하며, 해외여행 결격 사유가 없는 졸업자 또는 졸업 예정자이면 지원이 가능하다. 서류 전형 합격자에 한해 직무적성검사(SSAT)를 실시하며, 합격자에 한해 면접을 실시한다.

PART 2

SSAT 요령

한 번보다 열 번 풀어 본 사람이 낫다

삼성을 꿈꾸는 구직자들에게 삼성 취업의 가장 중요한 단계가 무엇인지 물어보면 십중팔구 SSAT를 꼽는다. 대기업 인·적성 시험의 바이블이자 일 년에 20만 명 가까운 구직자가 응시하는 시험, 9시 뉴스에 고사장 분위기가 소개되는 시험, '삼성고시'라 불리는 SSAT는 우리나라의 대표적인 시험이 되었다. 삼성은 본인의 주특기에 대한 자신감을 갖고, 넓은 시야로 사회를 조망할 수 있는 인재를 원한다. 이러한 것이 반영된 시험이 바로 SSAT이다.

PART2 » SSAT 요령 _ 한 번보다 열 번 풀어 본 사람이 낫다

공대생에게
왜 미술 작품을
물어보는 것일까

삼성을 꿈꾸는 구직자들에게 삼성 취업의 가장 중요한 단계가 무엇인지 물어보면 십중팔구 SSAT를 꼽는다. 대기업 인·적성 시험의 바이블이자 일 년에 20만 명 가까운 구직자가 응시하는 시험, 9시 뉴스에 고사장 분위기가 소개되는 시험, '삼성고시'라 불리는 SSAT는 우리나라의 대표적인 시험이 되었다.

우선 구직자들이 알아야 할 것은 삼성에서 왜 이런 시험을 치르는가 하는 점이다. 그 이유는 두 가지로 설명할 수 있다. 첫째, 삼성은 'T자형 인재'를 선호하기 때문이다. 내가 삼성에서 신입사원 교육을 받았을 때, 지도 선배로서 신입사원들을 교육할 때 느꼈던 것은 한 달 남짓한 교육 기간 동안 신입사원들이 놀랍도록 가까워진다는 것이다. 헤어질 때 눈물을 흘리는 신입사원도 많이 보았다. 나름 똑똑하다고 자부하는, 지각 있는

대졸 공채 신입사원들이 이렇게 쉽게 가까워지는 이유는 무엇일까? 나는 그 답을 삼성의 인재상에서 찾았다.

연수원에 모인 신입사원들은 대부분 T자형 인재에 근접하다. 대개 본인의 주특기에 대한 자존감을 갖추고 있으면서, 타 분야에 대해 오픈 마인드를 가지고 있다. 쉽게 말해, 학교에 다닐 때 매일 도서관에만 틀어박혀 학점 관리만 했거나 너무 아웃사이더로 살아왔던 사람들은 삼성의 일원이 될 수 없다.

학부 시절에 팀 프로젝트를 진행했을 때 탐나는 팀원을 만나 본 적이 있을 것이다. 쉽게 말해 삼성은 그런 사람을 원한다. 우선 실력이 있어야 한다. 전공과 관련된 기초 지식도 있고 열심히 하려는 의지도 있어야 한다. 이런 팀원이 배속되어야 팀 성과가 나오기 쉽다. 실력과 열의만큼 상대방과 쉽게 어울릴 수 있는 협업 능력과 오픈 마인드도 팀원으로서 중요한 덕목이다.

이렇듯 삼성은 본인의 주특기에 대한 자신감을 갖고, 넓은 시야로 사회를 조망할 수 있는 인재를 원한다. 이러한 것이 반영된 시험이 바로 SSAT이다. 삼성은 타 기업에 비교하면 PT 면접의 전공 난이도가 매우 높다. 그러므로 SSAT를 통해서는 전공에 대한 실력이 아니라 넓은 식견을 확인하고자 한다. SSAT는 타 기업의 인·적성 시험과 비교해 상식에 대한 의존도가 높기 때문에 실제로 SSAT 시험을 준비하는 많은 사람이 직무 상식 파트를 매우 어렵게 생각한다.

'전공에 대해서만 잘 알면 되는 거 아냐? 일하는

> **1 T자형 인재**: 전문 분야 최고의 실력(|)과 희생, 봉사정신(−)을 겸비한 사람을 뜻한다. 풀이하면 종적으로는 자신의 전문 분야를 깊이 아는 경쟁력을 갖춘 융복합형 인재가, 횡적으로는 다양한 분야의 지식 및 문제 해결 능력을 가진 인재가 되어야 한다는 의미이다.

데 굳이 상식이 필요해?'라고 생각하는 구직자들이 있을 것이다. 당신이 연구 개발 업무를 진행한다고 해서 하루 종일 기술 관련 업무만 진행하는 것은 아니다. DS 부문의 연구원들은 고객사라고 할 수 있는 애플 연구원들과도 스스럼없이 대화를 나눌 수 있어야 한다. 그래서 이공계생들에게 알렉산더 칼더[2]라는 작가와 매그넘[3] 작가들의 사진을 보여 주는 것이다 (2013년 SSAT 기출). 이러한 지식이 있어야 해외 바이어와 자연스럽게 소통할 수 있다.

경영학도들에게는 그래핀[4] 소재를 물어보기도 한다(2014년 SSAT 기출). 삼성그룹의 핵심은 IT 산업이기 때문이다. 당신이 삼성 영업사원으로 입사하게 되면 고도화된 기술제품이나 부품 또는 전문적인 금융상품을 세일즈해야 한다. 따라서 문과 학생들도 어느 정도의 기술 지식을 갖고 있어야 직무 수행이 가능하다. 삼성은 이렇듯 넓은 식견을 갖고 있는 구직자를 선호한다.

또한 언어논리, 수리논리, 추리논리, 시각적 사고 영역은 당신의 독해력과 자료 해석 능력, 논리력을 평가하는 영역이다. 이 부분은 다른 기업의 인·적성 시험과 대동소이하다. 조직 생활을 하면서 종합적인 의사결정을 하기 위해서는 앞의 능력이 필수적이다.

둘째, 빠른 의사결정이 가능한지 파악하기 위함이다. SSAT 시험을 본 대부분의 구직자가 시간이 부족했다고 말한다. 종종 시간이 현저하게 남았다

---

2 알렉산더 칼더 : 미국의 조각가로, 움직이는 미술인 '키네틱 아트(Kinetic Art)'의 선구자

3 매그넘(Magnum) : 정식 명칭은 '매그넘 포토스(Magnum Photos)'로, 1947년에 창립한 국제 자유 보도사진 작가 그룹이다. 제2차 세계대전 이후 세계를 대표하는 엘리트 집단으로 이름을 떨쳤다. 다큐멘터리 사진을 전문으로 한다.

4 그래핀 : '꿈의 나노 물질'이라 불리는 신소재. 2004년에 투명 테이프를 이용하여 흑연에서 떼어 냈다. 이를 성공시킨 영국의 가임(Andre Geim)과 노보셀로프(Konstantin Novoselov) 연구팀은 2010년에 노벨 물리학상을 받았다. 눈으로 볼 수 없을 만큼 얇고 투명하지만, 강도가 세고 열전도성이 높으며 전자 이동도 빠르다.

는 구직자들이 있는데, 이는 정말 천재적인 수리력을 가지고 있거나 반대로 풀이 방법을 잘못 선택한 경우가 대부분이다. 이렇듯 빠듯하게 시간을 부여하는 데도 이유가 있다.

21세기 경쟁사회는 치열하게 진화하고 있고, 제품의 PLC(Product Life Cycle : 제품 수명 주기)는 점점 짧아지고 있다. 이렇게 급변하는 경제·기술 환경 속에서 살아남기 위해서는 빠른 의사결정이 필수이다. 품질 담당자들은 제품 사양 데이터를 보고 불량의 원인을 빠르게 간파할 수 있어야 하고, 마케터들은 경쟁사의 제품 판매 데이터를 보고 경쟁사의 영업 전략을 빠르게 예측할 수 있어야 한다.

기업은 10년 단위 장기 프로젝트를 진행하는 학교 연구소가 아니다. 빠른 의사결정과 실천력이 필요한 삼성의 환경을 생각하면 왜 센스 있고 빠른 결정을 내릴 수 있는 신입사원에게 기회를 주는지 쉽게 알 수 있을 것이다.

PART2》 SSAT 요령 _한 번보다 열 번 풀어 본 사람이 낫다

영역별
공부 방법을
짚어 보자

   SSAT 공부를 하기에 앞서 특정 자격증에 한해 가산점이 부여된다는 사실을 알아 두어야 한다. 계열사 직무와 무관하게 누구에게나 가산점을 주는 부분이다. 한자와 중국어 자격증에 대해 가산점을 부여하는 것은 삼성은 물론, 모든 기업이 중국 시장을 중요하게 생각하기 때문이다. 해당 시장 진출에 도움이 될 어학 실력에 가산점을 부여하고 있으니 시간이 있는 구직자라면 당연히 취득에 도전해 보아야 할 것이다.

   이제 본격적으로 SSAT 시험 문제에 대해 알아보자. SSAT 시험의 문제 영역은 이해력을 보는 '언어논리', 자료 분석 능력을 보는 '수리논리', 논리적 사고 능력을 보는 '추리논리', 공간지각 능력을 보는 '시각적 사고', 마지막으로 다양한 분야의 상식을 알아보는 '직무 상식' 영역으로 구조화되어 있다.

SSAT 문제를 처음 접한 사람은 대부분 당혹스러워한다. 이 책이 SSAT 문제집은 아니지만 어떠한 유형의 문제가 출제되는지 간단히 살펴보고, 평소에 SSAT 문제집을 풀 때 어떤 부분에 집중해야 하는지 학습 방법에 대해 설명하도록 하겠다.

SSAT 문제 영역			
영역	문항 수	시간(분)	측정 능력
언어논리	30	25	어휘 선택의 적절성, 맥락 이해
수리논리	20	30	기본 계산 능력, 자료 분석 능력
추리논리	30	30	주어진 조건에서의 논리적 사고 능력
시각적 사고	30	30	공간지각 능력
직무 상식	50	25	역사, 경제·경영, 과학·IT 등 다양한 분야의 상식
합계	160	140	

SSAT 가산점 항목			
	주관 기관	최소 인정 급수	가산점
한자 자격증	한국어문회	3급	등급별 10, 15, 20점
	한자교육진흥회	3급	
	한국외국어평가원	3급	
	대한검정회	2급	
	시험명	최소 기준	
중국어 필기	BCT	620	
	FLEX중국어	620	
	신HSK	195	
중국어 실기	TSC	Lv. 4	
	OPIc 중국어	IM1	

언어논리

실제 업무를 할 때 서류나 문서의 내용을 정확하게 파악하지 못하면 심각한 문제가 발생할 것이다. 언어논리에서 삼성이 구직자에게 요구하는 능력은 크게 세 가지이다. 첫째는 상황에 따라 적절한 어휘를 선택하는 어휘력, 둘째는 앞뒤 문맥을 살피고 맥락을 이해하는 논리력, 셋째는 글을 읽고 말하고자 하는 바를 빠른 시간 내에 파악할 줄 아는 주제 파악 능력이다. 따라서 다음과 같이 어휘력을 측정하는 문제가 3분의 1 정도 출제된다.

문제 다음 ( ) 안에 들어가지 않는 단어를 골라라.

1. 환경오염 문제는 ( )적으로 결정해서는 안 됩니다.
2. 그는 자기 일에 대한 ( )이 강하다.
3. 그녀는 너무 ( )이 세서 문제이다.
4. 후배들을 향한 그의 ( ) 어린 눈빛이 인상적이다.

① 독단 ② 애착 ③ 고집 ④ 독선 ⑤ 애정

정답 : ④

또한 문단을 분산시켜 놓고 올바른 순서를 찾는 문장 배열형 문제가 3분의 1 정도, 전체적인 독해력을 측정하거나 주제를 묻는 장문 분석형 문제가 3분의 1 정도 출제된다.

사실 국문 독해 능력을 단기간에 올리기란 쉽지 않다. 다만 '방치/방관/방임/묵인'과 같이 쓰임새가 미묘하게 다른 단어가 선택지로 자주 등장한다. 문제집 풀이 등을 통해 평소 헷갈리는 단어, 기출 빈도수가 높은 단어들의 의미를 정리하는 노력이 필요하다. 그리고 문장 배열 문제에서는 접속사가 의도적으로 등장하는 경우가 있다. 이런 문제는 의도를 먼저 파악하고 독해를 시작해야 한다.

마지막 장문 분석은 평상시 신문 사설이나 독서를 통해 독해력을 올려놓아야 한다. 최근 동향을 보면 평상시 접할 수 없는 어려운 기술용어나 학술용어들이 자주 등장하여 독해 속도를 늦추게 만들고 있다. 어려운 단어보다는 전체 맥락 파악이 중요하기 때문에 문단의 처음과 끝을 먼저 보고 세부적인 독해를 시작하는 것이 효과적이다.

수리논리

수리논리 파트는 크게 '응용수리(방정식과 부등식)' 영역과 '자료 해석' 영역으로 나뉘어 출제된다. 방정식과 부등식에서는 '거리, 시간, 속도 문제', '일의 문제', '수조 채우기 문제', '용액의 농도', '증감률, 비율에 관한 문제'나 주어진 상황을 수학식으로 바꾸어 해결하는 일반 방정식 유형이 있다. 응용수리 영역은 항상 출제되는 문제 유형이 정해져 있다. 이 부분은 SSAT 외 다른 인·적성 시험에서도 마찬가지이다.

> **문제** A와 B가 함께하면 6일 걸리는 일을 A가 3일 한 후에 B가 8일 일하면 완료된다. B가 혼자 일을 한다면 얼마나 걸리겠는가?
> ① 8일 ② 9일 ③ 10일 ④ 11일 ⑤ 12일
>
> 정답 : ③

그리고 자료 해석 유형은 표나 그래프를 주고 원하는 데이터를 찾는 문제가 출제된다. 다음 1번 문제처럼 전체적인 추세를 보는 유형이 있고, 2번 문제처럼 계산 실력을 요구하는 유형이 있다.

출산율 현황 (단위 : 명)

구분	2010					2011				
	합계 출산율	15~19세	20대	30대	40대	합계 출산율	15~19세	20대	30대	40대
전국	1,226	1.8	96.2	145.0	4.3	1,244	1.8	94.8	149.8	4.8
서울	1,015	1.1	60.1	139.3	4.8	1,014	1.0	58.5	140.6	5.1
부산	1,045	1.6	69.0	136.5	3.6	1,078	1.6	70.3	141.3	4.2
대구	1,109	1.3	82.0	137.0	3.3	1,146	1.2	82.3	144.8	3.4
인천	1,214	2.0	96.8	141.4	4.1	1,232	1.9	95.4	146.3	4.6
광주	1,223	1.8	101.0	139.4	4.2	1,234	2.0	101.3	141.6	4.2
대전	1,206	1.4	94.9	142.7	3.7	1,261	1.9	97.0	150.9	4.2
울산	1,359	1.7	118.9	153.5	3.0	1,393	1.5	112.5	164.9	3.2

※ 합계 출산율 : 가임 여성 1명당 출산율
연령별 출산율 : 해당 연령 여자 인구 1천 명당 출산율

1. 2010년 20대의 출산율이 가장 높은 지역은 어디인가?
① 서울 ② 대구 ③ 광주 ④ 울산

2. 2011년 기준, 대전의 30대 출산율은 몇 % 증가하였는가?(소수점 셋째 자리에서 반올림)
① 1.58% ② 2.21% ③ 5.43% ④ 5.75%

정답 : 1, 2 모두 ④

응용수리 파트는 중학교 수준의 수학 개념이며, 대표적으로 출제되는 패턴이 있기 때문에 중학교 수학 내용을 간단하게 정리하는 것이 좋다. 과거의 수학 문제를 한 번 정도 풀어 보거나 시중에 있는 문제집을 통해 유형 정도는 반드시 이해하고 시험장에 가야 한다. 또한 최근 자료 해석 유형은 그래프 문제가 많아지고 있기 때문에 그래프의 임계적 의미를 빠르게 찾는 연습이 필요하다.

거리, 속력, 시간에 관한 문제

기본 공식 : (거리=시간×속력), (시간=$\frac{거리}{속력}$), (속력=$\frac{거리}{시간}$)

연립방정식을 풀어야 하는 경우라면 총 거리와 총 시간을 이용하여

$\begin{cases} 총\ 거리 = 처음\ 거리 + 나중\ 거리 \\ 총\ 시간 = 처음\ 시간 + 나중\ 시간 \end{cases}$ 의 식을 활용하는 경우가 많다.

농도에 관한 문제

기본 공식 : 농도(%)=$\frac{소금의\ 양}{소금물의\ 양} \times 100$

소금의 양=소금물의 양 × $\frac{농도}{100}$

연립방정식을 풀어야 하는 경우라면 전체 소금물의 양과 전체 소금의 양을 이용하여 $\begin{cases} 전체\ 소금물의\ 양 = A소금물의\ 양 + B소금물의\ 양 \\ 전체\ 소금의\ 양 = A소금의\ 양 + B소금의\ 양 \end{cases}$ 의 식을 활용하는 경우가 많다.

추리논리

지원자의 분석적인 사고력과 논리력을 알아보는 추리논리 파트는 삼단논법, 단어 간의 관계, 도식추리, 논리 게임, 추론으로 구성되어 있다.

삼단논법

> · 모든 사람은 죽는다.
> · 소크라테스는 사람이다.
> · 따라서 소크라테스는 죽는다.

위의 예시는 우리가 잘 알고 있는 대표적인 정언삼단논법이다. SSAT에는 연역추론의 한 영역인 삼단논법 중 정언명제로 이루어진 정언삼단논법이 주로 출제된다. 연역추론이란 이미 알고 있는 전제를 근거로 새로운 결론을 유도하는 추론이다. 명제가 참이냐 거짓이냐를 판단하는 것이 아닌 논리적 타당성과 명제들 간의 관계만을 고려한다. 따라서 전제가 거짓이라 해도 논리에 맞게 결론을 도출하면 타당한 추론이 가능하다.

삼단논법에 사용되는 정언명제란 어떤 일을 긍정하거나 부정하는 무조건적인 명제이다. 예를 들어 「A는 B이다」 혹은 「A는 B가 아니다」 등의 명제가 정언명제이다. 이러한 정언명제를 사용한 삼단논법을 정언삼단논법이라고 한다.

① 명제의 역, 이, 대우

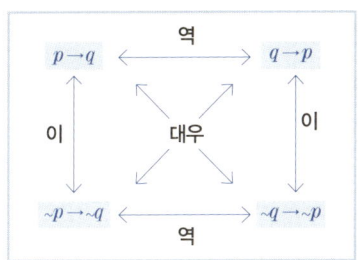

명제가 참이라면, 명제의 대우는 반드시 참이다.

② 명제의 포함 관계
P→Q라는 명제를 집합의 포함 관계로 나타내면 P⊂Q이다.

단어 간의 관계

단어 간의 관계는 유의어, 반의어, 동의어 등이 대표적이지만, 출제 경향을 보면 포함 관계(A⊂B), A+B=C, 순차적 관계, 순환적 관계, 수직적 관계 등이 출제되고 있다.

도식추리

도형추리와 유사한 문제로, 도식추리에서는 도형들이 문자와 숫자로 바뀌었고, 회전변환과 대칭변환 등의 변화가 문자들의 순서 바꿈 등의 변화로 바뀌었다. 풀이 방식은 도형추리와 마찬가지로 알 수 있는 규칙 변환부터 순차적으로 해결해 나가면 된다.

논리게임

논리게임은 제시된 조건을 보고 제시되지 않은 부분을 논리적으로 유추해 내는 영역이다. 추리논리에서는 논리게임이 가장 큰 비중을 차지하는 동시에 난이도도 높아 머리로만 풀거나 엉뚱한 접근법을 사용한다면 절대로 시간 안에 문제를 해결할 수 없다. 가장 많은 시간을 할애해야 하기 때문에 다른 영역에서 시간을 확보해야만 논리게임에서 고득점을 얻을 수 있다. 논리게임 풀이에 있어서 반드시 알아 두어야 할 테크닉은 '도식화'이다.

게임 문제는 일종의 시각화 능력을 검증하는 문제라고 할 수도 있다. 주어진 정보를 기호화하고 도식화하는 방법은 매우 다양하지만, 어떤 방법을 선택하더라도 일관성 있게 표현해야 한다. 많은 문제를 접하면서 자신만의 표현 방법을 가지는 것이 중요하다.

추론

추론이란 주어진 사실로부터 새로운 사실을 이끌어 내는 사고의 과정이라고 정의할 수 있다. 주어진 글을 보고 논쟁의 쟁점을 파악하거나 공통의 가정, 전제 파악하기 혹은 추론 가능한 문장을 찾는 문제가 출제된다. 사실 이 부분은 언어논리 파트와 큰 차이가 없다.

시각적 사고

2014년부터 출제되기 시작하였으며 시각적 사고는 앞으로 변화의 폭이 가장 큰 영역이다. 실제 2014년 상반기 대비 하반기의 문제 유형에서는 많은 변화가 있었다. 단면도를 보고 입체 도형을 추리하는 유형, 여러 평면 도형을 합쳐서 나올 수 있는 형태를 찾는 유형, 입체 도형 중 다른 하나를 고르는 유형, 전개도 패턴의 유형 등이 있다.

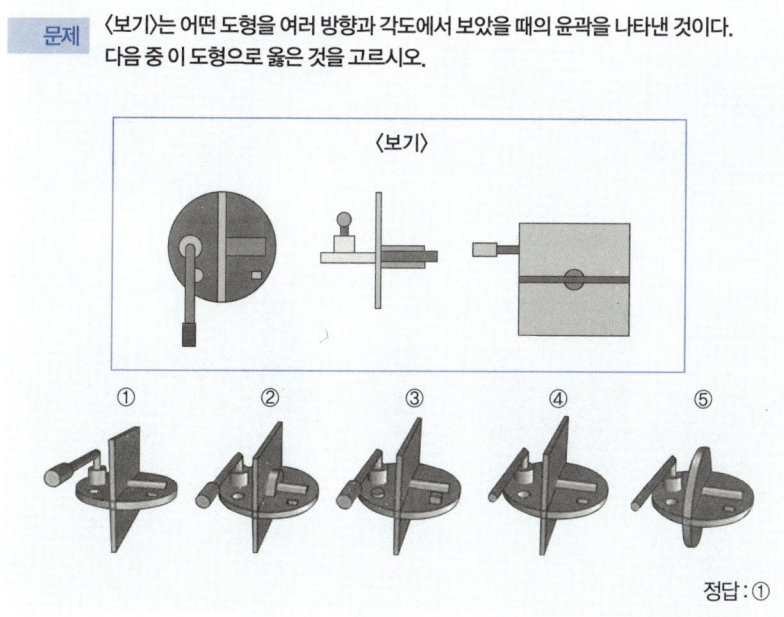

한 가지 제시하고 싶은 팁은 복잡한 도형을 출제하는 입장에서 처음부터 문제를 복잡하게 만들 수는 없다는 것이다. 결국 기본 구조의 변화는 크지 않다. 따라서 핵심적인 구조 또는 복잡한 도형의 미시적인 부분에 입각하여 문제에 접근하는 것이 효과적이다. 위의 문제도 시작은 보기에서 하는 것이 좋다. 보기들 사이의 차이를 살펴보면서 작은 차이를 확인한다면 시간을 조금이라도 절약할 수 있다.

시각적 사고는 IQ 테스트에 근접하다. 전 세계에서 IQ 테스트를 공부하는 사람은 우리나라 취업 준비생들 외에는 없을 것이다. 하지만 이 영역도 문제 패턴에 익숙한 사람과 처음 보는 사람 사이에는 분명한 차이가 있게 마련이다. 문제집을 통해 다양한 유형을 눈에 익혀 두기 바란다.

직무 상식

총 50문제 출제되는 직무 상식의 세부 출제 영역은 다음과 같다.

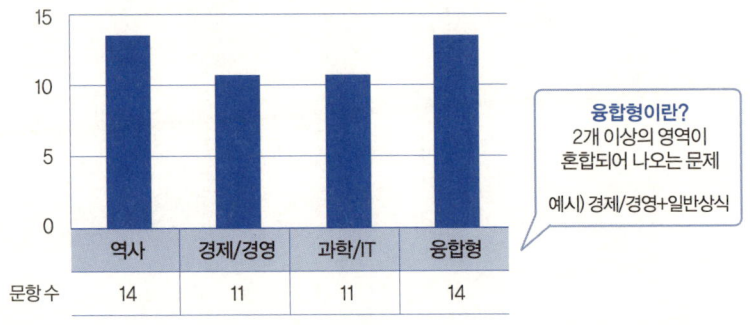

우선 2014년에 역사 파트가 처음 도입되었고, 출제 비중도 높았다. 역사 파트는 크게 삼등분되어 출제되었다. 국사의 근현대사에서 3분의 1, 근현대사 이전의 국사 범위에서 3분의 1, 세계사에서 3분의 1이 출제되었다. 근현대사 이전의 국사 영역과 세계사 영역은 굵직한 사건 위주로 준비가 필요하고, 근현대사는 조금 더 밀도 있는 준비가 필요하다.

경제경영은 미시경제와 거시경제의 기본적 부분과 마케팅 등의 경영 관련 상식이 출제되었다. 과학/IT 상식의 경우 2013년 하반기부터 문/이과 계열 분리가 없어졌기 때문에 이제 이공계생들만 배우는 고등화된 물리/화학 문제는 출제되지 않는다.

오히려 IT 상식의 출제 비중이 높아지고 있다. 융합형 문제의 경우 경제/경영/과학/일반상식 등 다양한 분야가 혼합된 문제가 출제된다. SSAT에만 있는 특이한 문제 유형이다. 다음 문제를 살펴보자.

문제 기찬이는 윷놀이를 하고 있다. A 위치에서 윷을 세 번 던졌다. 보기의 힌트를 보고 세 번에 걸쳐 나온 윷의 결과를 유추하여 최종 위치를 찾아라.

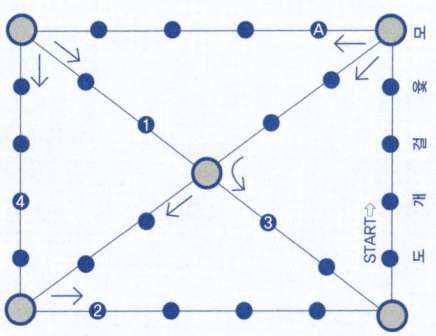

〈보기〉
1번째 힌트 = 상대적인 시장점유율이 낮고 시장 성장 가능성도 낮은 영역
2번째 힌트 = 아무도 진경이가 운동을 잘할 것이라 생각하지 않았는데, 진경이 덕분에 달리기 우승을 할 수 있었다.
3번째 힌트 = 인간이 최초로 만든 복제 동물

※ 상기 순서별로 윷이 던져졌다고 가정한다.

이 문제를 풀기 위해서는 우선 윷놀이가 동물을 상징한다는 점을 알고 있어야 한다.

도	개	걸	윷	모
돼지	개	양	소	말

첫 번째 힌트를 통해 경영분석 기법인 BCG 매트릭스(BCG Matrix)에서 상대적인 시장점유율이 낮고 시장 성장 가능성이 떨어지는 영역 'DOG'를 유추해야 한다. 두 번째 힌트는 선거나 운동 경기에서 잘 알려지지 아니하였으나 뜻밖의 변수로 작용할 수 있는 유력한 경쟁자, 즉 '다크호스'를 알려 준다. 마지막 세 번째 힌트는 과학 상식 복제양 돌리이다. 따라서 처음에는 개로 2칸을 이동시키고 그다음에는 말이기 때문에 5칸을 이동시키고 마지막에 양을 유추하여 3칸을 이동시킨다. 따라서 이 문제의 정답은 2번이다.

처음 SSAT 문제를 접하는 구직자들은 정말 이런 문제가 출제되느냐고 반문한다. 다양한 상식 유형을 통합형으로 출제하는 것이 삼성의 주특기이다. 따라서 평상시에 신문 등에 나오는 다양한 상식 내용을 꼼꼼하게 체크하지 않으면 풀 수 없는 문제가 가득하다. SSAT의 특징은 최신 상식이 많이 출제된다는 것이다. 문제를 출제하는 사람들도 매스컴에 노출되어 있기 때문이다.

2013년 하반기에 알렉산더 칼더라는 작가에 대한 문제가 출제된 이유는 그즈음에 미술관 리움에서 동일 전시가 있었기 때문이고, 2014년 상반기에 그래핀에 대한 소재 문제가 나온 이유는 그즈음에 삼성전자-성균관대의 연구개발 뉴스가 신문에 실렸기 때문이다. 따라서 구직자들은 평소에 신문을 꼼꼼히 읽으면서 상식 내공을 쌓아야 SSAT 고득점이 가능하다.

PART 3

자기소개서 공식
핵심만 알면 간단명료하다

자기소개서란 그동안 살아온 이야기, 경험한 이야기에 대해 쓰는 것이다. 그런데 20년 넘게 살아온 자신의 인생임에도 막상 글로 적으려고 하면 무엇을, 어떻게 써야 할지 고민된다고 말하는 사람이 많다. 자기소개서가 어렵게 느껴지는 것은 자신을 어떻게 포장할까 고민하기 때문이다. 구직자라면 구직의 간절함이나 개인의 포장에 대해 고민할 것이 아니라 채용 담당자 입장에서 그들이 무엇을 원할지를 생각해 보아야 한다.

자기소개서,
채용 담당자의 입장에서 작성하라

과거를 통해 미래를 보라

'엄격하신 아버지와 자애로운 어머니 사이에서 태어나……'로 시작하는 자기소개서가 흔한 시절이 있었다. 그러나 2000년대 이후 자기소개서는 기업이 원하는 인재가 바로 자신임을 증명해야 하는, 구직자들의 피를 말리는 서류가 되었다.

자기소개서란 그동안 살아온 이야기, 경험한 이야기에 대해 쓰는 것이다. 그런데 20년 넘게 살아온 자신의 인생임에도 막상 글로 적으려고 하면 무엇을, 어떻게 써야 할지 고민된다고 말하는 사람이 많다. 자기소개서에서 가장 중요한 것은 무엇일까? 자기소개서가 어렵게 느껴지는 것은 자신을 어떻게 포장할까 고민하기 때문이다. 구직자라면 구직의 간절함이나 개인의 포장에 대해 고민할 것이 아니라 채용 담당자 입장에서 그들이 무엇을 원할지를 생각해 보아야 한다.

자기소개서에는 분명한 목적이 있다. 과거에 무엇을 했는지를 알려 주는 것이 아니라 미래, 즉 입사 후에 자신이 무엇을 할 수 있는지를 자기소개서라는 매개를 통해 알려 주어야 하는 것이다.

자기소개서를 쓰는 단계에서 스펙이라는 정량적 심사는 이미 지나갔다. 인사 담당자는 1차 관문을 통과한 구직자들의 스펙이 아니라 그들이 입사 후 무엇을 할 수 있는지에 대해 알고자 한다. 즉 지금부터는 정성적 심사, '직무 역량'을 보고자 하는 것이다. 그러므로 자기소개서에 어학 성적을 적거나 출신 대학명 등 스펙과 관련된 사항을 굳이 기입할 필요가 없다.

채용 담당자들은 구직자들이 잘 다듬어진 조각이기를 원하는 것이 아니라 어디에 쓸 수 있는 원석인지 알고 싶어 한다. 화강암인지, 철광석인지, 오팔인지를 알아야 어떤 용도로 사용할지 판단할 수 있다. 어떤 돌인지 그 성격을 모른다면 당연히 쓸모없는 돌 더미 쪽으로 치워질 것이다.

자기소개서와 면접은 당신이 어떤 돌인지를 알아보는 과정이다. 과거의 스펙이나 경험을 무시할 수는 없지만, 그것만이 전부가 아니다. 과거의 경험과 내 성격을 통해 앞으로 내가 무엇을 할 수 있는지 이야기해야 한다. 과연 내가 회사에서 주는 연봉만큼 일을 해낼 수 있는지 적극적으로 어필해야 하는 것이다.

직무에 대한 정확한 이해부터 시작하라

구직자 입장에서는 단순히 회사가 좋아 보여서, 비전이 있는 것 같아서, 연봉을 많이 주기 때문에 기업에 지원할 수 있다. 그렇지만 면접관이 매력을 느끼는 답은 그런 내용이 아니다. 나는 오래전부터 '직무 선택'과 '직무 역량'에 대한 중요성을 주장해 왔다. 직무가 중요하지 않다면 4,500명을 채용한 다음 성적순으로 계열사별·직무별 배치를 해도 되지 않겠는가? 직무별로 채용 프로세스를 진행하는 것은 그만큼 '그 직무를 잘할 수 있는 가능성이 높은 지원자'를 뽑겠다는 의미이다. 그러므로 구직자는 본인이 지원하는 직무에 필요한 역량이 무엇인지 구체적으로 파악해야 한다. 그리고 입사 후 자신이 어떤 성과를 낼 것인지에 대한 분명한 목표가 있어야 한다.

자신이 지원하는 일에 대해 명확하게 이해하지 못한다면 당신이 자기소개서와 면접장에서 어필할 수 있는 키워드는 뻔하다. '성실', '끈기', '책임감', '친화력', '꼼꼼함', '성실함' 등 매우 흔한 표현에서 벗어나지 못한다. 이는 힘들게 SSAT를 통과하고 얻어 낸 면접 기회를 제 발로 걷어차는 것과 다를 바 없다.

채용 담당자들이 과연 자기소개서를 읽는지 의문을 갖는 구직자들이 있다. 한 취업 포털 사이트에서 기업 채용 담당자 446명을 대상으로 설문조사를 한 결과, 이력서와 자기소개서를 평가하는 데 걸리는 시간은 평균 7~8분 정도라고 한다. 짧은 시간인 것 같지만, 3,000자 남짓한 자기소개서를 꼼꼼히 읽기에는 충분한 시간이다.

채용 담당자들은 자기소개서를 통해 구직자들이 실전에 투입되었을 때 일을 제대로 할 수 있는 실전형 인간인지, 직무 중심 사고를 가지고 있는지를 판단한다.

채용에 있어서 다른 사람과 차별화되는 자기소개서의 중요성이 더욱 부각되고 있다. 여기서 차별화란 장식을 많이 하여 요란하고 튀게 만드는 것이 아니다. 명확하게 자신이 하고 싶은 일과 그에 대한 구체적인 밑그림이 그려져 있어야 한다.

결국 취업을 위해서는 사방팔방 모든 것을 폭넓게 경험할 것이 아니라 자신이 하고 싶은 것을 명확하게 파악하여 취업 준비 이전부터 그에 맞게 경력 관리를 할 필요가 있다. 이런 구직자라면 화려하게 꾸미지 않아도 자기소개서에 자연스럽게 열정이 배어져 나올 것이다.

면접을 위한 '씨앗'을 뿌려라

삼성 채용 프로세스가 다른 기업과 다른 것은 SSAT 합격자에게만 자기소개서 작성 기회가 주어진다는 점이다. 이를 역으로 생각하면 자기소개서는 '서류 통과'를 위해 평가받는 것이 아니라 '면접장에서 질문의 재료가 되기 위한' 것이다.

다시 말해 면접장에서 받고 싶은 질문의 '씨앗'을 자기소개서에 심어 놓아야 한다. 자기소개서를 제대로 쓰지 못했다고 해서 탈락하거나 면접 기회를 얻지 못하는 것은 아니지만 그저 편하게 작성해서는 절대로 안 된다. 면접장에서 자신에게 유리한 질문을 받기 위해, 즉 면접의 주도권을 잡기 위해 자기소개서 내용에 충분히 신경 써야 한다.

당신이 면접관이라고 생각해 보라. 수많은 지원자가 제출한 3,000자 분량의 자기소개서를 작은 노트북 화면에 띄워 놓고 하루 종일 살펴보며 지원자에게 질문할 소재를 찾아야 한다. 엄청난 양의 자기소개서를 보다 보면 내용을 파악하기가 쉽지 않다. 문장이 제대로 읽히지 않을 수도 있고, 질문할 거리를 발견하지 못할 수도 있지만, 그럼에도 각 지원자를 평가해야 한다.

만약 면접관이 자기소개서 속에서 질문거리를 찾지 못하면 어떻게 될까? 결국 과거 이력과 무관한 원론적인 질문을 할 수밖에 없다. 면접관들이 자기소개서에서 질문거리를 잘 찾아야만 그 내용에 기반한 질문을 할 것이고, 그렇게 되어야 자신이 준비한 답변을 하며 효과적으로 역량을 어필할 수 있다.

PART3 » 자기소개서 공식 _핵심만 알면 간단명료하다

모든 질문의 의도는
항상 '직무 역량'이다

2012년 이후 삼성의 자기소개서 항목은 꾸준히 바뀌고 있다. 2012년 상반기까지의 항목은 자기소개(400자), 성격의 장단점(각 200자), 지원 동기 및 입사 후 포부(500자)로, 상당히 짧은 분량을 요구했다. 그러나 2012년 하반기부터 장문의 에세이 형식으로 개편되었고, 항목도 시즌마다 조금씩 바뀌고 있다(삼성 자기소개서 항목의 변화는 다른 기업들에게도 전파된다.).

자기소개서 형식이 바뀐 뒤 수많은 구직자가 작성에 어려움을 겪고 있다. 하지만 항목이 바뀌더라도 삼성에서 알고자 하는 중요한 내용은 변하지 않는다. 다음은 삼성의 자기소개서 변화를 한눈에 알 수 있도록 정리한 것이다.

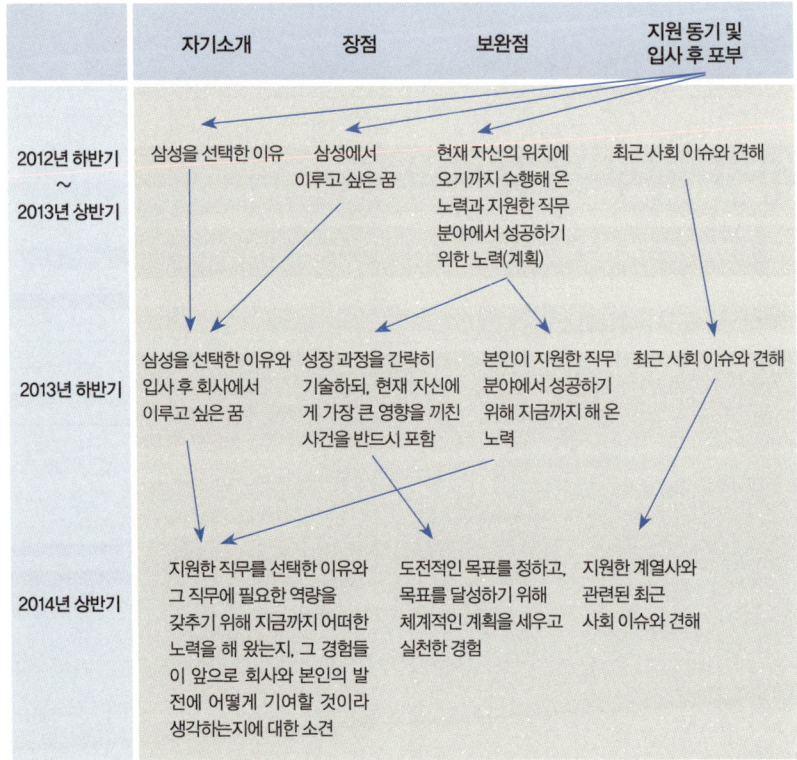

　표를 보면 표면상의 질문 형식은 변화해도 결국 '지원 동기'와 '입사 후 포부', '사회 이슈'와 관련한 문항을 묻고 있다는 것을 알 수 있다. 한 가지, 2014년 상반기 에세이에서 가장 크게 변화한 것은 사회 이슈 관련 문항의 답변 범위를 '계열사 관련 이슈'로 한정했다는 점이다. 그렇다면 최근 2014년 하반기 자기소개서 문항이 어떻게 달라졌는지 살펴보자.

2014년 하반기 자기소개서 항목의 일부 예시

출제 계열사(직무) : 전자 | 엔지니어링(기술직2[시공]) | 디스플레이(연구개발) | 중공업(설계) | 바이오에피스(연구) | 에스원 (연구개발) | 제일기획(art)

1. 본인의 성장 과정을 기술해 주시기 바랍니다.(1,000자)
   ▶ 현재 자신에게 가장 큰 영향을 끼친 사건 포함
2. 지원하신 직무를 선택한 이유와 그 직무에 필요한 역량을 갖추기 위해 지금까지 어떠한 노력을 해 왔는지 구체적으로 기술해 주시기 바랍니다.(1,000자)
   ▶ 그 경험들이 앞으로 회사와 본인의 발전에 어떻게 기여할 것이라 생각하는지 포함

출제 계열사(직무) : 전자(DS 연구개발)

1, 2. 전자·엔지니어링과 동일 질문
3. 아래 2가지 사항을 포함하여 자유롭게 기술하시기 바랍니다.(2,000자)
   ▶ 본인이 어려운 환경을 극복한 과정과 노력
   ▶ 장래 비전(10년·20년·30년 후로 나누어 구체적으로)

출제 계열사(직무) : 전자 SCSA

1. 본인의 성장 과정 및 지원 동기를 기술해 주시기 바랍니다.(1,000자)
   ▶ 성장 과정은 자신에게 가장 큰 영향을 끼친 사건 포함
   ▶ 삼성 및 지원하신 직무를 선택한 이유와 직무에 필요한 역량을 갖추기 위한 노력 포함
2. 지금까지의 경험 중 본인에게 가장 새로웠던 분야에 대해 기술해 주시기 바랍니다.(1,000자)
   (소프트웨어 분야 제외)
   ▶ 해당 분야를 접했던 계기, 그때의 생각이나 느낌, 본인이 했던 행동과 결과 포함
   ▶ 해당 경험이 소프트웨어 직무를 수행하는 데 어떻게 도움이 될 수 있는지 기술
3. 소프트웨어 분야에서 이루고 싶은 목표를 본인의 성과와 회사에 기여할 부분으로 나누어 기술해 주시기 바랍니다.(1,000자)
   ▶ 해당 목표를 세운 구체적인 이유 포함

출제 계열사(직무) : 호텔신라 | 전자(영업 · 마케팅) | 삼성화재(보상 서비스)

1. 전자 SCSA와 동일 질문

2. 본인이 세웠던 가장 도전적인 목표와 그것을 성취하기 위해 어떠한 노력을 했는지 기술해 주시기 바랍니다.(1,000자)
   ▶ 배경이나 계기, 어려웠던 점, 그것을 극복하기 위해 본인이 했던 행동과 그 이유, 그때 느꼈던 감정이나 생각, 결과와 아쉬운 점 포함

3. 공동 목표 달성을 위해 팀을 이루어 일했던 경험 중 본인에게 가장 의미 있었던 경험을 기술해 주시기 바랍니다.(1,000자)
   ▶ 배경이나 계기, 동료들과의 역할 배분, 대인관계, 그때 느꼈던 감정이나 생각, 결과와 아쉬운 점 포함

출제 계열사(직무) : 제일모직(리조트 건설) | 생명(자산 운용)

1. 전자 SCSA와 동일 질문

2. 자신이 속했던 단체 혹은 모임의 발전을 위해 가장 헌신적으로 활동하고 노력했던 경험 중 가장 기억에 남는 것을 기술해 주시기 바랍니다.(1,000자)
   ▶ 활동 단체/모임 설명, 가입 동기, 본인의 역할, 가장 크게 공헌했던 일, 결과와 아쉬운 점, 그때 느꼈던 감정과 생각, 해당 경험이 향후 회사나 본인의 발전에 기여할 부분 포함

3. 지금까지 리더십을 발휘했던 경험 중 가장 성공적이었던 경험을 기술해 주시기 바랍니다.(1,000자)
   ▶ 활동 단체/모임 설명, 그때 느꼈던 감정과 생각, 주요 활동, 결과와 아쉬운 점, 주변 사람들의 의견 포함

출제 계열사(직무) : 생명(영업 · 마케팅)

1. 전자 SCSA와 동일 질문

2. 본인이 경험한 일 중 가장 어려웠던 일과 그것을 극복하기 위해 했던 노력을 구체적으로 기술해 주시기 바랍니다.(1,000자)
   ▶ 배경이나 계기, 어려웠던 점, 그것을 극복하기 위해 본인이 했던 행동과 그 이유, 그때 느꼈던 감정이나 생각, 결과와 아쉬운 점 포함

3. 익숙하지 않은 사람들과 함께 일했던 경험 중 가장 의미 있었던 일을 구체적으로 기술해 주시기 바랍니다.(1,000자)
   ▶ 배경이나 계기, 나와 동료들의 역할, 인간관계, 그때 느꼈던 감정이나 생각, 결과와 아쉬운 점 포함

에세이는 그동안 그룹 전체 지원자에게 동일한 항목을 제시한 것과 달리 2014년 하반기에는 계열사별·직무별로 항목을 상이하게 제시했다. 이는 계열사와 직무마다 지원자에게 듣고자 하는 답변이 다르다는 것을 의미한다. 같은 '도전'이라는 역량에 대해 묻더라도 영업·마케팅 지원자에게 원하는 도전정신과 설비 직무 지원자에게 원하는 도전정신은 미묘한 차이가 있기 때문이다.

이전과 다른 에세이 문항이 등장하면 지원자들은 '어떻게 2~3일 만에 에세이를 준비해야 하지?'라는 공통된 걱정을 한다. 그러나 걱정할 필요 없다. 조금 더 자세히 살펴보면 모두가 새로운 문항은 아니라는 점을 알 수 있다. 질문을 좀 더 친절하게 제시하여 삼성이 듣고자 하는 답변을 유도하였을 뿐이다. 에세이 항목을 통해 당신이 파악해야 하는 것은 표면적인 질문의 변화가 아니라 질문자의 숨은 의도라는 것을 명심해야 한다.

어느 기업이든지 가장 중요한 항목은 '지원 동기'와 '입사 후 포부'이다. 이를 묻는 것은 한 가지, 바로 '직무 역량' 때문이다. 입사 후에 어떤 일을 잘할 수 있는가를 알고 싶은 것이다. 그러므로 질문의 모습이 어떻게 바뀌든지 당신은 자신의 지원 직무에 대한 역량이 있다는 것에 맞춰 작성하면 된다.

이는 삼성 에세이의 신규 항목은 물론, 다른 대기업 자기소개서에서도 다르지 않다. 모든 질문은 겉모습과 상관없이 항상 '직무 역량'과 연결된다는 것만 기억하면, 기초적인 답변의 방향을 잡을 수 있을 것이다.

훌륭한 자기소개서에는 공통점이 있다

자기소개서는 삼성뿐 아니라 모든 기업의 취업 전형의 시작이다. 삼성은 물론 다른 기업에 도전할 때도 이 책에서 소개하는 자기소개서의 기본 구조를 이해하고 접근해 보기 바란다. 자기소개서를 평가하는 기준은 기업별·직무별로 정해져 있다. 하지만 사람이 직접 읽고 평가하는 일인지라 100% 정확하게 점수화되기는 힘들다. 다시 말해 자기소개서는 수학처럼 정답이 있을 수 없다. 합격된 자기소개서라고 해서 모든 점이 훌륭하고, 탈락된 자기소개서라고 해서 모든 점이 잘못된 것은 절대 아니다.

다듬어지지 않은 자기소개서라고 해도 면접장에서 여러 가지 변수로 인해 합격할 가능성도 있고, 그 반대일 가능성도 있다. 하지만 잘 다듬어진 자기소개서가 최종 합격을 부를 가능성이 높은 것은 당연하다. 많은 구직자가 글을 쓰는 것에 부담감을 느끼지만, 자기소개서를 쓸 때 몇 가지만 준수해도 훨씬 깔끔하게 정리해서 쓸 수 있다. 지금부터 말하는 '당연하지만 잘 지켜지지 않는' 몇 가지 기본적 법칙만 잘 지켜도 절반은 성공한 것이다.

'그러므로'보다는 '왜냐하면'

구직자들은 '서론-본론-결론' 구조에 익숙해져 있어서 '그러므로'라는 단어를 습관처럼 사용한다. 하지만 자기소개서는 비즈니스 문서이다. 감동을 불러일으키거나 극적 반전을 꾀해야 하는 소설이 아니다. 따라서 감상적이거나 장황한 이야기는 걷어 내고 요점만 명확하게 설명하는 깔끔한 문서가 되어야 한다. 이에 가장 부합하는 형태는 결론부터 말하고 본론으로 들어가는 것이다. 이것이 '그러므로'가 아닌 '왜냐하면'을 써야 하는 이유이다.

주장을 먼저 제시하고 자연스럽게 근거를 뒷받침할 수 있어야 한다. 이는 면접관의 시선을 집중시키면서도 면접자에 대한 호기심을 불러일으킬 수 있는 기본 요령이지만, 많은 구직자가 간과하는 부분이기도 하다.

각 문단의 첫 문장은 주제 문장으로 시작해야 한다. 이때는 자신이 어필하고 싶은 부분을 내세우는 것이 좋다. 만약 자신의 '끈기'를 어필하려고 한다면 첫 문장에서 '나는 끈기 있는 사람'이라는 것을 제시하면 된다.

다음 예문을 보라. 첫 문장에서 '관찰력', '행동력', '주인의식', '책임감'이라는 키워드가 떠오르도록 자신이 전달하고자 하는 바를 적극적으로 제시하고 있다.

저에게 열정이란 남들이 보지 않는 부분을 관찰하여 개선하는 것입니다. 이를 인사동 ○○에서 외국인 관광객을 상대로 전통차를 판매해 보기도 했습니다. 그 당시…….

주어진 역할을 끝까지 수행할 수 있었던 것은 '내가 곧 주인'이라는 마음이 있었기 때문입니다. 대학 시절 추석 연휴 기간에 선물 세트를 판매했던 경험이 있습니다. 당시…….

강한 임팩트를 주는 '수치'

'데이트하기 좋은 코스 BEST 3', '남자를 사로잡는 5가지 법칙', '성공하는 사람들의 7가지 습관', '죽기 전에 가 보아야 할 곳 100' 등 사람들은 대개 숫자를 좋아한다. 어떤 내용이 나올지 가늠할 수 있고, 쉽게 요약되기 때문이다. 긴 글 속에서 수많은 글자보다 숫자가 눈에 더 잘 들어오는 것은 당연하다. 에피소드, 성과 등 어필할 수 있는 포인트는 가능하면 '수치화'하는 것이 좋다.

자기소개서에서 흔하게 볼 수 있는 대표적인 표현이 '눈에 띄는 효과', '긍정적인 결과', '상당히 많이', '뿌듯했다'와 같은 애매모호한 단어들이다. 과거의 경험이 바람직한 결과로 마무리되었다는 것을 말하고 싶겠지만, 결과 부분이 명확하게 어필되지 않으면 주제를 효과적으로 강조할 수 없다. 밴드나 연극 등 공연을 한 경험을 예로 들 때 '성공적으로 공연을 마쳤습니다'라는 표현보다는 '500명의 관객을 유치했습니다', '30만 원의 수익을 만들어 냈습니다'라는 식의 표현을 쓰는 것이 좋다. 같은 표현이라도 숫자를 넣어 주면 훨씬 더 명확하게 상대방을 설득시킬 수 있다. 표현 방식에서도 '두 배의 이익'보다는 '200%의 이득'이 훨씬 임팩트 있다.

또한 절대적 수치와 상대적 수치를 모두 써 주는 것이 효과적이다. 앞서 말한 '30만 원의 공연 수익'은 절대적인 수치이다. 그런데 읽는 사람은 그 상황에서 '30만 원'의 의미가 어느 정도인지 알지 못한다. 그래서 '액션을 취하기 전의 상황'을 기준으로 제시하여 상대적으로 얼마나 효과가 있었는지를 어필하는 것이 효과적이다. '기존의 1.5배인 30만 원의 수익'이라고 설명하면 쉽게 납득시킬 수 있다.

다음 예문을 보자.

(…중략) 그 결과, 아이디어는 점점 개선되었고, 그로 인해 우수한 성적을 받았습니다. 이러한 능력을 바탕으로 협력사와 상생하며, 현대건설의 경쟁력을 강화하겠습니다.

면접관은 이 예문에서 구직자에 대한 정확한 정보를 읽기 어렵다. 다음 예문을 보자.

(…중략) 10번 남짓한 거절에도 불구하고 꾸준히 설득한 결과, 50세트를 협찬받아 경비를 절감했습니다.

'10번'과 '50세트'라는 구체화된 수치를 표현하면 면접관은 구직자에 대한 평소 성격이나 행동력 정도를 받아들일 수 있을 것이다. 자신의 경험을 수치로 어떻게 잘 표현하느냐에 따라 면접관에게 강한 인상을 남길 수 있다. 차별화란 결국 과거 경험에서 발휘한 능력을 어떻게 표현하느냐에 달렸다. 단 수치는 면접장에서 본인이 감당할 수 있는 수치여야 하고 반드시 사실에 근거해야 한다. 지나치게 포장된 숫자는 오히려 해가 될 수 있다.

'타이틀'로 승부한다

소설, 수필, 드라마, 영화 등 각종 매체에 익숙한 구직자들은 비즈니스 보고서인 자기소개서에 문학적 표현의 타이틀을 흔하게 사용한다. 그러나 이런 식상한 타이틀로는 본문을 읽고자 하는 마음 자체를 반감시킬 수 있다. 처음부터 긴 본문을 차분하게 읽어 내려갈 사람은 없다. 면접관은 1,000자 본문을 읽기 전에 타이틀을 읽고 본문에서 무슨 말을 하고 있는지를 가늠하고자 한다.

'동료와 함께한다는 것', '나는 생각보다 강하다', '세상의 중심에 서다'…….

어떤가. 이와 같은 타이틀을 보면 그 후에 본문에서 어떤 이야기가 나올지 예측하기 힘들다. 비즈니스 보고서에서 타이틀은 본문의 내용을 간략하게 제시하는 역할을 수행한다. 다시 말해 타이틀에는 본문의 주제에 대한 '핵심 내용'이 포함되어야 한다. 예를 들어 친구들과 해외여행을 떠나면서 꼼꼼한 사전조사로 10만 원의 경비를 절감했다는 에피소드를 통해 '행정 능력'을 어필하고자 한다면 타이틀에는 어떤 필수 요소가 포함되어야 할까? '10만 원의 경비 절감'이 반드시 포함되어야 한다.

다음 예문을 보자. 타이틀에서부터 개인의 업적이 분명 분명하게 드러나 있다.

주력 상품 설정으로 매출 15% 상승
CS 평가 전국 3위에 기여한 서비스정신

'짧은' 문장

글에 서투른 사람들은 대개 문장을 길게 쓰는 습관이 있다. 자신이 없기 때문에 장황해지는 것이다. '그리고', '그래서', '그러므로', '그러나' 같은 접속사를 지나치게 많이 사용하는 것도 한 특징이다. 자기소개서의 문장은 짧아야 한다. 필요하지 않은 수식어를 전부 삭제하고 핵심만 간단명료하게 제시해야 한다. 글은 어느 날 갑자기 잘 써지는 것이 아니다. 평소에 꾸준하게 글 쓰는 연습을 해야 한다.

사정상 벼락치기를 해야 한다면 자신의 글이 필요 이상으로 길어지지는 않았는지 반드시 체크해 보아야 한다. 주어와 술어 간의 거리가 너무 먼 것은 아닌지, 중의적 의미를 지닌 것은 없는지, 문법적으로 오류가 없는지 반드시 확인해 보고 문장을 짧게 만드는 것이 좋다. 너무 긴 문장은 읽기 힘들 뿐 아니라, 읽었다 해도 머릿속에 오래 남지 않는다. 다음 예문을 보자.

공연 한 달 전, 기타를 새로 배운 지 얼마 되지 않은 제게 너무 많은 곡이 배정되어 부담스러웠지만 저 때문에 공연이 잘못되는 것을 원하지 않았습니다. 따라서 식사 시간을 제외하고 꾸준히 연습하여 A4 10장 분량의 악보를 모두 외웠고, 결국 무대 위에서 실수 없이 공연을 끝낼 수 있었습니다.

→ 공연 한 달 전, 기타를 새로 배운 지 얼마 되지 않은 제게 많은 곡이 배정되었습니다. 잘할 수 있을지 의문이 들었지만 주어진 역할에 충실하고, 성공적인 공연에 기여하고 싶었습니다. 식사 시간을 제외하고 매일매일 꾸준히 연습해 A4 10장 분량의 악보를 모두 외웠습니다. 그 결과, 무대 위에서 단 한 번의 실수도 하지 않고 성공적으로 공연을 마쳤습니다.

일부러 문장을 길게 만드는 경우도 종종 있다. 1,000자 이상의 긴 글을 써야 할 경우, 대부분 구직자가 정해진 분량을 다 채우지 못해 문장 사이사이에 수식어를 넣어 글자 수를 맞추기도 한다. 하지만 전체 분량의 70~80%가량을 본문으로 채웠다면 나머지 부분을 채우기 위해 노력하지 않아도 된다. 분량보다는 내용이 훨씬 중요하다.

많은 학생이 3,000자 중 2,000자 남짓 작성하여 제출했음에도 입사에 성공하였다. 비록 요구 분량을 채우진 못했지만 반드시 말해야 할 핵심만 있으면 된다. 절반도 채우지 않는 등 눈에 띄게 빈 공간이 많다면 진정성을 의심받을 수도 있으나, 적절한 빈칸은 신경 쓰지 않아도 된다.

한 가지 오해하지 말아야 할 것이 있다. 이는 1,000자 이상의 긴 글의 경우에 해당되는 말이다. 500~800자의 짧은 글인 경우에는 70~80%만 채우면 빈약하게 보일 수 있으므로 주의해야 한다.

기승전결이 아닌 'STAR' 기법을 사용한다

자기소개서는 자신의 역량을 보여 주는 문서이다. 과거 경험을 통해 역량을 입증해야 하는 것이다. 경험이 꼭 화려해야 하는 것은 아니다. 사소한 경험이라 해도 그 일에서 얻은 것이 있고, 자신이 기여한 일이 있으면 그것을 자기소개서에 어필하면 된다.

문제는 경험을 어떻게 제시해야 하는지, 무엇을 얼마나 구체적으로 말해야 하는지 정확하게 아는 구직자가 그리 많지 않다는 것이다. 여기에서 등장하는 개념이 바로 'STAR'이다. STAR라는 개념이 등장한 지는 꽤 오래되었고, 앞서 출간된 많은 책에 숱하게 언급되어 있다. 기본 중의 기본이지만 모르는 사람을 위해 간단하게 짚고 넘어가도록 한다.

S(Situation) : 어떤 상황에 처했었는가.
T(Task) : 어떤 과제가 주어졌는가.
A(Action) : 나는 어떻게 행동했는가.
R(Result) : 나의 액션으로 인해 어떤 결과를 만들어 냈는가.

에피소드를 제시할 때는 위의 네 가지 요소를 명확하게 드러내야 말하고자 하는 바를 깔끔하게 전달할 수 있다. 어떤 상황이었는지, 내가 어떻게 행동했는지, 그래서 어떤 성과가 있었는지 순서대로 말하는 것이 중요하다. 당신이 익히 알고 있는 '구체적인 에피소드'의 1단계는 STAR의 각 요소를 명확하게 구분하여 서술하는 것이다. 다음은 STAR 기법을 이용한 예시이다.

S : 편의점에서 아르바이트를 할 당시 경쟁 업체의 인근 입점으로 매출 감소 위기에 처했다.
T : 우리 점포만의 경쟁력 제고와 매출 상승을 위한 노력이 필요했다.
A : 지금까지의 주 고객층과 판매량이 가장 많은 상품이 무엇인지 분석하여 주력 상품을 선정했다. 해당 주력 상품이 고객들의 눈에 잘 보이도록 골든존에 진열하였고, 출입구와의 동선을 최소화하였다. 바로 옆에는 보완 상품을 진열해 함께 구매할 수 있도록 하였다.
R : 주력 상품의 매출 상승에 힘입어 전체 매출이 10% 증가하였다.

위의 예시처럼 당신의 에피소드 또한 각 요소별로 구분해 정리해 보기 바란다. 이때 주의할 것은 A(행동)의 비중이 커야 한다는 것이다. 에피소드를 언급할 때 가장 중요한 요소는 '내가 어떻게 했느냐'이다. 그 다음으로 중요한 것은 R(결과)이다. 상황 설명에 해당하는 S와 T는 상대적으로 중요하지 않으므로 핵심만 간단하게 언급하면 된다.

많은 구직자가 S에 상당히 많은 지면을 할애한다. 내가 얼마나 힘든 경험을 했는지 읽는 이에게 알려 주려고 하는 것이다. 하지만 정작 중요한

A와 R을 빈약하게 쓰는 실수를 범한다. 이는 A와 R이 부족하거나 내세울 것이 없기 때문에 S와 T가 장황해지는 것이다. 그러나 가장 구체적으로 서술할 부분은 A, 가장 명확하게 서술할 부분은 R이라는 점을 명심해야 한다.

상황에 따라 STAR와 더불어 'L(Learn)'이라는 요소를 추가할 수도 있다. 이 경험을 통해 무엇을 배웠는지, 어떤 교훈을 얻었는지 언급하는 것이다. 그리고 지면이 허락한다면 배운 이력을 기업에 어떻게 기여할지에 대한 내용으로 갈무리하는 것이 좋다.

이제 본격적으로 자기소개서의 GOOD 케이스와 BAD 케이스를 통해 각 항목에 대해 기술적으로 서술하는 방법을 알아보도록 하자.

PART3 » 자기소개서 공식 _핵심만 알면 간단명료하다

일반 전형 1번 문항
자기소개서 작성 시 흔히 하는 착각과 실수

다음은 2014년 상반기의 자기소개서에 나온 1번 항목이다.

> 지원하신 직무를 선택한 이유와 그 직무에 필요한 역량을 갖추기 위해 지금까지 어떠한 노력을 해 왔는지 구체적으로 서술해 주시고, 그 경험들이 앞으로 회사와 본인의 발전에 어떻게 기여할 것이라 생각하는지 작성해 주시기 바랍니다.(1,000자 이내)

많은 구직자가 왜 지원했느냐는 질문에 '삼성이 좋아서' 지원했다는 방향으로 자기소개서를 작성한다. '세계 최고의 기업인 삼성에서 내 꿈을 펼치고 싶어 지원했습니다'라는 천편일률적인 이야기는 한두 사람에게서만 나오는 것이 아니다. 일반적인 칭찬, 제품에 매료된 계기, 직무에 대

한 매력만을 말하면 차별성을 가질 수 없다. 기업에 대한 이해는 채용 담당자나 면접관이 누구보다 잘 알고 있기 때문에 그들에게는 무의미하다. 그렇다면 어떻게 해야 효과적으로 어필할 수 있을까?

'잘하겠습니다'가 아니라 '잘합니다'라고 써라

'왜 이 직무에 지원했습니까?'라는 질문에는 '이 직무를 잘할 수 있으니까 지원했습니다'라는 답변이 나와야 한다. 직무 역량을 최대한 어필해야 하는 부분이 바로 지원 동기 항목이다. 내가 현재 가지고 있는 직무 역량이 무엇이고, 각 직무 역량에 대해 이 일을 잘할 수 있는 이유를 '입증'하는 관련 에피소드를 제시해야 한다.

 자신의 과거 경험 중 어떤 에피소드를 끄집어내야 할지 모르겠다는 구직자들이 있다. 이런 경우는 먼저 자신의 고등학교 이후의 과거를 돌아보며 봉사활동, 동아리 활동, 공연, 아르바이트, 수상 경력 등 대표적인 경험을 연도별로 나열해 본다. 그다음 지원하는 회사의 인재상과 직무에서 필요로 하는 역량이 무엇인지 파악해 자신의 경험과 매칭하도록 한다. 직무와 직접적으로 연결 지을 수 있는 강력한 소재가 있다면 한 가지 이야기를 구체적인 STAR 기법에 맞게 작성하는 것이 좋다.

 1,000자의 지면에서 한 가지 에피소드를 말한다면 꽤 구체적인 이야기가 가능할 것이다. 하지만 꼭 말하고 싶은 강력한 에피소드가 여러 가지 있을 수도 있고, 임팩트가 비교적 약한 소소한 경험이 다수인 경우가 있을 수도 있다. 이런 경우에는 간략하게 A와 R 위주로 각 역량을 병렬 제

시하고, 면접장에서 면접관에게 질문을 받으면 그때 구체적으로 어필하는 방법을 사용하라.

이때 한 가지 주의할 점이 있다. 여러 가지의 에피소드를 제시할 경우, 하나의 문단으로 빼곡하게 서술하지 말고 문단을 각각 구분하여 가독성을 높여야 한다. 1번 문항에서 여러 가지 에피소드를 말할 경우에는 그중 가장 강력하다고 생각되는 한 가지 에피소드를 2번 문항에서 구체적으로 말해 주는 방법도 있다. 같은 이야기를 두 번 하는 것과는 다른 개념이다. 1번 항목은 직무 관련 역량을 종합적으로 제시해 주는 역할이라 생각하면 된다.

자기소개서는 SSAT 합격자가 발표되면 2~3일 안에 작성해야 한다. 이는 구직자들에게 큰 부담이다. 시간적 여유가 없기 때문에 어떤 이야기를 담아낼지 미리 준비해 두어야 한다.

'1차 역량'이 아니라 '2차 역량'에 집중하라

자기소개서를 쓸 때는 '1차 역량'과 '2차 역량'으로 나누어 접근해야 한다. 1차 역량이란 쉽게 말해 '인성'적인 부분이다. 일반적으로 등장하는 창의, 끈기, 성실, 친화력 등 성격적 부분이 1차 역량에 속한다. 이러한 개념을 어필하지 말라는 뜻은 절대 아니다. 영업사원에게는 친화력이, 유통업계나 재무·회계 직무에서는 정직함이 필요하다. 이렇듯 각 직무에 필요한 1차 역량은 분명히 존재한다. 하지만 직무 특성을 고려하지 못한 채 무의미하게 '저는 성실합니다', '책임감이 뛰어납니다'라고 말하는 것은 좋지 않다. 그리고 1차 역량에 대해서는 길게 언급할 필요가 없다. 간단하게 어필하면 된다.

2차 역량이란 구체적으로 그 직무에 '적용'할 수 있는 역량을 말한다. 배경 지식과 실무 능력을 생각하면 된다. 영업 직무를 예로 들어보자. 영업 직무에는 먼저 '정보 전달 능력'이 요구된다. 당신이 흔히 생각하는 '그런' 영업이 아니다. 본사의 영업사원은 관할 대리점 관계자들에게 본사의 지시 사항을 전달하는 '영업 관리'와 경쟁 입찰에 참여해 '프레젠테이션'을 하는 경우가 많다. 두 경우 모두 타인에게 내가 원하는 행동을 하도록 효과적으로 내용을 전달하고 '설득'하는 것이다.

'시장 분석 능력'도 필요하다. 매출 증대를 위한 효과적 전략을 만들려면 시장과 고객을 관찰하고 분석할 수 있는 능력이 있어야 한다. 이와 더불어 시장조사 자료를 근간으로 전략을 적시에 펼칠 수 있는 '의사 결정 능력'도 필요하다.

직무에 대한 이해가 먼저 필요한 것은 이처럼 1차 역량과 2차 역량을 구분해서 쓰기 위해서이다. 직무에 대한 이해가 없이 무조건 '잘하겠습니다', '잘할 수 있습니다'라고 쓰는 것은 의미가 없다. 다음 예문은 영업 직무의 지원 동기이다. 영업을 잘할 수 있는 역량을 두괄식으로 제시하고, 그 역량을 입증할 수 있는 과거 경험을 간략하게 제시한 점이 우수하다.

영업 관리직에 지원한 이유는 제가 가지고 있는 역량인 고객 확보, 고객 응대, 고객 관리를 최대한 발휘할 수 있는 직무이기 때문입니다.

첫째, 고객 확보입니다. 저는 ○○에서 일하며 고객의 성별, 연령대별로 다른 휴대폰의 기능과 요금제를 설명해 주며 휴대폰을 개통했습니다. 이를 통해 제품을 고객에게 어필하는 방법을 배웠습니다.

둘째, 고객 응대입니다. 저는 추운 겨울에 주유소에서 아르바이트를 했습니다. 이를 통해 어려운 상황에서도 고객을 응대하는 방법과 미소를 잃지 않는 자세를 배웠습니다.

셋째, 고객 관리입니다. ○○부 주장을 맡으며 동아리 구성원들의 불편 사항 및 훈련 현황을 꼼꼼히 체크했습니다. 그 결과, 전국 대학 연맹전에서 우수한 성과를 거두었습니다.

이런 경험을 바탕으로 최고의 영업 관리자로 성장하겠습니다.

연구·개발 등 이공계열 직무에서 가장 중요한 2차 역량은 본인의 전공에 대한 전문성이다. 학부 시절 전공 팀 프로젝트에 관한 이야기, 외부 교육 과정을 이수한 이야기, 관련 분야에서 실무 경험을 쌓았던 소재로 본인의 전문성을 최대한 어필해야 한다. 재무·회계 직무나 디자인 직무의 경우에도 요구되는 전문적 지식이 명확하기 때문에 관련 공모전 수상 경력이나 자격증 보유 여부 등으로 능력을 어필할 수 있다.

구직자들이 최대한 어필해야 하는 내용은 바로 이러한 2차 역량이다. 본인의 가치관이나 성격적 측면을 직접적으로 요구하지 않는 이상 당신은 1차 역량보다 2차 역량 어필에 집중해야 합격률을 높일 수 있다. 결국 자기소개서에서 차별화될 수 있는 핵심은 실제적인 '경험'인 것이다. 경험이라고 해서 실제로 일을 한 경험을 의미하는 것은 아니다. 어떤 형태든 경험을 통해 필요한 직무 역량을 쌓았음을 나타내면 된다.

그렇다고 지나치게 '전문성'을 내세워서는 곤란하다. 당신은 다듬어진 돌이 아니다. 아무리 잘한다고 내세워 봐야 입사 후에 다시 일을 배워야 한다. 또 욕심을 부려 너무 많은 것을 어설프게 밀어 넣거나 경험하지 않은 것을 부풀려 썼다가 면접장에서 질문 세례를 받을 수 있다. 꼬리 질문과 압박이 계속해서 이어진다면 스스로 무덤을 파는 꼴이 될 수 있으므로 주의해야 한다.

'기업'의 비전이 아니라 '나'의 비전을 이야기하라

자기소개서의 핵심은 '해당 직무를 선택한 이유'와 '직무 역량'이라고 설명했다. 그 다음은 '입사 후 포부'이다. 입사 후 포부에 대해 면접관들이 묻고 싶은 것은 '당신은 지원 직무에 대해 어떠한 비전을 가지고 있는가'이다. 그런데 이를 '입사하면 어떻게 일할래?'라는 의미로 받아들이는 구직자가 많다. 그러다 보니 알맹이 없이 '열심히 최선을 다하겠다'라거나 '끝까지 회사를 위해 충성하겠다'라는 말로 분량을 채운다.

영업 지원자에게 입사 목표는 '취업'이 아니라 '영업 직무 대표자로서의 비전을 달성하는 것'이어야 한다. 기업은 지원자가 '어떤 목표를 가지고 움직일 사람인가'를 알고자 한다. 그러므로 '내가 가지고 있는 최종 목표'에 대해 이야기해야 한다. 그리고 그 목표를 달성하기 위해 입사 후부터 어떻게 행동할 것인지 '실질적인 실천 방안'을 제시해야 한다. 이때 목표를 달성하기 위한 단·장기적 세부 계획을 제시하는 것이 좋다. 역량을 키워 나가며 기업과 본인 스스로에게 어떻게 도움이 될 것인지 간략히 말하는 것이다.

주의할 것은 전적으로 '나의 목표'여야 한다는 점이다. 많은 구직자가 '기업의 목표'를 제시하고 그 목표를 달성하기 위해 본인의 평생을 바치겠다는 식으로 답변한다. 채용 담당자 입장에서 좋아하지도 않을 뿐더러 믿지도 않을 것이다.

'위와 아래를 아우르는 중간관리자', '목소리에 귀 기울이는 상사' 등 보기에 좋고, 그저 바람직한 내용도 뚜렷한 비전이 없다면 절대 쓰지 말아야 한다. 조직을 위해 처음부터 끝까지 충성하겠다는 서술은 설득력이 부족하다. 다시 말하면 '삼성'의 포부를 적지 말고 '삼성인'으로서의 포부를 적어야 하는 것이다.

구직자들이 흔히 저지르는 또 하나의 실수는 입사하면 회사의 잘 갖춰진 시스템(지역 전문가, 주재원, 삼성 MBA 등 기업의 복리후생 등)을 활용하겠다는 이야기를 꺼내는 것이다. 그러나 이런 말은 쓰지 않는 것이 좋다. 잘 차려진 밥상에 숟가락 하나 올리겠다는 말로 비춰지기 때문이다. 현재 지원하는 직무 외 다른 직무에 대한 관심도를 말하는 것 역시 현재 지원한 직무에 대한 충성도를 깎아먹는 일이므로 삼가야 한다.

이제 직접적인 예문을 통해 지원 동기와 입사 후 포부에 대해 잘 쓴 케이스와 잘못된 케이스의 예를 들어 설명해 보고자 한다.

GOOD vs. BAD 자소서 분석

 GOOD 자소서

Convergence에 최적화된 T자형 인재

산업과 기술의 경계가 무너지는 상황에서 신기술에 대한 솔루션을 찾아 사업 분야를 넓히는 SI 업계에 큰 매력을 느꼈습니다. 의료 시장의 성장에 따라 ICT를 통해 적합한 사업을 개발하는 부서에서 역량을 극대화시킬 수 있는 3가지 강점이 있습니다.

ICT 산업에 새로운 의료공학적인 시각

5개 이상의 전공을 융합한 의료공학 전공은 넓은 분야에 대한 통찰력을 길러 주었습니다. 또한 의료기기에 적용되는 기술과 유헬스케어 시스템에 대해 공부해 전공에 대한 전문성을 높였습니다. 이를 실제 프로젝트에 적용하여 특허를 등록하는 등의 결과를 얻었습니다. 디바이스에 대한 이해도를 바탕으로 최적의 솔루션 발굴 및 구현에 있어 새로운 접근이 이루어질 것입니다.

다른 산업에 대한 이해

경영학적 지식을 습득하기 위해 공대생으로서 유일하게 경영학회에 가입하여 활동하였습니다. 경제·경영, 마케팅에 관한 스터디를 통해 지식을 넓혔고 최우수 회원으로 졸업했습니다. 이를 바탕으로 얻은 논리적 사고를 MICE 공모전과 ○○대, ○○대와의 경쟁 PT에 적용했고 비전공자 중 유일하게 1차를 통과했으며, 경쟁 PT에서 1위의 성과를 얻을 수 있었습니다. 이 능력이 사업 개발에 있어 다른 산업에서 가능성 있는 신기술을 찾아내는 데 발휘될 것입니다.

조직에 적합한 인재(인성)

다양한 경험을 대학 생활의 목표로 삼았고, 새로운 것에 도전하는 것을 두려워하지 않았습니다. 과대표부터 동아리 활동, 공모전, 총학생회까지 여러 행사를 기획하고 진행하였습니다. 일의 선후 관계를 통해 계획을 세우는 법에 대해 경험하였고, 여러 분야에서의 협업을 통해 효율적인 의사소통 방법에 익숙해졌습니다. 이와 같은 능력이 조직에서 커뮤니케이션 및 기획력으로 발휘될 것입니다.

기찬쌤의 피드백 지원 직무에 대한 필요 역량을 두괄식으로 잘 표현했고, 스스로 주장한 역량이 직무 수행에 어떻게 활용될 것인지 제시한 점이 훌륭하다. 과거 에피소드의 핵심인 성과 부분을 드러낸 점 역시 바람직하다.

👎 **BAD 자소서**

① 안녕하십니까. 저는 삼성전자의 영업마케팅 직무에 지원하게 된 ○○○ 입니다. ② 삼성전자는 패스트 팔로워로서 퍼스트 무버인 애플을 제치고 세계 시장점유율 1위의 쾌거를 이루었습니다. 많은 사람이 "스마트 기기의 시장은 포화 상태이다.", "이제 성장 가능성이 없는 시장이다."라고 말하지만 앞으로도 스마트 기기 분야에 대한 삼성전자의 독주는 계속될 것이라 생각합니다. ③ 모든 스마트 기기를 직접 접하고 나서 최고의 능력을 가진 기업인 삼성에서 일하고 싶다는 결심을 하게 되었습니다. 세계 최고의 기업에서 저의 꿈을 이루고자 삼성전자에 지원하게 되었습니다.

④ 저는 영업 마케팅 분야의 준비된 인재입니다. 먼저 저의 끈기를 말씀드리고 싶습니다. 방학 동안 대형마트 아르바이트를 통해 무더운 여름과 추운 겨울에 창고에서 꿋꿋이 물건을 나르며 끈질긴 강인함을 키웠습니다. 공장에서 생산직 아르바이트를 하며 다양한 세대의 사람들과 소통해 왔기 때문에 커뮤니케이션 능력이 뛰어납니다. ⑤ 주문 접수, 재고 파악, 부품 발주, 사출, 조립, 품질 검사, 포장, 발송까지 모든 부분을 섭렵하였습니다. 또한 저는 경영학을 전공했기 때문에 상경계로서의 강점을 가지고 있습니다.

이 같은 저의 능력이 삼성인으로서 자랑스러운 인재가 될 수 있다는 점을 말씀드리고 싶습니다. 제가 가진 끈기와 커뮤니케이션 능력, 경제·경영에 관련된 지식을 바탕으로 삼성전자의 듬직한 신입사원의 모습을 보여 드리겠습니다. ⑦ 긴 글 읽어 주셔서 감사합니다.

기찬쌤의 피드백

①처럼 '안녕하십니까'나 '긴 글 읽어 주셔서 감사합니다'라는 인사는 자기소개서에서 불필요하다. 자기소개서는 은사에게 쓰는 편지가 아니다. 첫머리에 필요한 것은 타이틀이다. 소제목을 통해 글의 내용을 이해할 수 있도록 해야 한다. ②에서는 지원 기업과 업계의 일반적 현황, 무의미한 칭찬 등을 나열하였다. 나의 역량과 전혀 무관한 부분이다. ③에서 드러난 이 기업을 알게 된 계기, 이 기업에서 일하고 싶다고 느낀 계기 역시 인사 담당자가 알고 싶어 하는 부분이 아니다. '지원하게 되었습니다'와 같은 수동형 문장도 쓰지 말아야 한다. 어감은 무척 중요하다. '아'나 '어'에 따라 뉘앙스가 달라진다. '지원했습니다'라는 표현이 읽는 이에게 능동적으로 느껴진다.

④의 자신의 역량을 드러내는 부분에서도 직무 역량이 계량화되지 못했다. 끈기와 커뮤니케이션처럼 다른 구직자들도 흔하게 말하는 키워드만으로는 자신을 제대로 어필할 수 없다. 또한 '이 경험을 통해 무엇을 배웠다'라는 일반적인 이야기가 아니라 하나의 구체적인 STAR 기법을 통해 역량을 어필해야 한다. ⑤처럼 많은 것을 모두 단순 나열해 불필요한 부분을 만들어서는 안 된다.

일반 전형 2번 문항
과거의 경험을 부각시키는 자기소개서의 조건

다음은 2014년 상반기의 자기소개서에 나온 2번 항목이다.

> 도전적인 목표를 정하고, 목표를 달성하기 위해 체계적인 계획을 세우고 실천하였던 경험에 대해 서술해 주십시오. 목표, 계획의 세부적인 내용과 그 과정에서 어려움을 극복한 방법, 결과적으로 본인이 얻은 성취에 대해 구체적으로 써 주시기 바랍니다.(1,000자)

2번 항목의 키워드는 '도전'과 '목표'이다. 지금까지 살면서 어려운 상황을 극복한 크고 작은 경험이 반드시 있을 것이다. 기업은 이 문항을 통해 구직자의 역량을 파악하고자 한다. 그러므로 그 상황 안에서 목표를 달성하기 위해 포기하지 않고 노력한 모습을 효과적으로 보여 주어야 한다. 2번 문항을 작성할 때는 1번 문항과 '다른 소재'를 통해 질문이 요구하는 도전과 함께 직무 역량을 어필하는 것이 좋다. 예를 들어 인문계열 지원자의 경우 매출 향상이나 흥행을 위해 고객의 특성을 분석하는 모습, 자연계열 지원자는 전공 팀 프로젝트나 공모전에서 연구하는 모습 등을 직접적으로 드러내는 것이다.

  2차 역량을 제시할 소재가 마땅치 않다면 1차 역량을 어필하는 소재를 활용하도록 한다. 여기에서도 필요한 것이 STAR 기법이다. 1차 역량이든 2차 역량이든 STAR 기법을 통해 경험을 효과적으로 어필해야 한다. 그와 동시에 몇 가지 조건을 충족한다면 더욱 좋은 자기소개서가 될 수 있다.

팀플레이를 강조하라

자기소개서에는 조직 내에서 있었던 에피소드를 소개하는 것이 좋다. 개인에게만 의미 있는 에피소드를 제시하는 것은 읽는 이를 설득하기 힘들다. 기업은 조직이다. 일어탁수(一魚濁水), 즉 '미꾸라지 한 마리가 강물을 흐린다.'라는 말처럼 기업은 한 사람이 사내 분위기를 흐리는 것을 원치 않는다. 다시 말해, 개인이 조직에 들어와서 어떻게 융화되고, 어떻게 그 안에서 자기 몫을 해낼 수 있을지, 어떻게 주위 사람들과 시너지 효과를 낼 수 있을지 알고 싶어 한다. 그러므로 자기소개서 안에 녹여내는 에피소드는 조직, 팀으로 활동한 내용이어야 한다.

  많은 구직자가 흔히 사용하는 소재는 다이어트, 학점 관리, 장학금, 재

수, 편입 등이다. 본인에게는 큰 의미가 있다 해도 이런 소재는 너무 흔하게 등장하며, '열심히 노력해서 뿌듯하다' 이상의 의미를 가질 수 없어 차별성을 갖기 힘들다.

공모전이나 동아리에서 활동한 이야기, 아르바이트를 한 이야기를 담았다 하더라도 조직 내에서 팀원으로 움직인 일을 거론하는 것이 좋다. 조직 전체의 목표와 목적을 이루는 과정에서 쉽지 않았던 환경(예산과 시간 부족 등)을 간략하게 설명하고, 그 상황 내에서 설정한 목표를 제시하는 것이 좋다.

또한 에피소드 내의 액션은 구체적이고 논리적으로 제시되어야 한다. 단순히 '설득했다', '발로 뛰었다' 등의 서술로는 자신을 제대로 어필할 수 없다. 또 하나 주의해야 할 점은 답의 시작과 끝이 일관성이 있어야 한다는 것이다. 간혹 구직자들이 자신을 포장하고 잘 보이기 위해 삼천포로 빠지는 경우가 있다.

구체적인 역할과 행동을 제시하라

에피소드가 조직 내에서 일어난 것이라면 조직 전체의 목표를 명확하게 언급하고, 이를 달성하기 위해 본인이 어떤 노력을 기울였는지 소개해야 한다. 해당 문항에서 말하는 목표는 조직 전체를 위한 '공동의 목표'이다. 예를 들어 밴드 동아리라면 '공연'이 될 것이고, 공모전 팀플레이라면 '수상'이 될 것이다. 앞서 STAR 기법 부분에서 설명했듯 내가 기여한 점이 어떤 성과를 냈는지 명확하게 제시해야만 자신의 역량을 입증할 수 있다.

결과를 수치화할 수 있는 목표라면 자기소개서가 더욱 명쾌해질 것이다.

종종 자신이 조직 내에서 리더나 중요한 역할을 맡지 않았다며 그 조직에서의 에피소드를 내세워도 괜찮을지 고민하는 구직자들이 있다. 반드시 조직의 리더나 중요한 역할을 맡을 필요는 없다. 또한 성과가 반드시 '성공'일 필요도 없다. 성공이었다면 목표 대비 얼마나 초과 달성했는지를 제시하고 '무엇을 배웠는지' 언급하면 된다. 반대로 실패했다면 '왜 실패했는지' 분석하여 도출한 실패 원인을 간략히 제시하고, 그 후에 '이 경험을 통해 무엇을 배웠는지'를 이야기하면 된다.

중요한 것은 성공 여부가 아니라 조직의 한 구성원으로서 공동의 목표를 위해 얼마나 노력했는지의 여부이다. '이 경험을 통해 내가 무엇을 간과했고 무엇이 중요하다는 점을 깨닫게 되었으며, 앞으로 같은 실수를 반복하지 않도록 하겠다'라는 것을 말하면 된다.

끝으로 이런 경험을 통해 목표를 세우고 이를 위해 계획적·체계적으로 임하는 태도를 입사 후에도 보이겠다는 다짐으로 마무리하면 된다.

GOOD vs. BAD 자소서 분석

 GOOD 자소서

100만 원으로 1,000만 원 만들기

프로젝트 수업 이후 생각만 하던 것을 실제로 만들어 보고 싶다는 생각이 들었습니다. 실제로 사용 가능한 완성품을 만들어 보자는 목표를 가지고 도전하였습니다. 저의 아이디어는 평소 생각했던 장애인의 활동성을 높이기 위한 자전거 휠체어 도킹 장치였습니다. 사업 자금을 얻기 위해 창업지원센터에 시제품 제작 지원을 요청하였고, 100만 원의 지원금을 얻게 되었습니다. 저는 이 프로젝트에서 두 가지 문제를 해결 해야만 목표를 이룰 수 있다고 판단했습니다.

첫 번째는 구조적 안정성이었습니다. 의료기기인 만큼 어떠한 상황에서도 안정한 구조를 생각해야 했습니다. 이를 해결하기 위해 CAD로 설계한 뒤 교수님의 자문을 통해 5차례나 모델 변경을 했고, 볼 조인트를 사용한 구조를 설계하였으며, 유한 요소 프로그램을 사용해 안정성 검증을 하였습니다.

두 번째는 '돈'과 '시간'의 문제였습니다. 모두 직접 제작해야 했기 때문에 제작사에서는 높은 금액을 요구하였습니다. 따라서 제작비를 낮추기 위해 직접 50여 개의 공업사를 방문해 업체를 선정하고 자재 구입, 절단 등 직접 할 수 있는 것들은 미리 준비해 인건비와 공임비를 최소화하여 예산에 맞게 제작할 수 있었습니다.

3달 만에 완성된 프로젝트가 우수 지원 사례로 선정되어 추가 시제품 제작 지원금 1,000만 원을 지원받아 무게를 줄이는 등 다른 타입들의 제품을 만들어 보았고, 그 제품으로 특허를 출원해 등록하였습니다.

높은 목표 상황에서 문제점을 정확하게 인지하고 그것을 해결하고자 하는 의지를 통해 목표에 성공적으로 도달하였고, 특허출원이라는 성과까지 얻을 수 있었습니다. 이런 경험으로 프로젝트를 처음 기획 단계부터 설계, 제작까지 모든 과정을 직접 수행함으로써 신규 사업을 추진할 때에 큰 그림을 그리는 능력을 배울 수 있었습니다.

기찬쌤의 피드백
목표를 달성하기 위해 체계적으로 행동한 모습, 그로 인해 만든 성과, 경험을 통해 배운 점을 명확하게 제시한 점이 우수하다. 전체적 맥락으로 보았을 때 목표는 실제 사용 가능한 제품을 만드는 것이고, '특허출원'이라는 최종 성과를 만들어 냈다. 100만 원을 1,000만 원으로 만들었다는 내용의 타이틀이 시선을 사로잡기는 하지만, 전체 문맥에서 벗어난 느낌이다. '특허출원'이나 당시 '프로젝트 명'을 타이틀에 활용했다면 더 좋았을 것이다. 안정성을 높이기 위한 도전과 비용 절감을 위한 노력은 임원들이 좋아할 만한 이력이 될 수 있다.

👎 BAD 자소서

① 22세 때 무작정 미국으로 유학을 떠났습니다. 처음에는 서투른 영어 실력으로 친구들을 사귀는 데 어려움을 겪었습니다. ② 부모님과 한국의 친구들이 생각이 나 많이 울기도 했습니다. 하지만 저는 '포기하면 미국까지 온 의미가 없다'고 생각했습니다. 그래서 서툰 영어로 외국인 친구들에게 말을 걸어 보기로 결심했습니다. 처음부터 따뜻하게 대해 준 친구는 없었습니다. 하지만 더욱 용기를 내어 친근한 이미지로 먼저 다가가기 위해 노력하였습니다. ③ 시간이 지나면서 친구들이 제게 마음을 열어 주었고 몇 년이 지난 지금, 한국에 돌아와서도 종종 스카이프를 통해 안부를 주고받는 친한 사이가 되었습니다. ④ 도전하는 자세가 없었다면 저의 미국 생활은 큰 의미가 없었을 지도 모릅니다. 저의 도전정신으로 외국인 친구를 처음 사귀어 본 의미 있는 사건이었습니다.

영어를 더 적극적으로 사용하고 많은 사람과 부딪쳐 보고자 하는 마음에 학교 주변의 레스토랑에서 ⑤ 알바를 시작했습니다. 처음에는 커뮤니케이션이 잘 되지 않아 손님들의 주문을 제대로 받지 못했고, 그로 인해 손님과 점장님께 혼나기도 했습니다. ③ 하지만 시간이 지날수록 영어 실력은 점점 늘어 유창하지는 않지만 원활하게 커뮤니케이션을 할 정도의 실력이 되어 점장님께 "처음에 비해 말이 많이 늘었다."라는 평가를 받기도 했습니다. ⑥ 두 달 후에는 레스토랑의 매출 향상에 기여하여 '우수 사원'으로 뽑히기도 하였습니다.

⑦ 지금의 저는 내부에 무궁무진한 가능성을 가진 양파와 같다고 생각합니다. ⑧ 저는 다른 지원자들처럼 많은 것을 가지고 있지 않습니다. 남들에

비해 스펙이 뛰어나거나 영어 실력이 유창하지 않지만, 제가 가진 끈기와 열정을 통해 누구보다 잘할 자신이 있습니다. ⑨ 말이 통하지 않는 사람들에게도 적극적으로 다가갔던 저의 친화력으로 고객에게 친근하게 다가가는 삼성인이 되겠습니다.

기찬쌤의 피드백

도입부터가 잘못되었다. 이 글에서 말하고자 하는 주제가 무엇인지 첫 문장에서 거론해 줄 필요가 있다. ①처럼 첫 문장부터 에피소드를 시작하는 것은 좋지 않다. 게다가 내용 흐름이 '도전'으로 시작해서 ⑨의 '친화력'으로 끝나고 있다. 앞뒤가 맞지 않는다. 종종 자기소개서에 ②의 '많이 울기도 했다'처럼 감정적인 부분을 언급한 경우가 있는데, 이런 접근은 좋지 않다. 자기소개서는 가급적 비즈니스적으로 접근하는 것이 좋다.

이 자기소개서에서는 구체적인 문제 해결책이 드러나 있지 않다. ③의 '시간이 지나면서 자연스럽게 해결되었다'는 식의 전개는 좋지 못하다. 문제를 해결하기 위한 나의 구체적인 액션과 그로 인한 결과가 명확해야 한다.

구직자들이 빠지기 쉬운 함정이 자신의 경험에 스스로 함몰된다는 것이다. ④의 '도전정신으로 친구를 사귀었다', ⑥의 '우수 사원으로 뽑혔다' 등 구체적인 내용 없이 스스로 과도하게 의미를 부여하는 것은 옳지 못하다. 자기소개서는 내가 읽는 것이 아니라 면접관이 읽는 것이다. 그러므로 읽는 이가 내용에서 의미를 느껴야 한다. 또한 구직자들이 잘 저지르는 실수 중 하나가 줄임말이다. 평소에는 습관처럼 사용할 수 있지만, 자기소개서에서 ⑤처럼 '알바' 등의 줄임말을 쓰면 전문성이 떨어져 보이므로 쓰지 않도록 한다.

⑦처럼 간혹 자신을 양파나 다른 사물에 빗대어 비유적으로 설명하는 경우가 있기도 하다. 그러나 이를 이해시키기 위해서는 부연 설명이 필요하다. 다시 말해, 이는 지면 낭비인 셈이다. 직접적으로 말하는 것이 더 효과적이다. ⑧의 '부족하지만 잘할 자신 있다'는 표현 역시 흔하게 등장한다. 이런 표현은 논리적이지 못하고, 그렇다고 겸손해 보이지도 않으니 사용하지 않는 것이 좋다.

일반 전형 3번 문항
기업 입장에서 사고하고 親기업적으로 판단하라

다음은 자기소개서에서 제시된, '계열사 관련 사회 이슈와 본인의 견해를 제시하라'는 3번 문항이다.

> 지원하신 회사와 관련된 최근 이슈 중 본인이 생각하기에 중요하다고 생각되는 것을 한 가지 선택한 후, 해당 이슈에 대한 본인의 견해를 설득력 있게 밝혀 주시기 바랍니다.(1,000자)

사회적 이슈를 묻는 문항이 새로 생긴 2012년 하반기 이후부터 수많은 지원자가 무엇을 써야 할지 고민하며 뉴스를 열심히 찾아보기 시작했다. 설령 자기소개서에 사회적 이슈를 묻는 문항이 없더라도 구직자들은 평소 신문과 뉴스를 접하면서 사회의 흐름에 관심을 가져야 한다. 사회적 이슈란 곧 기업의 생존과 연결된다. 트렌드를 모른다면 기업이 나아가야 할 방향을 잃어버리는 것과 같기 때문이다.

그러나 대부분의 구직자는 취업 준비 기간 동안 스펙 쌓기에 몰입하고, 본격적 공채 시즌이 되면 자기소개서에 치여 외부 세상에 대한 관심을 가지지 않는 경우가 많다. 그로 인해 면접이 잡힌 회사와 관련된 좁은 정보만 벼락치기로 준비하면 면접관 앞에서 금세 바닥을 드러낼 수밖에 없다. 삼성뿐 아니라 모든 기업은 그 움직임을 재빨리 캐치해 빠른 판단과 행동을 할 수 있는 사람을 원한다. 평소에 신문, 잡지 등의 매체를 접하면서 세상의 흐름을 읽는 훈련을 해야 한다.

또한 크고 작은 사건이 터지는 요즘, 언론에서 말한 내용이나 인터넷 기사의 댓글을 보고 자신의 생각인 것처럼 그대로 말해서는 안 된다. 다양한 입장의 매체를 중립적인 입장에서 받아들이고 비판적인 시각을 가지는 것, 논리적인 근거를 가지고 나만의 시각을 만드는 것이 매우 중요하다. '교과서적인' 이야기이지만, 세상에 대한 자기 스스로의 생각을 가지도록 노력해야 한다.

결론적으로 '내' 입장이 드러나야 한다

자기소개서의 3번 문항을 작성할 때 반드시 생각해 보아야 할 것이 있다. 첫째, 자신이 전달자인지, 지원자인지 생각해 보아야 한다. 회사는 사회 이슈에 관한 서술을 요구하고 있다. 범위가 지원한 계열사에 관련된 이슈로 한정되었을 뿐, 요구하는 것은 다르지 않다. 이 문항 역시 '나를 어필해야 하는 자기소개서'의 일부이다. 다시 말해 이 문항 역시 주인공은 '나' 여야 한다는 것이다.

둘째, 자신이 실천가인지, 방관자인지 생각해 보아야 한다. 단순히 '이렇게 했으면 좋겠다'라는 주장으로만 끝난다면 이는 방관자이다. 그러므로 내가 이미 이 기업의 내부 사람이 되었다고 가정하고 전개하는 것이 좋다. 내가 주장한 방향에 대해 지원 직무 범위 내에서 내가 어떻게 기여할 수 있는지 쓰는 것이다. 개인의 주장을 통해 발전적인 사고를, 기여 방안을 통해 적극적인 태도를 어필해야 한다.

3번 문항에서는 먼저 이슈에 대한 '사실'을 간단히 전달한다. 계열사 관련 이슈라면 채용 담당자들이 더 잘 알고 있으므로 지루하게 나열하는 것은 무의미하다. 이슈에 대해 지원한 기업이 어떤 움직임을 취해야 하는지 '나의 생각'을 제시하고, 그렇게 생각하는 이유, 그 액션으로 인한 기대 효과 등을 뒷받침해 설득력을 높여야 한다. 이때 제시한 움직임에 대해 나의 직무 범위 내에서 어떻게 기여할 수 있을지 언급하는 것이 좋다.

많은 구직자가 전체 분량을 사실 전달만으로 채운다. 그러나 이는 기업에서 원하는 답이 아니다. 그 사실을 통해서 내가 어필될 수 있는 방법을 찾아야 한다.

정치적으로 민감한 소재는 피하라

3번 문항을 작성할 때 주의해야 할 것은 정치적으로 민감한 소재는 쓰지 말아야 한다는 것이다. '서울대 들어올 땐 진보, 졸업할 땐 보수(2014년 9

월 18일자, 〈조선일보〉)'라는 타이틀의 신문 기사가 있었다. 이는 서울대 대학생활문화원이 공개한 신입생 특성 조사 보고서에 따른 내용으로, 서울대에 입학할 때는 정치적 성향이 진보이지만, 졸업할 때가 되면 점점 보수화된다는 것이다. 아마도 대학 생활을 하며 현실에 눈을 뜨기 때문일지도 모르겠다. 전·현직 직원들이 리뷰를 올릴 수 있는 미국 취업 포털 사이트 '글래스도어'에는 외국인 직원을 고용한 한국 기업들의 평점이 공개되어 있다. 여기서 한 외국인 직원은 "한국 기업들은 대개 보수적이며 기업 문화가 수직적이다."라고 평가했다.

물론 스타트업을 중심으로 진보적인 성향을 가진 회사도 있지만, 일반적으로 한국의 대기업은 보수적이고 수직적이다. 이런 보수적인 기업에서는 본인의 정치적 성향을 보이는 것은 매우 위험하다. 기업은 구직자가 기업 입장에서 생각할 줄 알고 친기업적인 성향인가를 본다는 것을 잊지 말아야 한다.

또한 작성하는 시점에 아주 크게 이슈화되는 사건에 대해서는 적지 않는 것이 좋다. 가수 싸이의 노래인 '강남스타일'의 열풍, 셰일가스, 세월호 사건과 같은 주제는 지나치게 흔하게 등장한다. 이러한 주제는 식상해 보이고 차별성을 갖기 어려우므로 효과적이지 못하다.

GOOD vs. BAD 자소서 분석

👍 GOOD 자소서

　호환의 표준화, 새로운 수출 모델의 개발! 지난 4월 16일자 신문에 실린 '삼성 기어, 갤럭시 스마트 기기 16종과 연동'이라는 기사에 주목하고 싶습니다. 기사는 삼성전자의 '삼성 기어' 시리즈가 국내에 출시된 16종의 갤럭시 스마트 기기와 연동된다는 내용을 담고 있습니다. 최근 심박센서가 탑재된 갤럭시S5와 연동하여 건강과 운동을 기록·관리할 수 있는 '갤럭서 기어 핏'과 같은 웨어러블 헬스 기기가 출시된 점을 미루어 볼 때 저는 호환성의 개념을 강조하고 싶습니다.

　저는 지난 겨울방학 때 한국 디지털병원 ○○협동조합에서 인턴 생활을 하며 디지털병원의 다양한 수출 모델에 대해 배운 경험이 있습니다. 수출에 있어 큰 문제 중 하나는 호환성이었습니다. 한 가지 예로 디지털 수술실의 수출을 주제로 진행한 세미나에서 호환성 문제가 지적되었는데, 이는 어느 병원에 디지털 수술실만 수출할 시에 수술실 의료 기기로 측정한 환자의 정보를 타 부서와 연계하고 싶어도 영상 자료가 호환되지 않아 문제가 발생할 수 있다는 것이었습니다. 이러한 점을 비추어 볼 때 삼성전자가 출시한 많은 스마트 기기가 서로 연동된다는 사실은 시사하는 바가 큽니다.

　삼성전자는 MEDICA전시회에서 초음파 장비 'UGEO WS80A'를 통해 태아의 상태를 진단하고 이를 스마트 TV와 스마트폰에 연동하여 태아의 모습을 확인하는 'Hello Mom' 서비스를 시연하여 세계의 주목을 받은 사례가 있습니다. 이처럼 삼성은 강점인 IT 기술을 바탕으로 의료 기기와 스마트 기기를 서로 연계할 수 있는 강력한 표준화 솔루션을 개발할 필요가 있습니다.

Dicom과 같은 의료영상 표준화 기준이 있음에도 그 중요성을 간과하는 기존 시장에서 진료의 효율성을 높이고 의사와 환자 간 소통의 매개체 역할을 담당할 수 있는 솔루션을 개발한다면 분명 삼성이 세계 의료 기기 시장을 효과적으로 공략할 수 있는 바람직한 수출 모델이 될 것입니다. 저는 향후 이러한 프로젝트를 기획하여 소프트웨어 연구개발팀과 함께 진행하여 삼성에 이바지하고 싶습니다.

 '호환의 표준화'라는 내용이 매우 좋다. 본인의 이력과 연결시키는 구조 또한 아주 훌륭하다.

👎 BAD 자소서

3D프린팅의 미래 ① 3D프린팅 기술은 잉크 대신 특정 재료를 이용해 설계도에 따라 물질을 쌓아 올리는 방식으로 물체를 만들어 내는 제조 기술의 일종입니다. 작동 원리는 두 가지가 있는데, 가루나 액체를 굳혀 가며 쌓아 올리는 첨가형 방식과 합성수지를 둥근 날로 깎아 가며 모양을 만드는 절삭형 방식이 있습니다. 소재는 주로 플라스틱을 사용하였지만 최근에 금속까지 이용할 수 있는 기술이 개발되었습니다. 일반적인 원리로는, 모델링-프린팅-마무리로 진행합니다. 스캐너를 이용해 도면을 얻어 그 도면을 이용해 물체를 만들어 내고, 사포로 연마하고 색칠하는 등의 과정을 거쳐 물건을 제조합니다. 하지만 3D프린팅이 장점만 있는 것은 아닙니다. 일례로 무기와 같

이 불법적인 물건에 대해서도 복제가 가능하다는 점입니다. 저작권 보호가 필요한 물건에 대해 간편하게 복제가 가능하다는 점도 문제입니다.

② 이러한 3D프린팅은 국내 제조업체에 큰 영향을 끼칠 것이며, 삼성전자에게도 기회가 될 수도 있고 위기가 될 수 있다고 생각합니다.

기찬쌤의 피드백 ①에서는 이슈 사항에 대한 단순한 사실 전달에 그치고 있다. 많은 구직자가 저지르는 실수 중 하나이다. 이 문항 또한 나를 어필하는 자기소개서라는 점을 잊지 말아야 한다. 마무리 문장인 ②에서도 아무런 의견을 제시하지 못하고 끝이 난다. 이 상황에서 앞으로 어떻게 해야 하는지 자신의 의견을 명확하게 피력해야 한다. 그리고 주장에 대한 근거, 나는 그 움직임에 어떻게 기여할 것인지를 말하는 부분이 뒷받침되어야 한다.

PART3» 자기소개서 공식 _핵심만 알면 간단명료하다

SCSA 전형
가능성에 초점을 두고 작성하라

SCSA(Samsung Convergence Software Academy, 삼성 컨버전스 소프트웨어 아카데미) 전형은 인문학 전공자에게 소프트웨어 직무 기회를 주는 프로그램으로, 2013년에 처음 도입되었다. 이는 인문학 전공자로서는 진로 방향을 크게 바꾸는 것이기 때문에 타 전형과 다르게 직접적인 직무 역량 중심으로 1번 문항을 작성하는 것이 힘들다. 그래서 일반적 지원 동기가 아닌 별도의 문항으로 답변을 요구하고 있다.

> 1번의 직무 지원 동기와 관련된 주제를 아래의 내용으로 작성하셔야 합니다.(2,000자 이내)
> - 인문학도로서 소프트웨어 분야에 도전하게 된 이유(동기)
> - 본인이 소프트웨어 분야에서 성공할 수 있는 이유

- 앞으로 소프트웨어 분야에 대해 본인이 갖는 포부와 비전

　SCSA 전형의 경우, 직무와 직접적으로 관련된 직무 역량을 어필하기보다 그 직무를 잘 수행할 수 있는 '가능성'에 초점을 두고 작성해야 한다. 소프트웨어와 관련된 직접적인 에피소드가 있다면 반드시 1순위로 작성해야 한다. 그렇지 못한 경우에는 일반적으로 소프트웨어 분야에 관심을 가진 계기와 소프트웨어 직무에 필요한 인성 역량, 즉 1차 역량을 중점적으로 언급하면 된다. 입사 후 포부 부분의 작성 방향은 앞에 기술한 자기소개서의 기본 작성 문항과 동일하다.

　이때 주의해야 할 사항은 계기(동기) 부분에서 과도한 서술을 피해야 한다는 것이다. 계기는 서론일 뿐이다. 역량을 제시하는 두 번째 단락이 중요하므로 서론에서 구구절절하게 이야기할 필요는 없다. 직무와 무관하고 무의미한 역량 나열에 그쳐서는 안 된다. 내가 제시한 역량이 이 직무에 어떻게 도움이 될 것인지도 직접 말하면 된다.

GOOD vs. BAD 자소서 분석

 **GOOD 자소서**

강연을 통해 깨달은 방향

　학부 시절, ○○○부사장님의 강연을 들었습니다. 모든 분야와의 융합 요소인 소프트웨어 개발자는 다양한 경험과 창의적인 생각이 필요하다고 강조하셨습니다. 소프트웨어 관련 직종에서의 인재 부족 현상을 안타까워하시고, 관심을 부탁하며 격려와 동기부여를 해 주셨습니다. 단순히 학부 과정만으로 제한적이었던 생각을 바로잡고, 앞으로 소프트웨어 개발자로서 나아가야 할 방향과 준비해야 할 일들을 일깨워 준 중요한 계기가 되었습니다. 프로젝트를 수행하면서 '어떤 프로그램이 필요할까?', '생활을 편리하게 할까?'를 고민했던 제게 삼성은 그 답의 방향성과 길을 보여 준 기업이었습니다.

　정확하고 빠른 정보 제공, 편리한 세상을 만들려는 생각들을 구현해 나아가는 것이 소프트웨어 개발자의 미래라고 생각합니다. 고객이 원하는 차별화된 콘텐츠를 만들기 위해서는 무엇보다도 개발 능력이 우선시되어야 한다고 생각합니다. 학부 시절에 교육 콘텐츠를 만드는 팀 공모전에서 은상을 수상한 경험이 있습니다. 4~50대 직장인을 대상으로 한 15분 오디오 콘텐츠를 제작하였습니다. 이용자들의 특징과 니즈에 맞게 짧은 시간에 별도의 기기 없이 활용할 수 있도록 하였고, 분석과 기획 부분에서 최고 점수를 받았습니다. 입사 후에도 고객과 시장을 적극적으로 관찰하여 트렌드를 놓치지 않겠습니다.

성공적인 직무를 위해 개발 능력을 기본으로 다양한 분야에 대한 흐름과 전반적인 지식을 계속해서 습득해 나아가고 있습니다. 통합화된 S/W 콘텐츠, 즉 H/W와 S/W가 융합된 차별화된 콘텐츠를 개발하여 어느 기업보다 빠르고 풍부한 가치를 제공하며, 세계시장에서 높은 평가와 인지도를 얻을 수 있도록 항상 노력하겠습니다.

> **기찬쌤의 피드백**
> 전반적으로 나쁘지는 않으나 좀 더 명확한 작성이 필요하다. 실제 관심을 가지고 있었던 점을 어필하고 관련 경험을 제시한 것은 훌륭하지만 전체적으로 문장의 길이를 짧게 만들어 핵심을 더욱 쉽게 전달했으면 하는 아쉬움이 있다. 또한 타이틀에 말하고자 하는 주제 키워드가 포함되었다면 훨씬 더 훌륭한 자기소개서가 되었을 것이다.

👎 BAD 자소서

① 인문학도이지만 소프트웨어 분야에 관심이 많아 지원하게 되었습니다. 삼성은 새로운 운영체제를 개발하여 구글의 안드로이드 진영에서 독립하기 위해 노력하고 있습니다. 저도 소프트웨어 인력으로서 삼성의 이러한 방향에 일조하고자 지원하게 되었습니다.

저는 어렸을 때부터 기계에 관심이 많은 아이였습니다. ① 호기심이 많아 어릴 적부터 크고 작은 장난감을 분해해 보기도 했지만 다시 조립하지 못해 부모님께 숱하게 혼난 기억이 있습니다. 그렇기 때문에 소프트웨어 분야에서도 저의 능력을 발휘할 수 있다고 확신합니다.

② 뽑아만 주신다면 삼성전자의 소프트웨어 직무 외에도 다른 영역의 직무를 두루 섭렵하여 무슨 일이든 할 수 있는 제너럴리스트로 성장하겠습니다. 비록 지금은 저평가되어 있을지 모르겠지만 저의 숨겨진 가능성을 보시고 투자하셨으면 좋겠습니다.

회사에 입사하게 된다면 ③ 누구보다 먼저 출근하여 저의 성실함을 보여 드리겠습니다. ④ 6개월간의 교육을 통해 프로그래밍 언어와 기술적 능력을 배우겠습니다. 누구보다 빠르게 기본기를 익혀 선배님들이 저에게만 일을 맡기실 정도로 뛰어난 발전 가능성을 보여 드리겠습니다. 5년 후에는 ④ 후배들에게 저의 노하우를 친절하게 전수하고 팀의 활력을 불어넣을 수 있는, 상사에게는 믿음직스럽고, 후배에게는 존경받는 중간관리자가 되겠습니다.

⑤ 회사에서 보내 주는 대학원 과정에 진학하여 전문력을 향상시키고 외국어 능력을 키우고 싶습니다. 지역전문가 과정을 통해 견문을 넓히고 주재원에서 근무하며 삼성의 소프트웨어를 세계에 알리는 데 기여하고 싶습니다. 최종적으로는 ⑥ 삼성의 소프트웨어가 구글의 안드로이드의 시장점유율을 따라잡고 세계 최고의 운영 체제로 급부상하는 데 앞장서겠습니다.

> **기찬쌤의 피드백**
>
> 나쁜 자기소개서의 대표적인 예이다. ①에서 소프트웨어에 대한 관심을 어필하는 것은 당연하나 현재의 전개에서는 아무 근거 없이 억지로 끼워 맞추었다는 느낌이 든다.
> ②처럼 '뽑아만 주신다면' 식으로 무조건 충성하겠다는 나약한 표현은 쓰지 않는 것이 좋다. '저평가된 나에게 투자하라'라는 표현 역시 좋지 않다. '포부'라는 단어

와 '다짐'은 다르다. 자기소개서는 중·고등학생의 다짐을 이야기하는 장이 아니다. ③처럼 포부를 다짐으로 오해하지 않았으면 한다. 이 직무의 담당자로서 성장하는 장기적인 모습에 대해 이야기하도록 하자.

많은 구직자가 범하는 오류가 바로 ④처럼 당연한 이야기를 하는 경우이다. 원래 그래야 하는 것, 그저 바람직한 것으로 포부를 채우면 안 된다. 자기소개서에 금기시되는 사항도 있다. ⑤처럼 대학원, 지역 전문가, 주재원 등 기업에서 제공하는 복리후생 혜택을 활용한다는 이야기는 하지 말아야 한다. 마지막으로 ⑥처럼 뜬구름 잡는 소리는 전혀 도움이 되지 않는다. 현실적인 기여 방안을 언급해야 한다.

장교 전형
분명한 리더십을 어필하라

장교 전형 지원자가 어필할 수 있는 역량은 '리더십'이다. 실제 장교 전형이 존재하는 이유도 리더십 때문이다. 장교 출신자는 이미 '중간자'로서 사회생활을 겪었다. 그들에게는 계급상으로는 상관이지만 나이와 경험이 훨씬 많은 부사관들, 나보다 먼저 전입한 병사들을 효과적으로 지휘할 수 있는 능력이 요구된다. 장교로서 그들을 지휘하여 전체 조직의 긍정적인 성과에 기여한 이야기가 가장 강력한 무기가 될 것이다.

조직의 목표를 설정하고 그 목표를 부하 부대원들과 함께 달성하기 위해 어떤 체계적인 계획을 세우고 어떻게 리드했는지 제시해야 한다. 만약 매력적인 스토리가 없다면 차라리 대학 시절의 소재를 활용하여 리더십을 어필하는 것이 낫다. 흔하고 임팩트가 약한 이야기는 반드시 피해야 한다.

GOOD vs. BAD 자소서 분석

 **GOOD 자소서**

모두가 도망가는 팀에서

영업 직무에서 뚜렷한 목표의식과 책임감은 더 나은 성과를 위해 갖춰야 할 필수 역량입니다. 목표의식과 책임감을 갖고 매일 코피를 쏟으며 열심히 일한 경험이 있습니다. ○○문고에서 도서를 받아 분류를 한 후에 매장으로 보내는 업무를 했습니다. 9명 중 4명의 인원이 신학기를 맞아 증가한 업무량을 핑계로 일을 그만두었습니다. 새로 온 사람들도 힘들고 적응이 안 된다는 이유로 금방 일을 그만두었습니다.

팀장이라는 책임을 지고

저 역시 포기하고 싶었지만, 책임감 있게 일을 하고 싶었습니다. 공석이던 팀장 자리를 자처해서 맡았습니다. 문제를 해결하기 위해 팀에 대한 소속감을 고취하고, 하루빨리 업무를 정상화할 방법에 대해 고민했습니다.

적응을 우선으로

면접을 보러 온 사람들에게 일의 강도를 알려 주어 채용 후에 이탈하는 일이 없도록 해야 했습니다. 사무실 과장님이 진행하시던 면접에 직접 참여하였습니다. 더불어 30분 정도 일을 해 보고 본인이 직접 결정하게 했습니다. 빠른 적응을 돕기 위해 3일간은 체력적으로 부담이 적은 일을 시켰습니다.

소속감이 우리의 원동력

깨끗하고 즐거운 분위기를 만들었습니다. 아침에 30분 일찍 출근해 청소를 하고 다른 인원들이 오면 반갑게 맞아 주었습니다. 소속감을 쌓기 위해 회식도 하고 고민도 들어주었습니다.

시스템의 변화

체력적인 부담을 덜어 줄 시스템을 만들었습니다. 팀장이 하던 자료 입력 업무를 교대로 했습니다. 점심을 근무지 내에서 할 수 있게 건의해 휴식 시간을 최대한 보장했습니다.

소속감을 갖고 즐겁게 일하는 팀으로

결과적으로 인원 이탈 현상이 없어지고 즐거운 분위기에서 일할 수 있었습니다. 힘든 곳에서 일을 하며 소속감과 함께 끈끈한 전우애도 생겼습니다. 삼성전자에서 영업 직무를 수행할 때도, 책임감과 목표의식이 필요합니다. 삼성맨이라는 소속감을 가지고 목표를 세워 올바른 방향을 제시하고, 책임감을 가지고 끝까지 업무를 수행하겠습니다.

기찬쌤의 피드백	조직의 목표를 위해 본인의 역할에 맞게 적극적으로 행동한 모습을 드러낸 것은 매우 좋다. 제시한 에피소드가 입사 후에 영업 직무에 어떻게 도움이 될 것인지 거론한 점 역시 훌륭하다. 그러나 결과 부분이 정량적인 표현으로 명확하게 제시되었다면 더욱 좋았을 것이라는 아쉬움이 남는다. 소제목의 개수가 너무 많은 것도 과도해 보인다.

👎 **BAD 자소서**

① 장교가 되기 위해 땀 흘린 경험이 저에게는 인생의 가장 값진 경험이었습니다. 고등학교 시절부터 저에게는 장교에 대한 환상이 있었기 때문에 대학에 진학하여 반드시 ROTC를 하겠다는 마음이 있었습니다. 하지만 장교가 되기에는 저의 체력적인 부분이 부족하다는 생각이 들었습니다. '어떻게든 되겠지'라는 마음으로 안일하게 준비한 결과, 실제로 ROTC 선발 전형에서 체력검정을 통과하지 못하는 실패의 쓴 잔을 마시게 되었습니다.

어린 시절부터 그토록 원했던 ROTC에 탈락했다는 사실은 저에게 충격이었고, 실패에 대비하지 않은 나태했던 저를 다시 돌아보는 계기가 되었습니다. 하지만 이대로 포기할 수는 없다는 생각이 들어 졸업 후 학사장교 전형에 다시 도전하겠다는 마음으로 2년간의 준비 계획을 세웠습니다.

먼저 체력이 약한 부분을 보완하기 위해 2년간 하루도 거르지 않고 꾸준히 운동을 하였습니다. 체중 관리를 위해 매일 5km의 달리기와 웨이트트레이닝을 하였습니다. ② 도서관에서 장교와 관련된 자료를 찾기도 하였으며, 학사장교로 복무하는 선배들의 준비 과정을 알아보고자 직접 발로 뛰었습니다. 선배들의 준비 노하우를 얻어 저만의 계획을 만드는 데 큰 도움이 되었습니다.

마침내 2년 후 저는 학사장교 ○○○기로 합격하는 쾌거를 이루었습니다. 합격 통보를 받은 그날은 지난 2년간의 피땀 어린 노력에 대한 감격으로 기뽐을 감출 수 없었던 제 인생의 가장 의미 있는 날입니다. ③ 한 번의 실패를 이미 겪었기 때문에 실패를 반복하지 않겠다는 의지가 저의 가장 큰 장점입니다.

기찬쌤의 피드백 ①에서 제시한 장교가 되기 위한 도전은 장교 전형에서 가장 흔하게 등장하는 소재이다. 장교 대상의 전형이므로 차별성이 없고, 개인에게만 의미 있는 소재이기 때문에 공감을 얻기 힘들다. 모든 경쟁자가 장교 출신이라는 점을 잊지 말아야 한다. ②의 도서관에서 자료를 찾고 선배들에게 물어보며 문제를 해결했다는 액션은 나만의 차별화된 액션이 될 수 없다. ③처럼 언급한 부분을 한 번 더 강조할 필요는 없다. 이렇게 에피소드만으로 글을 끝내기보다 '이 교훈을 입사 후 직무 수행에 어떻게 적용할 것인지' 적어 주고 마무리하는 것이 좋다.

초대졸·고졸 전형
2차 역량이 최우선이다

초대졸·고졸 전형의 자기소개서는 2012년 상반기까지의 대졸 공채 항목을 그대로 사용하고 있다. 자기소개(400자), 장점과 단점(각 200자), 지원 동기 및 입사 후 포부(500자)의 네 항목이다. 한 항목당 길게는 2,000자까지 요구하는 대졸 전형과 비교해 글자 수의 부담이 적은 편이지만, 어떤 조건도 제시하지 않고 있기 때문에 실제로 많은 구직자가 "무엇을 적어야 할지 모르겠다."라는 말을 많이 한다. 그러나 부담스러워하지 말고 편하게 생각하자.

자기소개는 말 그대로 '자기소개'이다. 자신이 어떤 캐릭터를 가진 사람인지 말하면 된다. 대졸 전형과 비교했을 때 초대졸·고졸 전형 지원자들은 상대적으로 경험이 적다. 그러므로 지원한 직무에 대한 역량을 어필할 소재가 크게 차별화되기 쉽지 않다. 2차 역량에 관한 에피소드가 있다

> **몰입, 창조, 소통의 가치 창조인**
>
> **열정과 몰입으로 미래에 도전하는 인재**
> 일에 대한 열정과 조직에 대한 일체감 및 자부심을 갖고 미래에 도전하는 인재를 말합니다. 업무 열정, 공동체 의식, 올바른 가치관을 지니며, 책임감과 프로의식을 갖고 끊임없이 도전하고 성장하는 사람입니다.
>
> **학습과 창조로 세상을 변화시키는 인재**
> 자기주도적으로 학습하고 창의적 감성과 상상력을 발휘하여 변화를 창조하는 인재를 말합니다. 폭넓은 경험과 학습을 통해 전문성을 키우고, 다양하고 독창적인 발상, 영감, 상상력을 발휘하여 더 나은 세상을 창조하는 사람입니다.
>
> **열린마음으로 소통하고 협업하는 인재**
> 세대, 계층, 지역간 벽을 넘어 공간적 소통과 개발적 협업으로 새로운 가치를 창출하는 인재를 말합니다. 열린 생각과 마음으로 다양성을 수용하여 세계와 소통하고 동료, 이웃, 사회와 협력하여 신뢰를 받음으로써 인류에 공헌하는 새로운 가치를 만들어 내는 사람입니다.

면 반드시 1순위로 적어 주고, 그렇지 않다면 내가 어떤 성격을 가지고 있는지, 어떤 점이 나의 강점인지 1차 역량 위주로 어필하면 된다. 간혹 자신의 연대기, 학력 사항, 가족 소개 등을 쓰는 사람이 있는데, 자기소개는 성장 과정이 아니므로 이런 것을 언급할 필요는 없다.

위 내용은 기본적인 삼성의 인재상이다. 이를 활용하여 본인의 1차 역량을 서술할 수도 있다. 예를 들어 '열정'이라는 키워드로 나를 표현하고자 한다면 맡은 역할에 충실하고 조직을 위해 열정적인 모습을 보여 주는 사람이라는 것을 주장하면 된다. 단순히 1차 역량을 제시하는 것은 남들과 차별화될 수 없으므로 가급적이면 전공 수업의 과제, 팀 프로젝트, 졸업 작품 준비 등의 상황에서 성과를 낸 경험 등을 제시하는 것이 좋다.

자기소개서의 기본 형식에 따라 어필하고자 하는 키워드를 먼저 두괄식으로 제시해 자신의 캐릭터를 언급하되, 구체적인 에피소드 없이 창의, 열정, 주인의식 등 좋은 말만 나열하는 것은 삼가야 한다. 자기소개서에서 좋지 않은 말을 쓰는 지원자는 아무도 없다. 키워드와 관련된 에피소드를 STAR 기법에 맞게 제시하되, 한 가지 키워드만 주제로 제시하고, 그 이외의 다른 개념은 등장시키지 않는 것이 좋다. 두 가지 이상의 키워드를 제시하면 글의 포인트가 흐려질 가능성이 크다.

마지막으로 입사 후에 그 특성을 반드시 직무 수행에 활용하겠다는 다짐으로 마무리하면 된다. 초대졸·고졸 채용은 글자 수가 적기 때문에 '입사 후에 어떻게 활용하겠다'라는 식으로 마무리하면 지면이 부족할 수도 있다.

초대졸·고졸 구직자들이 가장 난해한 항목으로 꼽는 것은 단점이다. 단점 항목을 어려워하는 이유는 '단점의 수위' 때문이다. 그러나 면접관 입장에서 생각하면 그리 어려운 문제가 아니다. 예를 들어 영업 지원자가 '저는 사람을 만나는 것에 대한 두려움이 있습니다'라고 한다거나 재무회계 직무 지원자가 '저는 덤벙거림이 심해서 꼭 하나씩은 빼먹는 단점이 있습니다'라는 식으로 회사 생활과 직무 수행을 하기에 치명적인 단점을 거론하는 것은 좋지 않다. 그러나 인간적으로 용인할 수 있는 단점이라면 어떤 것이든 좋다.

중요한 점은 본인의 단점이 무엇인지 충분히 알고 있고, 그 단점을 보완하기 위해 현재 어떤 노력을 하고 있는가이다. 과거의 소소한 실패 이력이나 사례를 통해 본인의 약점을 간단하게 제시한다. 예를 들어 '발표력이 부족하다'고 한다면 부족한 발표력 때문에 예전에는 발표 자료를 만드는 역할만 주로 했다고 간단하게 언급하면 된다. 그 다음에 '발표력을 보완하기 위해 현재 어떤 노력을 하고 있다'에 해당하는 부분을 자세하게 언급하고, 약점 때문에 직장 생활에 문제가 되지 않도록 노력하겠다는 다짐으로 마무리하면 된다.

단점은 단점으로 쿨하게 작성하는 것이 좋다. '단점이 어떻게 보면 장점이 되기도 한다'라고 포장해서는 안 된다. 단점을 감추려는 모습이 역력한 표현은 오히려 마이너스가 될 수 있으므로 주의해야 한다. 또한 과거에 있었던 단점, 현재 극복한 것을 말해서는 안 된다. 작성 시점에서 현재 단점인 부분을 제시해야 한다. 사람의 단점은 쉽게 고쳐지지 않으므로 보완 노력도 현재진행형이어야 한다.

초대졸·고졸 전형에서 500자를 요구하는, 가장 많은 부분을 할애하는 부분은 지원 동기와 입사 후 포부이다. 이는 자기소개서의 핵심으로, 앞서 일반 전형 1번 문항에서 말한 지원 동기 및 입사 후 포부의 작성 방향과 같다. 지원 동기는 내가 능력을 가지고 있기 때문이며, 과거부터 현재까지 가지고 온 나의 직무 역량을 통해 앞으로 어떤 발전 계획을 가지고 있는지 말하는 것이 입사 후 포부의 방향이다.

GOOD vs. BAD 자소서 분석

예문

자기소개

'1%의 가능성을 100%로 만들어 갈 수 있는 열정을 바탕으로 주어진 업무에 임할 것입니다.'

'과연 잘할 수 있을까?' 초임 부사관인 제가 사격기재정비관으로 자대 배치를 받았을 때 우려와 걱정의 목소리가 나왔습니다. 중요 장의비 정비는 중사급 이상이 담당했습니다. 좋은 정비 결과를 내기 위해 부대 적응과 교범을 통해 열심히 공부하며 정비를 했습니다. 분해도와 회로도를 꼼꼼히 외웠고, 소중화기와 박격포, 화포 등의 정비를 적극적으로 도왔습니다.

2년이 지난 후 선후배들로부터 '최고'라는 칭찬을 얻으며 무사히 군 생활을 마쳤고, 자신의 일을 아끼고 사랑할 수 있는 직업정신을 함양하게 되었습니다. 삼성전자에 입사하여 신뢰받는 인재의 모습을 보일 수 있을 것이며, 솔선수범하는 능동적인 인재의 모습을 보여 드릴 수 있을 것이라 확신합니다.

기찬쌤의 피드백: 타이틀에서 어필 포인트가 명확하지 않다는 점이 아쉽다. 맡은 일에 대한 열정적인 태도를 말하고 있으므로, 그 키워드를 포함하여 더 쉽고 간단한 타이틀로 수정되어야 한다. 본문에서는 말하고자 하는 바가 어필되고 있다. 자기소개 항목을 통해 자신의 캐릭터를 어필하고 있는 점은 우수하다.

장점

'협력을 추구할 수 있는 열린 사고'

업무 보고 중심의 화포반장과 정비 중심의 수리관들의 업무 스타일이 달라 사사건건 부딪치는 일이 많았습니다. 그 사이에 있던 저는 화포반장과 선임들의 업무 고충을 들어주고 상대방 입장이 되어 생각해 보고 전해 주면서 서로 이해 할수 있게 만들어 업무 협력을 할수 있었습니다.

기찬쌤의 피드백 자기소개와 달리 타이틀을 통해 장점을 명확하게 말한 점은 우수하다. 200자라는 짧은 지면에서 타이틀을 잘 활용하였다. 스타일이 달라 충돌하는 상황에서 고충을 들어주고 전달하는 것은 차별화된 나만의 액션이 아니라 '방법'이다. 타이틀에서 열린 사고를 어필했다면 갈등을 해결하기 위해 '열린 사고'를 어떻게 활용했는지 좀 더 구체적으로 설명했어야 했다.

보완점

'타인에게 도움을 받는 것을 좋아하지 않는 편입니다.'

유년 시절부터 스스로 모든 것을 결정하고, 그 결정에 무한 책임을 감내했기 때문입니다. 하지만 무언가 고민이 되고 어려운 결정을 할 때 혼자 끙끙대는 경향이 있는데 이런 태도는 시야를 좁게 만들 수 있기 때문에 다른 사람의 조언을 듣고 시야를 넓힐 수 있도록 하겠습니다.

기찬쌤의 피드백 본인의 단점을 인식하고 보완하기 위해 노력하는 모습을 보이겠다는 다짐은 좋다. 중간에 등장하는 무의미한 부연 설명을 배제하고 조금 더 구체적인 해결 방안을 거론하는 것이 좋을 듯하다.

지원 동기 및 입사 후 포부

'젊음은 이루지 못할 것이 없다.'

 기계 및 전자에 대한 배경 지식과 기술적 전문성을 가지고 있습니다. 그러므로 설비 엔지니어로서 업무를 잘할 수 있을 것이라 생각하여 지원하였습니다. 장비 교범을 활용하여 분해도와 회로도를 파악하고 작동 원리를 이해해서 정확한 정비를 할 수 있도록 노력하였습니다. <u>삼성전자의 현명한 선택으로 세계 최고의 기업과 미래를 함께할 수 있는 영광을 얻을 수 있다면</u> 아직 발휘하지 못한 일에 대한 순수한 열정을 모두 발휘하여 담당 분야에 대한 전문가가 될 것이며, 나아가 창의적이며 혁신적인 업무 수행으로 새로운 가치를 창출하는 인재가 될 것입니다. 또한 젊음의 패기와 도전정신으로 본인의 꿈과 삼성전자의 밝은 미래를 위해 최선을 다할 것입니다.

> **기찬쌤의 피드백**
>
> 밑줄 친 부분처럼 '미래를 위해 현명한 선택을 해 달라'는 식으로 어필하는 구직자가 많다. 명확한 근거 없이 감정에 호소해서는 안 된다. 열정, 창의, 혁신, 패기, 도전 등의 개념이 계속해서 등장하고 있지만, 실질적인 직무 비전이 없으면 소용없다. 어떤 목표를 가지고 있고, 그 목표를 달성하기 위해 앞으로 어떤 노력을 할 것인지 사실적으로 제시하는 것이 좋다. 과거에 노력한 경험을 간단하게 제시하여 직무 역량과 연결시키기 위한 노력은 우수하다.

PART3» 자기소개서 공식 _핵심만 알면 간단명료하다

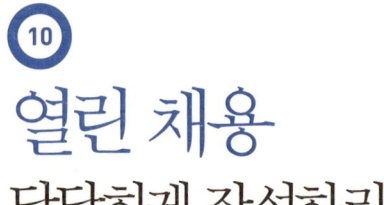

열린 채용
당당하게 작성하라

1995년부터 시작된 열린채용제도는 학력, 성별 등 모든 차별을 배제하고 개인의 능력만으로 선발하는 전형이다. 2012년부터 '함께 가는 열린 채용'이라는 이름으로 3급 신입 채용의 5%를 저소득층에 할당하여 채용하고 있다. 각 대학교의 취업센터를 통해 서류를 접수하며, 최소 지원 자격도 일반 공채보다 낮은 기준을 제시하고 있다.

어려운 환경을 긍정적 마인드와 성실함으로 극복하고 미래에 대한 희망과 의지가 강한 '졸업 예정자'를 대상으로 모집한다. 이 전형에 지원하는 경우 자기소개서에서 적극적으로 어필해야 하는 포인트는 긍정적 마인드, 의지와 가능성이다. 열린 채용에서 요구하는 자기소개서 방향은 다음과 같다.

- 성장 배경/가정환경
- 본인이 어려운 환경을 극복한 과정과 노력
- 오늘의 자신을 있게 해 준 가장 큰 사건
- 삼성을 선택한 이유
- 장래 비전(10년/20년/30년 후로 나누어 구체적으로)

작성 방향은 쉽게 이해할 수 있을 것이다. 하지만 사실적 배경을 설명하는 것에 치중하면 역시 다른 지원자들과 비교하여 차별화되는 부분이 없어진다. 이 역시 역량 중심의 자기소개서로 작성되어야 한다. 긍정적 마인드와 의지, 가능성 역시 본인의 역량이다. 이를 최대한 어필할 수 있도록 고민해야 한다.

GOOD vs. BAD 자소서 분석

예문

성장 배경/가정환경

IMF로 인한 아버지의 퇴직은 저의 인생에 가장 충격적인 사건이었습니다. 초등학생이었던 어린 나이에 이전과는 다른 환경이 주어진다는 점은 매우 큰 영향을 끼쳤습니다. 아버지는 이후 외식업을 시작하셨지만 상황이 좋아지지는 않았습니다.

> **기찬쌤의 피드백**
>
> '성장 배경/가정환경' 부분은 일반적인 성장 과정 항목과 같다. 이때 어려운 환경이라는 소재를 통해 감정적인 호소를 하지 않도록 주의해야 한다. 본인의 가정환경과 배경을 간단히 말하고, 그 상황 아래에서 본인이 어떤 가치관, 즉 1차 역량을 가지게 되었는지를 중점적으로 제시해야 한다. 중요한 것은 사실보다 '그 환경 안에서 어떤 가치관을 배웠느냐'이다. '얼마나 어려웠느냐'를 구체적으로 설명하는 데 힘쓰지 말아야 한다는 말이다. 자기소개서가 누가 더 힘들었는가를 가리기 위한 것이 아니라는 것을 명심하자.

본인이 어려운 환경을 극복한 과정과 노력

도전 1. 대학 생활과 사회생활을 동시에 하기까지

공대생으로서 학비와 생활비를 직접 마련한다는 것은 쉽지 않은 일이었습니다. 수많은 과제와 학과 커리큘럼을 따라가는 것만으로도 힘들었지만 그 외의 아르바이트를 쉼 없이 해야 한다는 점 역시 힘들었습니다. 하지만 지금의 힘든 생활이 끝까지 지속되지 않을 것임을 확신하며 두 마리 토끼를 모두 잡기 위해 노력하였습니다.

기찬쌤의 피드백

'본인이 어려운 환경을 극복한 과정과 노력'을 반드시 문자 그대로 '어려운 환경을 직접 이겨 낸 이야기'에 한정할 필요는 없다. 지금까지의 학교 및 단체 생활, 아르바이트 등이 모두 들어갈 수 있다. 각 경험을 통해 어떤 것을 배웠는지, 지금까지의 몇 가지 경험을 통해 어떤 역량을 가지게 되었는지를 제시하면 된다. 거창한 소재가 나와야 한다는 강박관념은 버리는 것이 좋다. 일상적인 경험을 통해 적극적으로 역할을 해내는 모습, 배워 나가는 모습을 보이는 것이 좋다. 다만 열린 채용이라는 취지에 맞지 않는 이야기는 쓰지 않는 것이 좋다. 예를 들어 자비 해외연수나 여행 등의 소재는 좋지 않다.

'오늘의 자신을 있게 해 준 가장 큰 사건' 역시 반드시 대단한 이야기를 적어야 할 것만 같은 강박관념에서 벗어나기 바란다. 성장 과정과 같은 관점에서 생각한다면 본인의 가치관을 확립시켜 준 사건 중 한 가지를 간략하게 제시해 주면 된다.

자비 어학연수와 같이 열린 채용의 취지를 벗어나는 경험이 아니라면 무엇이든 좋다. 2차 역량의 관점으로 전개한다면 이 부분에서 본인이 생각하는 가장 강력한 에피소드를 제시하는 것이 좋다. 자기소개서에서, 면접장에 가서 꼭 어필해야겠다고 생각하는 본인의 가장 강력한 무기가 여기에 들어와야 한다. 이 경험을 통해 어떤 역량을 발휘하였고, 내가 원하는 직무에 꼭 필요한 사람이 될 수 있는 중요한 경험이었음을 언급하면 된다.

'삼성을 선택한 이유'는 삼성과 나의 공통점이 있음을 언급한다. 삼성의 인재상과 연결 지을 수 있는 에피소드를 뒷받침하고, 그렇기 때문에 삼성의 일원으로서 크게 기여할 수 있는 점을 강조하자. 장래 비전은 일반적인 입사 후 포부의 작성 방향과 같다.

Plus 3⁺

자기소개서 작성 포인트

자기소개서 1문항 ▶ **지원 동기 및 입사 후 포부**

- 직무를 선택한 이유는 잘할 수 있는 능력이 있기 때문이다. 어떤 능력이 있는지 명료하게 주장한다.
- 각 직무 역량을 입증할 수 있는 관련 에피소드를 주장에 대한 근거로 제시한다.
- 앞으로 입사한 후에 어떤 직무적 비전을 가지고 있는지 제시한다.
- 역량을 키워 나가며 기업과 본인 스스로에게 어떻게 도움이 될 것인지 간략히 말한다.
- 목표를 달성하기 위한 단기·장기적 세부 계획을 제시한다.
- 기업을 알게 된 계기, 기업과 제품에 대한 무의미한 칭찬은 하지 않도록 한다.
- 직무와 무관한 일반적인 인성 역량만 어필하는 것은 다른 구직자와 전혀 차별화되지 못한다.
- 어필하고자 하는 주제 없이 단순히 과거 이력을 나열하는 것은 좋지 않다.
- 위와 아래를 아우르는 중간관리자, 목소리에 귀 기울이는 상사 등 보기에 좋고, 그저 바람직한 내용은 절대 쓰지 않는다.
- 지역전문가, 주재원, 삼성 MBA 등 기업의 복리후생을 활용하겠다는 내용은 쓰지 않는다.
- 실력을 쌓은 뒤 다른 직무도 하고 싶다거나 타 직무에 대한 관심도를 밝히는 것은 현재 지원한 직무에 대한 충성도를 깎아먹는 일이다.
- 무조건 조직을 위해 충성하겠다는 서술은 설득력이 부족하다.
- 지원 직무 범위에서 벗어난, 개인에게만 의미 있는 가치관을 언급하지 않는다.

자기소개서 2문항 ▶ **과거 도전과 목표 달성 여부**

- 조직 전체의 목적, 목적을 이루는 데 쉽지 않았던 환경(예산과 시간의 부족 등) 등의 상황을 간략하게 설명한다.

- 그 상황 내에서 설정한 목표를 제시한다.
- 목표를 달성하기 위한 나의 적극적인 모습을 제시한다.
- 나의 노력으로 인한 성과를 명확하게 제시한다. 성공이었다면 '목표 대비 얼마나 초과 달성하였는지', '무엇을 배웠는지'를 언급하자. 실패했다면 '왜 실패했는지'를 분석하여 도출한 실패 원인을 간략히 제시하고, 그 후에 '이 경험을 통해 무엇을 배웠는지'를 언급한다.
- 목표를 세우고 이를 위해 계획적·체계적으로 임하는 태도를 입사 후에도 보이겠다는 다짐으로 마무리한다.
- 학점 관리, 다이어트, 장학금, 편입, 재수 등 본인에게만 의미 있는 소재는 언급하지 않는다.
- 명확한 목표 언급 없이 행동으로 넘어간다면 의미가 없다.
- 에피소드 내의 나의 액션은 구체적이고 논리적으로 제시되어야 한다. 단순히 '설득했다', '발로 뛰었다' 등의 서술에 그치지 말자.

자기소개서 3문항 › 계열사 관련 이슈와 개인의 견해

- 이슈사항에 대한 '사실'을 간단히 전달한다.
- 제시한 상황 안에서 지원한 기업이 어떤 움직임을 취해야 하는지 나의 생각을 제시하고, 그렇게 생각하는 이유, 그 액션으로 인한 기대효과 등을 뒷받침하여 설득력을 높인다.
- 제시한 움직임에 나는 나의 직무 범위 내에서 어떻게 기여할 수 있는지 언급하며 마무리한다.
- 정치적으로 민감한 소재는 거론하지 않는다. 본인의 정치적 성향을 보이는 것은 위험하다.
- 작성하는 시점에 아주 크게 이슈화되는 사건에 대해서는 거론하지 않는다. 식상하게 느껴지고 차별성을 갖기 어려우므로 효과적이지 못하다.
- 전체 분량을 사실 전달만으로 채우지 말아야 한다. 그 사실을 통해 내가 어필될 수 있는 방법을 찾아야 한다.

Plus 4+

삼성그룹 계열사별 · 직무별 자기소개서 분석

글을 쓴다는 것, 특히 자신을 누군가에게 소개하는 글을 쓴다는 것은 자기소개서가 아니라도 쉽지 않다. 그러므로 벼락치기로 만들어 내는 것이 아니라 평소 자신의 철학이나 직업관, 가치관을 어느 정도 정립해 둘 필요가 있다. 앞서 기업에서 요구하는 몇 가지 사항에 대해 알아보았다. 지금부터는 실제 구직자들이 작성한 자기소개서를 하나하나 살펴보며 분석해 보도록 하겠다.

합격자의 자기소개서라고 해서 무조건 완벽한 것은 아니다. 합격 여부와 관계없이 좋은 부분이 있고 조정이 필요한 부분이 있기 때문에 합격자의 자기소개서를 맹신하고 따라하는 실수를 하지 않기 바란다.

모든 계열사의 자기소개서를 단순 나열하기보다 대부분의 구직자가 지원하는 영업/마케팅, 연구개발, IT, 금융권 영업 관리, 해외영업, 건축직, 패션 부문 등에 따라 내용을 다양하게 정리했다. 여기에 등장하는 자기소개서의 주인공이 모두 최종 합격의 성과를 만들어 낸 것은 아니다. 합격 여부에 대한 편견 없이 잘된 점, 미비한 점을 제시하고자 하니 많은 케이스를 분석하며 효과적인 자기소개서를 작성하는 데 참고하기 바란다.

 삼성전자 : 영업 마케팅

> 1. 지원하신 직무를 선택한 이유와 그 직무에 필요한 역량을 갖추기 위해 지금까지 어떠한 노력을 해 왔는지 구체적으로 서술해 주시고, 그 경험들이 앞으로 회사와 본인의 발전에 어떻게 기여할 것이라 생각하는지 작성해 주시기 바랍니다.(1,000자 이내)

제가 가진 역량으로 가장 크게 기여할 수 있는 직무가 영업임을 확신하여 영업 직무에 지원하였습니다. 제가 가진 영업 능력과 신뢰를 통해 삼성전자의 매출 향상에 일조하겠습니다.

첫째, 길에서 행인들에게 새롭게 출시된 가전제품을 소개하는 아르바이트를 통해 직접 영업을 경험했습니다. 특성이 전혀 다른 두 곳에서 제품을 소개해야 했습니다. 직장인 위주의 골목에서는 '사용자의 시간을 아껴 줄 수 있는 기능성'에 초점을 두어 설명하였고, 여성 행인이 많은 골목에서는 디자인과 사이즈를 어필하였습니다. 이처럼 고객 특성에 맞게 제품의 특성을 어필하는 점은 영업사원에게 반드시 필요한 역량입니다.

둘째, 트레이너 생활을 통해 고객에게 신뢰를 얻었습니다. 피트니스 센터의 트레이너로 근무하면서 회원들의 상황과 목표에 맞춘 프로그램을 만들었습니다. 각 회원들의 공통적인 목표는 체중 감량과 체형 변화였지만, 개개인마다 외부 상황이 천차만별이기 때문에 같은 기준을 적용하는 것이 무의미하다고 생각하였습니다. 고객마다 다른 정보를 제공하여 고객 개개인에게 정성을 쏟고 있음을 어필하였고, 이를 알고 있는 회원들은 저와 지속적으로 운동을 하기 위해 재등록을 하셨습니다.

영업사원에게 중요한 능력은 신규 고객을 창출하는 능력과 더불어 그들을 충성 고객으로 만드는 것이라 생각합니다. 신규 고객 창출은 물론 지속적으로 거래가 이어질 수 있도록 만드는 영업사원이 되겠습니다.

기찬쌤의 피드백

영업사원으로서 내가 어떤 역량을 가졌는지 서론에서 간략하게 먼저 말한 부분은 좋다. 자기소개서는 분량이 길고 면접장에서 임원 면접관들이 봐야 하기 때문에 말하고자 하는 포인트를 앞에서 명료한 키워드로 제시하는 것이 중요하다. 첫 번째 에피소드에서 상황 설명에 해당하는 부분이 더욱 노출된다면 자연스러운 흐름으로 이어질 수 있다. STAR 기법 중에서 상황 설명은 간단히, 액션은 구체적으로 제시해야 하지만 상황 설명이 과도하게 간단하거나 얻을 수 있는 상황 정보가 아예 없어 전체 흐름에 영향을 주어서는 안 된다. '성과'에 해당하는 부분도 추가되는 것이 좋다.

> **2.** 도전적인 목표를 정하고, 목표를 달성하기 위해 체계적인 계획을 세우고 실천하였던 경험에 대해 서술해 주십시오. 목표·계획의 세부적인 내용과 그 과정에서 어려움을 극복한 방법, 결과적으로 본인이 얻은 성취에 대해 구체적으로 써 주시기 바랍니다.(1,000자 이내)

진심 어린 설득이 이루어 낸 정식 동아리 승격

　대학 시절에 비공식 태권도 동아리 '○○'을 공식 동아리로 승격시킨 경험은 절대 잊지 못할 것입니다. 제가 처음 태권도 동아리에 가입했을 때는 제대로 된 운동 공간이 없는 비공식 동아리였습니다. 무용과 학생들의 실습실을 빌려 사용했기 때문에 원하는 시간에 운동하기가 힘들었습니다. 전용 연습실 지원을 받기 위해 학교 측에 문의하였지만 이미 공식 동아리 수가 꽉 찬 상태였고, 승격을 대기하던 동아리도 있었습니다.

　하지만 포기하지 않고 마음이 맞는 선배, 동기들과 일단 부딪쳐 보기로 하였습니다. 우선 태권도 동아리의 인지도를 높이기 위해 공강 시간마다 태권도복으로 갈아입고 공연 및 격파 시범을 보였습니다. 처음에는 낯선 사람들 앞에 나선다는 것이 두려웠지만, 열정을 가지고 목표를 이룬다는 생각으로 최선을 다하였습니다. 덕분에 신입 가입자가 15명으로 늘어났고, 학생들에게 태권도 동아리의 존재를 관심을 어필할 수 있었습니다.

두 달 동안 학생지원팀장, 동아리연합회장을 만나 교내 태권도 동아리의 필요성에 대해 설득하였습니다. 한 학기 동안의 노력 끝에 학교 측에서 긍정적으로 검토하여 다음 해에 정식 동아리방과 전용 연습장까지 지원해 주었습니다.

지금은 어엿한 정식 동아리로서 서울의 여러 대학과 결연하여 매년 전국대회에 참여하고 있습니다. 이 경험을 통해 포기하지 않고 도전하면 새로운 가치를 창출할 수 있다는 것을 깨달았습니다. 입사 후 이러한 열정을 바탕으로 목표 이익을 달성하여 고객과 회사 모두에게 이익이 되도록 이바지하겠습니다.

> **기찬쌤의 피드백**
> 처음부터 목표를 설정하고 달성하기까지의 상황을 구체적으로 설명한 점은 우수하다. 단 중요한 내용은 아래에 나오는 행동 부분이므로 핵심만 남기고 앞의 분량을 짧게 줄일 필요가 있다. 경험을 단순 나열하지 않고, 포기하지 않고 도전하는 모습을 입사 후에도 적용시키겠다는 다짐으로 마무리한 점 또한 우수하다. 타이틀의 경우에는 임팩트가 부족하다. 태권도, 격파 홍보 등의 직접적인 키워드가 제시된다면 좀 더 설득력을 높일 수 있다.

> 3. 지원하신 회사와 관련된 최근 이슈 중 본인이 생각하기에 중요하다고 생각되는 것을 한 가지 선택한 후, 해당 이슈에 대한 본인의 견해를 설득력 있게 밝혀 주시기 바랍니다.(1,000자 이내)

안티에이징과 삼성전자

의학, 생명과학, IT 기술의 발전으로 인류의 수명은 지속적으로 증가하였습니다. 한국은 1903년까지만 해도 25.8세에 불과했던 평균 수명이 2012년에 81.3세로 가파르게 상승 중이며 프랑스, 일본, 미국 등 선진국에서는 신체적·정신적으로 건강한 100세 노인들이 급증하고 있습니다. 장수는 큰 축복이지만, 노후가 길어진 만큼 연금 지원, 의료 보장, 요양 시설 등의 사회적 부담이 커지고 있습니다. 이를 해결하기 위해 삼성전자는 안티에이징 분야에서 신사업의 기회를 적극적으로 발굴해야 한다고 생각합니다. 그 이유는 다음과 같습니다.

첫째, 노화를 예방하면 노인들의 사회 활동이 활발해지고 사회적 부담도 완화됩니다. 건강한 신체와 안정적인 사회 활동으로 노후에도 독립적인 생활이 가능하며, 여가 활동을 통해 삶의 질을 제고시킬 수 있습니다. 삼성전자는 의료기기로 사업 확대를 통해 진정으로 국가와 인류사회에 공헌하고 봉사하는 사업보국 정신을 실천할 수 있습니다.

둘째, 안티에이징 관련 시장의 규모가 커지고 있습니다. 고령화와 삶의 질 추구에 따른 라이프 케어(Life Care) 사업 분야의 중요성이 증가하고, 특히 예방 의학적 관점에서 조기 진단의 중요성이 커지고 있습니다. 연평균 7~8% 성장률을 보이는 의료기기 시장은 2020년, 국내 1,536억 달러 규모의 시장을 형성할 것으로 전망하고 있습니다.

현재 GE, 지멘스 등 미국과 유럽의 가전업체들이 시장의 주도권을 쥐고 있지만, 삼성전자의 IT, 모바일 기술에 의료, 헬스 케어(Health Care)를 접목하고 융합하면 충분히 가능성 있다고 생각합니다. 의료기기의 트렌드가 기기 간 연결성이나 데이터 공유의 중요성이 높아지는 추세여서 삼성의 스마트폰이나 웨어러블 기기에 첨단기술을 확대 적용하면 사업 영역이 크게 확장될 것입니다.

건강하게 오래 살고 싶은 마음은 인간의 기본적인 욕구입니다. 안티에이징에 대한 시장의 니즈는 충분하며 준비된 자에게 기회가 열려 있습니다. 반도체와 휴대폰, TV 등 기존 주력시장에서 추가로 비약적인 성장을 기대하기 힘든 상황에서 부가가치가 높고 다양한 기술이 집약된 의료기기 분야는 삼성전자의 성장을 견인해 나갈 동력 중 하나가 될 것입니다.

> **기찬쌤의 피드백**
>
> 사회 고령화에 대한 이슈에 삼성전자를 접목해 현상 설명에만 치중하지 않고 자신의 의견과 근거를 메인으로 제시한 점은 매우 우수하다. 그러나 사업 방향에 대한 제시만 있을 뿐, 제시한 방향에 기여하기 위해 자신이 직무 범위 내에서 어떻게 할 것인지에 대해 언급하지 않은 점은 아쉽다. 면접관은 구직자가 입사 후 어떤 일을 할 수 있는지 궁금해한다. 자신이 가능한 직무 역량을 간단하게라도 말해 주어야 한다.

> **1.** 지원하신 직무를 선택한 이유와 그 직무에 필요한 역량을 갖추기 위해 지금까지 어떠한 노력을 해 왔는지 구체적으로 서술해 주시고, 그 경험들이 앞으로 회사와 본인의 발전에 어떻게 기여할 것이라 생각하는지 작성해 주시기 바랍니다.(1,000자 이내)

연구 개발 분야에 대한 관심도

삼성전자의 연구 개발 직무를 수행하는 것이 저와 잘 맞을 것이라 생각하여 지원하였습니다. 어릴 적부터 전자 기기에 관심이 많았기 때문에 여러 가지 가전제품을 분해해 보고 다시 조립하지 못해 혼났던 경험이 많습니다. 이러한 관심 분야에 대한 심화 지식을 배우고 싶어 지금의 전공을 선택하였고, 삼성전자 연구 개발직에 지원하였습니다.

H/W와 S/W의 의견 차를 이해한 공모전 준비

하드웨어와 소프트웨어의 융합이 필수적인 시대입니다. ○○공모전에서 소프트웨어 전공 친구들과 함께 H/W와 S/W가 융합된 작품을 제출하여 수상한 경험이 있습니다. 비록 준비 과정에서 각자 중요하게 생각하는 부분이 달라 갈등을 겪기도 했지만, 궁극적인 콘셉트를 중심으로 의견 차를 좁혀 나갔습니다. 다른 작품에 비해 차별성을 인정받아 성과를 만들어 낼 수 있었습니다.

효율적 프로세스 개선을 위한 주인의식

맡은 일에 대한 주인의식입니다. ○○에서 아르바이트를 할 당시, 업무 매뉴얼을 제작하여 효율성을 높인 경험이 있습니다. 당시 업무 시스템이 체계적으로 잡혀 있지 않아 업무가 효율적으로 수행되지 못한다는 느낌을 받았습니다. 저에게 주어진 일은 지금까지 아르바이트생에게만 맡겨졌던 일이었습니다. 중요성이 덜해 어느 누구도 이에 대한 필요성을 느끼지 못한 듯했습니다. 하지만 저는 사소한 일이라도 매뉴얼에 의해 움직일 수 있다면 누구라도 불필요한 시간을 절약할 수 있을 것이라 생각했습니다. 그래서 시간별·프로젝트별 발생 가능한 상황과 업무 절차에 대해 매뉴얼을 구성·제작하였고, 이를 통해 업무 지원 위주의 작은 일부터 업무 효율성을 높이는 데 기여할 수 있었습니다.

기찬쌤의 피드백
지원 분야에 어릴 적부터 관심이 많았다는 언급은 많은 구직자에게서 나오는 내용이므로 간단히 제시하거나 하지 않는 것이 좋다. 차별성이 떨어지는 이야기를 서론에서 길게 늘어놓으면 중요한 본론 부분이 읽히지 않을 수 있다. 이후 뒷부분이 읽히도록 하는 역할을 소제목이 해 주어야 한다. 여기서는 소제목이 그런 역할을 비교적 잘 뒷받침해 주고 있다.

첫 번째 에피소드의 경우에는 구체적인 상황 설명이 지금보다 더 노출되었다면 좋았을 것이다. 면접장에서 구체적인 이야기가 있을 수 있지만 준비 과정에서 이런 상황을 실제 경험했고, 입사 후 직무 수행에 도움이 될 수 있음을 어필했다면 더욱 강력한 무기가 되었을 것이다. 해당 에피소드의 효과를 높이기 위해서는 프로젝트명을 직접적으로 제시하는 것이 좋다.

> **2.** 도전적인 목표를 정하고, 목표를 달성하기 위해 체계적인 계획을 세우고 실천하였던 경험에 대해 서술해 주십시오. 목표·계획의 세부적인 내용과 그 과정에서 어려움을 극복한 방법, 결과적으로 본인이 얻은 성취에 대해 구체적으로 써 주시기 바랍니다.(1,000자 이내)

조직의 목표 달성을 위한 도전적인 태도는 반드시 필요한 역량이라 생각합니다. 도전적 태도를 발휘하여 성과에 기여한 경험이 있습니다.

동아리의 시스템을 만들기 위한 도전
밴드 동아리의 리더를 맡으며 많은 어려움이 있었습니다. 다른 밴드 동아리에 비해 실력이 좋지 않았고, 졸업생들과의 유대가 약했습니다. 이러한 문제들은 연간 활동 시스템이 명확하지 않다는 점이 원인이라고 판단하였고, 임기 중에 연간 운영 계획에 의해 움직이는 시스템 확립을 목표로 하였습니다.
첫째, 다른 동아리를 방문하여 악기를 배웠습니다. 내부 선배들의 능력만으로 해결할 수 없는 부분을 조직 외부에서 해결하려고 노력했습니다.
둘째, 가입 초기에 부적응으로 어려움을 겪는 신입생들의 문제를 해결하기 위해 직속 선후배 제도를 만들었습니다. 두 가지 액션을 통해 전반적으로 실력을 향상시키고, 조기 탈퇴자 감소 효과를 보았습니다.
셋째, 졸업생과의 지속적인 유대 관계를 위해 기존 2학기에만 하던 공연을 1학기에도 진행하였습니다. 졸업생 선배를 만날 기회를 늘려 지속적으로 관심을 가질 수 있는 계기를 만들었습니다.

　이를 통해 밴드 동아리의 연간 활동 시스템을 명확히 만들었고, 지금도 그 시스템에 의해 많은 후배가 밴드 활동을 하고 있습니다. 이 경험을 통해 조직 발전을 위해 고민하고 행동하는 도전적인 태도가 중요하다는 점을 느꼈습니다. 입사 후에도 조직의 발전을 위해 고민하고 도전하는 모습을 보여 드리겠습니다.

> **기찬쌤의 피드백**
>
> 밴드 동아리 이력을 가진 지원자들에게서 종종 볼 수 있는 소재이므로 내용상의 차별성을 갖기 어렵다. 하지만 이 내용에서 칭찬하고 싶은 것은 질문이 원하는 방향에 맞게 대답하려 노력했다는 점이다. 특히 개인적인 일이 아닌 조직을 위해 노력했다는 점, 자신의 액션을 통해 어떻게 기여했다는 점까지 언급한 점은 매우 우수하다. '상황 설명' 부분에서 무엇이 문제였는지를 이야기하였고, '액션' 부분에서 정확하게 그 문제에 맞는 액션을 제시한 점도 우수하다.

---

3. 지원하신 회사와 관련된 최근 이슈 중 본인이 생각하기에 중요하다고 생각되는 것을 한 가지 선택한 후, 해당 이슈에 대한 본인의 견해를 설득력 있게 밝혀 주시기 바랍니다.(1,000자 이내)

나를 알아보고 반응하는 집, 스마트홈

　이제까지 상업적·산업적 용도로만 사용되던 사물인터넷 기술은 '스마트홈' 시대에 접어들면서 소비자 시장에 크게 확산되려는 움직임을 보이고 있습니다. 미래의 유망 성장 분야인 스마트홈 분야에서 삼성전자는 스마트폰, 웨어러블 디바이스, 스마트 가전 등의 다양한 포트폴리오와 플랫폼 사업의 강점을 앞세워 시장을 주도할 것입니다.

편의성 이상의 가치

스마트홈이 실현된다면 편의성 이외에 다른 영향을 가져올 것입니다. 듀크족, 딩크족, 1인 가구 등 가사와 일을 동시에 해야 하는 사람들이 계속해서 증가하고 있습니다. 스마트홈은 가사의 부담을 완화시키고, 자연스럽게 일에 집중할 수 있도록 도와주어 그들의 생산성과 효율성을 증가시킬 것입니다. 또한 삼성전자의 '스마트홈 프로토콜'과 같이 모든 가전 제조업체가 사용할 수 있는 표준 플랫폼이 개발되어 상용화된다면 가전 중소업체의 성장과 다양한 산업의 창출을 기대해 볼 수 있습니다.

스마트홈의 실현을 위해 해결해야 할 점

정보 소외 계층을 위한 노력이 필요하다고 생각합니다. 스마트홈의 혜택을 누리게 될 계층 중 50대 이상의 주부가 상당할 것으로 예상합니다. 그러므로 쉽고 편한 UX, UI와 휴먼 인터페이스를 적용시켜 쉽게 다룰 수 있도록 해야 합니다.

> **기찬쌤의 피드백**
> 사실에 해당하는 사항만 나열했다. 사실에 대해서는 구직자보다 면접관이 훨씬 잘 알고 있다. 면접관은 해당 이슈에 대한 해석이 아니라 개인의 해석을 통해 구직자가 입사 후에 할 수 있는 부분을 궁금해한다. 사실 전달에 해당하는 부분을 최대한 줄이고 나의 주장이 빨리 등장하도록 해야 한다.

CASE 3 삼성전자 : 설비 엔지니어

1. 지원하신 직무를 선택한 이유와 그 직무에 필요한 역량을 갖추기 위해 지금까지 어떠한 노력을 해 왔는지 구체적으로 서술해 주시고, 그 경험들이 앞으로 회사와 본인의 발전에 어떻게 기여할 것이라 생각하는지 작성해 주시기 바랍니다.(1,000자 이내)

최고 설비 엔지니어의 꿈

시스템 LSI의 핵심 설비 엔지니어로 성장할 꿈을 가지며 제조 현장에서 기본기를 쌓아 가고 싶습니다. 고등학교 시절에 고장 난 기계를 직접 분해하고 조립해 보곤 했습니다. 그때의 호기심으로 제어계측공학 전공을 선택하여 반도체를 공부하였습니다. 그러던 중 스마트폰의 가장 중요한 반도체가 국산이 아니라는 점에 아쉬움을 느꼈습니다. 이 일을 계기로 저는 반도체 공부를 지속적으로 하였고 관련 전공과 접목하여 시너지 효과를 낼 수 있는 설비 엔지니어에 지원하였습니다.

2년간 직접 부딪혀 배운 정비 능력

군 복무 중에 정비 통제 업무를 하면서 수리 부속을 연구하고 불량 저해 요인을 개선했습니다. 또한 정비 작업 간에 발생 가능한 잠재적 고장 형태를 파악한 후 3가지로 나누어 관리했습니다. 전차의 입고 및 검사 시 엔진과 변속기를 모듈화한 파워팩 상태에서 다루어 정비 프로세스를 개선해 잠재적 고장 형태를 줄였고, 사례집을 만들어 지속적인 생산 개선 업무에도 힘썼습니다.

  정비관들과 업무적인 소통을 나누며 해결함으로써 커뮤니케이션 능력도 키웠습니다. 정비관들과 함께 정비 실적을 분석하며 월과 주 단위로 정비 계획을 수립하여 부대의 정비 생산성을 높여 나갔습니다. 정비 작업 시 필요로 하는 인원과 원활한 수리 부속 공급 및 관리를 위해 장교와 부사관 사이에서 업무를 지휘하며 부대의 정비 품질을 높이기 위한 절충안 및 최종안을 이끌어 냈습니다.

> **기찬쌤의 피드백**
> 본인의 지원 분야에 전문성을 어필할 수 있다면 군 생활 이야기를 해도 좋다. 타이틀에서 '2년간'이라는 기간을 직접 표현해 실무 능력을 갖추고 있음을 간접적으로 어필한 점이 좋다. 다만 본문에서 기술 능력과 커뮤니케이션 능력을 모두 효과적으로 어필하기 위해서는 각각 에피소드를 제시해 비중을 높이고, 첫 문단의 서론 부분을 최소화하여 분량을 확보하는 것이 좋다.

---

2. 도전적인 목표를 정하고, 목표를 달성하기 위해 체계적인 계획을 세우고 실천하였던 경험에 대해 서술해 주십시오. 목표·계획의 세부적인 내용과 그 과정에서 어려움을 극복한 방법, 결과적으로 본인이 얻은 성취에 대해 구체적으로 써 주시기 바랍니다.(1,000자 이내)

3가지 색깔로 이룬 화합

저는 서로 다른 성향을 가진 부대원들을 업무 시스템을 체계화하는 과정에서 하나로 뭉쳐 2년 연속 최우수 부대를 달성한 경험이 있습니다. 정비 부대는 장교에서 부사관, 20세 하사부터 60대 준위까지 다양한 지역과 세대로 이루어져 있습니다. 간부 체제인 정비 부대에서 나이 어린 중대장으로서 인정받기가 결코 쉽지 않았습니다. 장비 전문 지식이 높은 준위와 오랜 군 생활, 다양한 경험으로 무장한 부사관들을 통솔하는 중대장 생활의 시작은 어려웠습니다. 특히 일부 간부들은 예정된 사항들에 관해 정확히 인지하지 못했고, 그로 인해 타 부대의 장비 출고 날짜에 혼선을 일으키기 일쑤였습니다.

중대장으로서 막중한 책임을 느끼며 무언가 하지 않으면 안 된다고 생각했습니다. 저의 첫 도전 과제는 업무 체계의 혁신이었습니다. 저는 구성원들이 부대가 돌아가는 상황을 정확히 인지하고 한마음, 한뜻으로 행동해 주길 원했습니다. 동료들과 여러 차례의 회의를 거친 후 3가지 색깔을 이용하여 3가지로 표시하는 방안을 생각해 냈습니다. 일의 추진 경과에 따라 초록(진행 중), 노랑(재고 상태), 빨강(진행 불가)으로 표시했습니다. 이후 저는 예상 업무 1년 치를 정리하고, 모든 업무를 주간, 월간, 반기 계획으로 분류하여 담당 간부들에게 숙지시켰습니다.

처음에는 적응하지 못한 간부들의 불만으로 부대 분위기가 경직됐습니다. 일부 간부들은 장교와 부사관들의 사이가 나빠질까 우려된다며 만류하기도 했습니다. 그럴수록 각 부서 담당 간부들과 더 나은 방향을 찾기 위해 토론했고, 모든 추진 사항을 홈페이지에 게시했습니다. 시간이 흐르자 새로운 시스템에 적응한 간부들이 조금씩 업무 효율이 오르면서 부대 전체가 적극적으로 동참하게 되었습니다. 먼저 마음을 열고 노력한 덕분에 간부들도 서로를 배려하며 하나가 됐습니다. 결국, 연말 상급부대 감사에서 최우수 부대로 선정됨과 동시에 업무 우수표창을 받는 영예를 안았습니다. 삼성전자에 입사 후 현실에 안주하지 않고 끊임없이 도전하는 열정적인 신입사원이 되겠습니다.

> **기찬쌤의 피드백**
>
> 질문이 원하는 방향으로 '도전'과 관련된 답변으로 마무리한 점과 에피소드의 성과 부분을 두괄식으로 제시하여 주의를 집중시킨 점이 좋다. 전체적으로 업무의 효율성이 높아졌음을 말하고 있는데, 그런 중요한 부분은 직접적인 표현으로 말하는 것이 더욱 효과적이다. '프로세스 개선', '효율적으로', '효과적으로' 등의 표현을 사용하는 것이 좋다.

---

3. 지원하신 회사와 관련된 최근 이슈 중 본인이 생각하기에 중요하다고 생각되는 것을 한 가지 선택한 후, 해당 이슈에 대한 본인의 견해를 설득력 있게 밝혀 주시기 바랍니다.(1,000자 이내)

마하경영에 대처하는 사원의 자세

'마하경영'이란 단어는 이건희 회장님이 귀국하신 이후 포털 사이트 인기 검색어 목록에 오르내린 용어입니다. 마하경영에 따르면 몇몇 개인의 노력이나 특정 사업부의 성과 등 일부 요인만으로 해당 기업의 비약적 성장을 기대하긴 어려우며, 그것을 가능하게 하기 위한 전제 조건은 모든 인적·물적 자원의 체질 개선이 해답이라고 합니다. 하지만 "그런데 어떻게?"라는 질문 앞에서 선뜻 정답을 내놓기가 쉽지 않습니다.

  그러면 모든 체질 개선의 시작점은 어디일까요? 중대장 생활을 돌이켜 보았을 때, 이 물음에 대한 답은 사람의 마음가짐인 것 같습니다. 신병의 자살 기도로 인해 부대의 악 폐습을 근절해야겠다고 결심하며 병사들의 마인드 개선을 위해 고민한 적이 있습니다. 병영 생활 분위기를 바꾸기 위해 다소 무리한 부분들도 있었지만 한 번 손상된 부분은 짧은 기간에 보수해야 혁신을 이루고 그 후에 미래가 있다고 생각했습니다. 이를 위해 전 병사에게 《군복무! 의무에서 보람으로》라는 책을 읽게 한 뒤, 독서 간담회를 통해 병사들의 적극적인 참여를 유도했습니다. 결국 내 마음의 신호등, 임무 분담제 등을 운영해서 3개월 후에 체질 개선에 성공하였고, 악·폐습 0%를 달성하여 타 부대의 모범 부대로 선정됐습니다.

  이런 경험을 통해 모든 개선의 시작은 마음가짐이라고 생각하게 되었고, 또한 마하경영에 동참하기 위해 저만의 5가지 좌우명을 만들었습니다. '첫째, 매일 업무가 바쁘다면 쓸데없는 일을 하고 있는지 생각하자. 둘째, 책상을 일하고 싶은 공간으로 만들자. 셋째, 모든 것을 혼자서 하지 말자. 넷째, 반복적인 업무를 어떻게 하면 효율적으로 처리할지 고민하자. 다섯째, 현재에 안주하지 말고 창의력으로 시너지를 창출하자'입니다.

  입사 후, 저만의 5가지 체질 개선 방법으로 삼성전자가 추구하는 마하경영에 동참하여 현재에 안주하지 않고 저 개인의 성장과 더불어 제가 소속된 팀의 부서까지 영향을 미치는 LSI의 핵심 사원이 되겠습니다.

| 기찬쌤의 피드백 | 전체적으로 내용이 나쁘지는 않지만 회사 입장의 가치관으로 편중되지 않도록 하는 것이 좋다. 사실 전달에만 그치지 말고 사례를 통해 본인의 이야기로 전환한 점은 우수하다. 장교 출신자의 경우 군 생활 이력을 전형 유형에 따라 다르게 활용해야 한다. 장교 전형인 경우 모든 지원자가 장교 출신이므로, 군 생활 소재의 비중을 줄이고 다른 이력을 말하는 편이 차별성을 가질 수 있다. 다만, 일반 전형에 지원하는 경우, 장교 이력의 비중을 높이는 것이 하나의 전략이 될 것이다. 일반 구직자와 비교하여 장교 출신이라는 점을 강점으로 어필할 수 있기 때문이다. |

CASE 4 삼성전자 : SCSA

> **1.** 직무 지원 동기와 관련된 주제를 아래 내용으로 대체하여 작성해야 합니다.(2,000자 이내)
>
> - 인문학도로서 소프트웨어 분야에 도전하게 된 이유(동기)
> - 본인이 소프트웨어 분야에서 성공할 수 있는 이유
> - 앞으로 소프트웨어 분야에 대해 본인이 갖고 있는 포부와 비전

저는 소프트웨어 개발자가 되어 소프트웨어의 무궁무진한 가능성을 확인하고 싶습니다. ○○전공자로서 개인정보 이슈에 관심이 깊었습니다. 금융권 개인 정보 유출 건과 같이 온라인상에 개인 정보가 유출되면 각종 범죄에 노출됩니다. 이렇듯 보안이 허술한 소프트웨어는 큰 사회적 손실을 야기합니다. IT 시대에 소프트웨어는 모든 영역에서 사용되기 때

문입니다. 저는 소프트웨어 분야에 도전함으로써 제가 가진 역량을 한 단계 끌어올릴 수 있다고 생각합니다. 또한 다양한 인문학적 소양을 갖춘 소프트웨어 전문가가 되어 삼성 소프트웨어의 역량을 드높이는 데 일조하고 싶습니다.

저는 다음과 같은 이유로 소프트웨어 분야에서 성공할 수 있다고 자신합니다. 첫째, 새로운 지식을 빠르게 습득하고 활용할 수 있습니다. 컴퓨터 활용, 한자, 경제·경영 등의 지식을 빠르게 이해하고, 이를 바탕으로 가시적인 성과를 낸 경험이 있습니다. 관련 서적을 찾아보고 필요하다면 강의까지 들으며 단시간에 집중력을 발휘한 결과였습니다. SCSA에서도 집중력과 열정을 발휘하고, 소프트웨어 관련 지식을 빠르게 흡수하여 전문 소프트웨어 개발자로 거듭날 것을 약속드립니다.

둘째, 조직 융화력과 협업 능력을 갖추었습니다. ○○전공자로서 4년간 단체 생활을 몸에 익혔습니다. 사제 간, 선후배 간 예절을 배웠고, 남을 배려하는 마음도 갖추게 되었습니다. 매주 축구 동아리에서 단체로 운동을 하며 단결력을 배웠습니다. 군 시절에는 단체 생활이 몸에 밴 덕분에 사단장 추천의 모범 장병에 선발되어 청와대 오찬에 초청받는 영광을 누렸습니다. 전역 후에 공모전 팀장을 맡으며 팀원들을 이끌고 공모전 활동을 성공적으로 마쳤습니다. 이러한 단체 생활을 통해 배운 조직 융화력과 협업 능력은 팀으로서 빛이 나는 소프트웨어 개발팀에 최적화되어 있습니다.

셋째, 다양한 분야의 지식을 갖춘 통섭형 인재입니다. 전공 외에 역사, 과학, 경제·경영, 국문학 등의 다양한 분야에 높은 소양을 가지고 있습니다. 자격 시험을 통해 가시적인 성과를 확인하고 끊임없이 그 능력을 갈고 닦으려고 노력 중입니다. IT 시대에 발맞추고자 정보통신 분야에 지속적인 관심을 갖고 있으며, 발전적인 모습을 위해 더욱 노력하고자 합니다. 글로벌 시장을 선도하는 소프트웨어를 개발하기 위해서는 다양한 분야의 시선이 필요합니다. 저는 다방면의 지식을 활용하여 창의적인 소프트웨어 개발자가 되겠습니다.

넷째, 저는 도전을 즐깁니다. 경비 업체에서 현장 실습을 하는 동안 야간 출동에 동행했습니다. 야간은 실습 과정에 포함되지 않았지만 야간 출동이 현장을 가장 직접적으로 느낄 수 있다고 생각해서 자원했습니다. 해외 탐방 장학생에 선발되어 유럽 4개국을 방문하기도 했습니다. 유창하지 않은 영어 실력으로 민간경비 관계자들을 만나 인터뷰하는 것이 힘들었지만 저는 도전 과정을 즐기며 4개국에서 전문가들과 인터뷰를 하는 데 성공했고, 교수님들로부터 수준 높은 보고서를 제출했다는 평가를 받았습니다. 새로운 도전과 성취는 결코 낯설지 않습니다. 새로운 배움에 주저하지 않는 도전정신으로 삼성의 소프트웨어 인재로 거듭날 것을 약속드립니다.

입사 후 포부

통합적 사고를 갖춘 삼성의 소프트웨어 전문가로 거듭나기 위해 새로운 지식을 스펀지처럼 흡수하겠습니다. 소프트웨어 개발자의 꿈을 이룰 수 있는 기회라고 생각하며 도전을 멈추지 않겠습니다. 그리하여 삼성의 소프트웨어 관련 업무 어느 곳에나 투입될 수 있는 역량을 갖춘 전문가로 거듭나겠습니다. 또한 인문학적 소양을 바탕으로 창의성과 도전정신을 발휘하겠습니다. 통신, 보안, 건설, 모바일 앱 등 다양한 분야에서 삼성이 시장을 선도할 수 있게 최선을 다하겠습니다.

> **기찬쌤의 피드백**
> 이 분야에 지원한 계기를 개인의 역량 중심으로 제시한 점이나 가독성을 높이기 위해 문단을 구분하고 두괄식으로 구성한 점은 우수하다. 단 입사 후 포부의 경우 일반적인 다짐보다는 직무적 목표와 실질적인 계획을 구체적 또는 단계적으로 제시해야 한다.

---

2. 도전적인 목표를 정하고, 목표를 달성하기 위해 체계적인 계획을 세우고 실천하였던 경험에 대해 서술해 주십시오. 목표·계획의 세부적인 내용과 그 과정에서 어려움을 극복한 방법, 결과적으로 본인이 얻은 성취에 대해 구체적으로 써 주시기 바랍니다. (1,000자 이내)

교내 전공 연계 활동 공모전에 탈북 청소년 범죄 예방에 대한 기획서를 제출해 입선하였습니다. 소정의 활동 지원금을 받아 탈북 청소년들을 대상으로 교육 활동을 하게 되었습니다. 사춘기 나이대의 탈북 청소년들은 비협조적인 태도로 교육에 임했고, 팀원들은 청소년들과의 의사소통에 어려움을 겪으며 힘들어했습니다.

청소년들의 적극적인 교육 태도를 이끌어 내기 위해 저는 두 가지 방법을 사용했습니다. 첫 번째는 손편지를 활용하여 교육 내용에 학생들의 의견을 적극 반영하는 것이었습니다. 팀원들이 먼저 각자 아이들에게 편지를 쓰고 답장을 받으며 마음의 문을 열게 하였습니다. 이 과정에서 아이들의 속마음을 알 수 있었고, 교육 내용을 수정·보완하는 데 큰 도움이 되었습니다. 매 교육마다 아이들의 의견을 적극 반영하여 다음 교육의 방향과 난이도를 수정하였습니다. 학생들의 니즈를 반영한 교육이었기 때문에 교육 효과와 수업 만족도가 매우 높았습니다.

두 번째는 소프트웨어를 활용하여 학생들을 직접 참여하게 한 것입니다. 학생들은 말로만 하는 설명에는 쉽게 지루함을 느끼고 교육 효과도 짧았습니다. 저는 학생들이 주인공이 되어 교육 내용을 직접 복습하게 했습니다. 우선 교육에 앞서 팀원들이 범죄 사례와 대처 행동을 UCC로 찍고, 교육 시간에 학생들에게 보여 주었습니다. 교육이 끝나면 다음 교육 전까지 학생들이 같은 내용을 직접 UCC로 찍어 내용을 주고받았습니다. 학생들은 주도하는 학습에 적극적으로 임하였고, UCC 제작 후 교육 내용을 잘 숙지할 수 있었습니다. 교육 활동 후 학생들은 매우 큰 만족감을 보였습니다. 저희 팀의 활동은 〈중앙일보〉와 〈연합뉴스〉에 기사가 실릴 만큼 큰 화제를 모았습니다.

공모전 활동을 통해 소통의 중요성을 실감하였습니다. 탈북 학생들과 봉사활동 팀원의 의사소통은 서로의 의견을 피드백하며 눈높이에 맞는 교육을 이루어 냈습니다. 소프트웨어 개발자는 자신의 역량도 중요하지만, 고객의 니즈를 정확히 담아낼 수 있어야 한다고 생각합니다.

> **기찬쌤의 피드백**
>
> 차별화될 수 있는 소재를 사용한 점은 좋다. 이 경험을 통해 무엇을 말하고자 하는지 좀 더 적극적으로 표현한다면 설득력을 높일 수 있을 것이다. 즉 상황 안에서 무엇을 목표로 잡고, 액션을 취한 다음 어떤 결과가 있었는지를 명확하게 말하는 것이 좋다. 지원 직무에 필요한 소통 능력이 '정보를 효과적으로 주고받을 수 있는 소통'으로써 구체적으로 제시된다면 직무 역량을 효과적으로 어필할 수 있을 것이다.

3. 지원하신 회사와 관련된 최근 이슈 중 본인이 보기에 중요하다고 생각되는 것을 한 가지 선택한 후, 해당 이슈에 대한 본인의 견해를 설득력 있게 밝혀 주시기 바랍니다.(1,000자 이내)

상황인식기술(Context-Awareness)

사물인터넷의 핵심인 상황인식기술이 주목받고 있습니다. 상황인식은 사용자의 행위, 생체 신호, 과거 생활 이력, 주변 환경 등을 분석하여 상황에 맞게 적절한 기능을 자동으로 수행하는 소프트웨어 기술로, 시장의 혁신을 불러올 것입니다.

삼성은 과거 반도체 산업에 대한 공격적인 투자로 현재 세계시장을 선도하고 있습니다. 상황인식기술은 장기적으로 저성장 국면을 돌파할 혁신적 기술로써 기존 시장을 변화시키고 새로운 시장과 고객 수요를 창출할 것입니다. 사용자의 정보를 수집하고 이를 바탕으로 상황에 맞는 적절한 기능을 자동으로 수행하기 때문에 정교한 타깃 마케팅이 가능합니다. 사용자의 필요를 사전에 감지하여 구매할 상품을 추천하고, 질병이나 재해를 사전에 경고할 수 있을 것입니다.

　기술 혁신에 따라 끊임없이 제기되는 개인 정보의 침해 문제는 반드시 해결해야 할 당면 과제입니다. 개인에게서 수집하는 정보가 방대해질수록 양날의 검처럼 보안에 대한 문제가 대두될 것입니다. 사용자는 사생활이 노출되었다고 느낄 수 있고, 개인 정보가 제3자에 의해 불법으로 활용될 소지가 있습니다. 산업연구원의 발표에 따르면 사물인터넷 보안 사고로 인한 경제적 피해 추산치가 2015년에는 13조 원에 이를 것이라고 합니다.

　이러한 문제를 해결하기 위해 삼성전자의 통합형 소프트웨어 인재가 꼭 필요하다고 생각합니다. 저는 범죄학의 지식을 갖춘 소프트웨어 인재가 되어 보안과 소프트웨어 개발이라는 양면을 바라볼 수 있는 넓은 시야를 갖추겠습니다. 사용자들이 안심하고 이용할 수 있는 보안 기술 연구와 혁신적 기술 개발이라는 두 마리 토끼를 잡는 인재가 되겠습니다. 또한 고객과 소통하고 니즈를 충족시키는 통합적 역량의 소프트웨어 개발자가 되어 시장 선점을 이루어 내겠습니다.

> **기찬쌤의 피드백**
> 상황 설명에만 그치지 않고 이 상황에서 문제가 되고 있는 점, 앞으로 삼성이 나아가야 할 방향을 제시하고 거기에 '내가 그 방향에 필요한 사람이다'라는 것을 어필한 점 등 전체적인 전개 방향이 뛰어나다. IT 보안 분야와 연관 지어 서술한 부분 역시 우수하다.

 삼성카드 : 영업 관리

1. 지원하신 직무를 선택한 이유와 그 직무에 필요한 역량을 갖추기 위해 지금까지 어떠한 노력을 해 왔는지 구체적으로 서술해 주시고, 그 경험들이 앞으로 회사와 본인의 발전에 어떻게 기여할 것이라 생각하는지 작성해 주시기 바랍니다.(1,000자 이내)

대학에서 역사학을 전공했습니다. 인문학을 배우면서 세상을 넓게 바라보는 식견을 갖추었고 사람들과 소통하는 법을 배웠습니다. 자연스럽게 고객과 접점에 있는 영업 직무에 관심이 생겼습니다. 금융 영업에 적합한 인재가 되기 위해 저만의 강점 세 가지를 만들었습니다.

Be Flexible

은행에서 인턴을 하면서 금융 영업에 대한 감각을 익혔습니다. 처음에는 은행 영업이 정적인 업무라고 생각했습니다. 그러나 실제로 근무를 하면서 매일 달라지는 업무와 다양한 고객의 니즈를 만족시켜야 한다는 것을 배웠습니다. 이런 저의 경험은 빠르게 환경 변화에 적응하는 능력을 키워 주었습니다.

Be the First

은행 업무에서 인턴이 할 수 있는 일은 제한적이었습니다. 그러나 가만히 있기보다는 스스로 할 일을 찾아 위기의식을 갖고 고민하면서 스스로 발전할 수 있었습니다. 누가 시키지 않았지만 점심시간에 시간을 내어 타 은행의 여러 지점에 직접 방문했습니다. 근무하고 있던 지점과 어떤 점이 다른지 유심히 관찰하고 직접 상담도 받았습니다. 그리고 경영학 수업시간에 배웠던 SWOT 분석 모형을 통해 지점의 강점과 약점 등을 분석하고 PPT를 만들어 직원 회의 시간에 자진해서 발표했습니다. 부족한 발표였지만 많은 분들이 열정이 넘치는 인턴이라고 격려해 주었습니다. 직원들의 격려와 칭찬은 큰 동기부여가 되었고 팀 조직에 더욱 소속감을 느꼈습니다.

Be the Specialist

아무리 사소한 부분이라도 고객에게 신뢰를 주기 위해서는 해당 업무에 전문가가 되어야 한다는 것을 배웠습니다. 전문성을 갖추기 위해 인턴을 하면서 금융 자격증 공부를 병행하였습니다. 몸은 힘들었지만 자격증을 취득했을 때의 성취감은 지금도 잊을 수 없습니다. 지금까지도 금융의 여러 분야에 대해 부족한 부분을 채우며 공부하고 있습니다. 꾸준한 노력을 통해 전문가가 되겠습니다.

이와 같은 강점을 바탕으로 나무만 보는 것이 아닌 숲도 볼 줄 아는 인재, 여러 가지 능력을 겸비한 삼성맨이 되겠습니다.

> **기찬쌤의 피드백**
> 전체적으로 직무 역량을 눈에 잘 보이도록 서술한 점이 우수하다. 금융시장이나 금융 언어에 대한 본인의 간접 경험에 포커스를 맞춰 갈무리되었으면 한다.

> **2.** 도전적인 목표를 정하고, 목표를 달성하기 위해 체계적인 계획을 세우고 실천하였던 경험에 대해 서술해 주십시오. 목표·계획의 세부적인 내용과 그 과정에서 어려움을 극복한 방법, 결과적으로 본인이 얻은 성취에 대해 구체적으로 써 주시기 바랍니다.(1,000자 이내)

　UCC 공모전을 통해 생전 처음 해 보는 일이라도 직접 부딪히고 고민하면 좋은 결과를 가져올 수 있다는 것을 배웠습니다. 그리고 팀원들과 아이디어 회의를 하면서 치열하게 노력했던 경험은 스스로 성장하는 데 큰 자양분이 되었습니다.

　대학교 3학년 재학 당시 문화콘텐츠 수업을 들으면서 역사와 콘텐츠의 결합에 대해 관심이 생겼습니다. 마침 용인시에서 주최하는 문화콘텐츠 공모전이 열렸고, 뜻이 맞는 친구들과 참여하기로 계획을 세웠습니다.

　참가할 분야를 홍보UCC 제작으로 정하고 아이디어 회의를 했습니다. 도전은 좌절의 연속이었습니다. 가장 큰 문제는 아무도 카메라 사용법을 모른다는 것이었고, 두 번째는 영상편집 기술이 없다는 것이었습니다. 카메라 사용법을 배우기 위해 교수님께 도움을 청했습니다. 결국 대학원에서 하는 문화콘텐츠 특강을 듣고 카메라 사용법을 배울 수 있었습니다.

　촬영 과정은 결코 순탄치 않았습니다. 시민들을 인터뷰하기 위해 카메라를 들고 거리로 나갔지만 어느 누구도 촬영에 응해 주지 않았습니다. 문제는 표정이었습니다. 긴장 때문에 표정이 굳었고 여유 있게 대처하지 못한 것이 가장 큰 이유였습니다. 스스로에게 잘할 수 있다는 최면을 걸었습니다. 그리고 최대한 여유 있는 표정과 말투를 유지하려고 노력했습니다. 이렇게 하자 첫 인터뷰를 성공할 수 있었습니다. 실패할 때도 있었지만 인터뷰를 반복하면서 자신감이 생겼습니다. 결국 저녁 무렵이 되어서야 모든 촬영이 끝났습니다.

첫 번째 고비를 넘긴 후 두 번째 문제를 해결하기 위해 고민하던 중 연극영화과에 다니던 친구에게 영상편집 기술을 배울 수 있었습니다. 결국 편집을 끝낸 후 무사히 기간 내에 제출했습니다. 비록 1등은 아니었지만 3등으로 입상할 수 있었습니다. 그러나 입상보다 더 기억에 남은 것은 목표를 세워 도전하고 어떤 것을 성취하는 경험을 했다는 것입니다.

> **기찬쌤의 피드백**
> 이 글에서 제시하려는 주제에 대해 먼저 언급하고 에피소드로 들어간 점은 우수하다. 자신만의 STAR 기법을 통해 신뢰감 있게 이야기하고 있다. 하지만 급하게 마무리를 한 듯한 느낌이 들어 아쉽다.

---

3. 지원하신 회사와 관련된 최근 이슈 중 본인이 생각하기에 중요하다고 생각되는 것을 한 가지 선택한 후, 해당 이슈에 대한 본인의 견해를 설득력 있게 밝혀 주시기 바랍니다.(1,000자 이내)

빅데이터를 넘어 빅데이터 큐레이션으로

2014년 초 사회적으로 큰 이슈가 되었던 대규모 고객 정보 유출로 인해 일부 카드 3사에 대한 영업 정지 3개월 방침이 내려졌습니다. 삼성카드의 경우 철저한 고객 정보 관리와 보안 시스템을 통해 이러한 재앙을 피할 수 있었습니다. 그러나 카드 업계 전반에 대한 고객들의 불신은 자칫하면 카드 업계의 생태계를 파괴할 수 있습니다.

시장의 위기를 기회로 만들기 위해 빅데이터 큐레이션 개념의 도입이 필요합니다. 큐레이션이란 정보를 필요에 맞게 선택하는 과정을 의미합니다. 무분별한 정보 속에서 기업에 필요한 정보만 추려 낼 수 있다면 기업의 마케팅 강화에 도움이 될 것입니다. 특히 삼성카드는 captive 시장 내에서 축적된 정보를 충분히 활용하여 시너지 효과를 낼 수 있습니다.

예를 들어 삼성 갤럭시S에 설치되어 있는 GPS 연동 APP이나 위치 기반 서비스를 이용하여 축적된 데이터를 바탕으로 고객의 니즈를 파악할 수 있습니다. 이렇게 파악된 고객의 욕구는 삼성카드에서 제공하는 맞춤형 상품을 추천하는 데 사용될 수 있습니다. 이미 모바일 M카드의 경우 빅데이터를 이용한 가맹점 추천 서비스를 제공하고 있습니다. 이와 같은 서비스에 추가적으로 큐레이터를 육성해서 필요한 정보만 걸러 낼 수 있다면 고객의 행동을 예측할 수 있을 것입니다.

물론 빅데이터의 단점도 있습니다. 보안의 취약성입니다. 그러나 이러한 문제는 모든 기업이 가지고 있는 보편적 리스크로서 관련 기술의 개발로 해결할 수 있습니다. 무엇보다 높은 윤리의식을 가진 구성원들에 의해 보완될 수 있습니다.

경기 불황에 따른 신규 가입 위축과 가맹점 수수료 체계 개편, 대출 금리 인하 등 경영 환경 악화로 카드 업계의 미래는 불투명한 상황입니다.

삼성의 강점은 계열사 간 협업을 통한 시너지 효과 창출과 비용 효율화입니다. 이와 더불어 빅데이터 큐레이션을 통해 고객 지향적 기업임을 잠재 고객들에게 각인시킬 수 있습니다. 이는 시장 선도 기업의 위치를 더 견고하게 만드는 원동력이 될 것입니다.

 업계의 이슈를 간략하게 '도입 역할'로만 활용하고 주제로 전환한 점이 우수하다. 작성 시점의 큰 이슈였기 때문에 더 많은 분량을 할애했다면 자칫 식상해졌을 것이다. 다만 빅데이터의 장단점을 제시한 후 '나의 직무 범위에서는 어떻게 기여할 수 있는가'에 대한 언급이 없어 아쉽다. 금융 사고와 빅데이터 관리의 장점을 영업 데이터 관리 측면에서 조망하면서 마무리하면 좋을 듯하다.

CASE 6 삼성SDS : S/W

> **1.** 지원하신 직무를 선택한 이유와 그 직무에 필요한 역량을 갖추기 위해 지금까지 어떠한 노력을 해 왔는지 구체적으로 서술해 주시고, 그 경험들이 앞으로 회사와 본인의 발전에 어떻게 기여할 것이라 생각하는지 작성해 주시기 바랍니다.(1,000자 이내)

개발 역량을 가진 산업공학 전공자

삼성 SDS에 지원한 이유는 개발자로서 역량을 가지고 있다고 생각했기 때문입니다. 첫째, 산업공학 전공자로서 가진 전공 지식을 직무에 활용할 수 있다는 점입니다. 인력 수급 계획을 만드는 전공 프로젝트를 수행하였습니다. 과거 방문 고객의 데이터 가공을 통해 프로젝트를 원활히 진행할 수 있었습니다. 요일별·시간대별 방문 고객의 수와 연령, 각종 특성 등을 파악하여 원활한 인력 관리에 성공할 수 있었습니다. 이를 통해 경제 활동을 하는 데 있어 가장 효율적으로 결정을 도출하는 방법을 배웠습니다. 입사 후에도 효율적인 업무 환경과 직무 수행에 기여하겠습니다.

둘째, 문제 해결 능력입니다. 매출이 부진하던 카페의 매출 상승에 기여한 경험이 있습니다. 당시 카페의 문제는 너무 한적해 고객 유입이 쉽지 않다는 점이었습니다. 고객을 오랫동안 머무르도록 하는 것이 필요하다고 생각하여 '조용히 공부할 수 있는 곳'이라는 콘셉트로 조정해 볼 것을 제안하였습니다. 그로 인해 주변의 학생들을 유입시킬 수 있었습니다. 개발자로서 직무를 수행하는 데 있어서도 문제 해결을 위해 다각도로 노력하겠습니다.

셋째, 개발자로서의 기본적 능력을 함양하였습니다. IT 개발자 전문 과정을 별도로 수료하여 기본기를 쌓았습니다. 정보처리기사 자격증을 취득하여 쌓은 직무 지식 또한 개발 직무를 수행하는 데 빠르게 적응할 수 있는 기반이 될 것입니다. 이 역량들을 활용하여 삼성 SDS의 개발자로서 듬직한 신입사원의 모습을 보여 드리겠습니다.

> **기찬쌤의 피드백**
>
> 산업공학 전공자로서 본인이 다른 컴퓨터 공학 전공의 경쟁자에 비해 경쟁력이 약할 것이라는 생각을 가지지 않는 것이 중요하다. 본 전공자가 아닌 경우, 자신이 가진 전공을 이 직무에 어떻게 적용할 수 있을지, 즉 자신의 전공이 어떤 강점이 될 것인지를 적극적으로 말하는 것이 중요하다. 물론 이 지원자의 경우 본인이 별도 과정과 자격증을 통해 IT 실무 능력을 이미 가지고 있기 때문에 가능하다.

3. 지원하신 회사와 관련된 최근 이슈 중 본인이 보기에 중요하다고 생각되는 것을 한 가지 선택한 후, 해당 이슈에 대한 본인의 견해를 설득력 있게 밝혀 주시기 바랍니다.(1,000자 이내)

사물인터넷, 삼성 SDS의 글로벌 ICT 기업을 향한 성장 원동력

사물인터넷은 CES2014, MWC2014 등 세계적인 통신박람회에서 미래 사회에 커다란 영향을 끼칠 분야로 주목받고 있습니다. 정부에서는 '사물인터넷 기본 계획'을 바탕으로 국내 사물인터넷 시장을 2020년까지 30조 원 규모로 확대할 계획입니다. 저는 사물인터넷이 삼성SDS가 글로벌 ICT 기업이 되기 위한 성장 원동력이라고 여겨 여러 방면으로 생각해 보았습니다.

사물인터넷으로 인해 초연결 사회 시대가 되다

사물인터넷으로 모든 사물과 사람이 네트워크로 연결되는 초연결 사회가 진행되고 있습니다. 기존 ICT 기술이 제공하는 '언제든지'와 '어디든지'라는 연결 세계에 사물을 통해 '무엇이든지'라는 연결 차원이 추가되어 새로운 패러다임을 구축하고 있습니다. 사물을 통해 위치 정보를 확보하고 활용하여 새로운 가치와 비즈니스 모델을 창출하고 있습니다. 삼성SDS는 이런 변화가 성장 기회가 될 수 있도록 신중하게 대비해야 합니다.

사물인터넷 시대에 대응하기 위한 3가지 제안

사물인터넷 시대에 대비하기 위해 삼성 SDS는 3가지 측면에서 노력해야 합니다.

첫째, 사물인터넷의 핵심 기술을 확보해야 합니다. 사물인터넷 시장의 주도권을 잡기 위해 표준화되지 않은 플랫폼, 인터페이스 등 S/W 분야의 연구 개발에 집중해야 합니다. 또한 기기 간 연결, 센서 정보 관리 등 연구 개발하기 어려운 분야는 적극적인 M&A를 통해 핵심 기술을 확보해야 합니다.

둘째, 사물인터넷 관련 사업 전략을 수립해야 합니다. 이를 통해 사물인터넷으로 창출되는 초고속 인프라 구축, 원격으로 관리 제어하는 스마트 빌딩 등 비즈니스 모델을 강화하고 사업 경쟁력을 갖추어야 합니다.

셋째, 사물인터넷의 활성화에 따른 융합보안체계를 강화해야 합니다. 사물인터넷의 확산으로 사이버 공격이 복합적으로 발생하고 피해 분야와 규모도 매우 증가하였습니다. 따라서 융합보안기술의 연구 개발 강화 및 전문 인력 양성과 보안 시스템을 철저하게 구축하여 대비해야 합니다.

이러한 제안을 바탕으로 삼성 SDS는 사물인터넷을 활용해서 글로벌 ICT 기업으로 도약해야 한다고 생각했습니다.

단순히 사실 전달에 그치지 않고 나의 주장과 근거를 빠르게 등장시킨 점은 우수하다. 전체적인 주장과 더불어 '나는 어떻게 기여할 수 있는가'에 대한 부분이 보완되는 것이 좋다.

제일기획 : AE

> 1. 지원하신 직무를 선택한 이유와 그 직무에 필요한 역량을 갖추기 위해 지금까지 어떠한 노력을 해 왔는지 구체적으로 서술해 주시고, 그 경험들이 앞으로 회사와 본인의 발전에 어떻게 기여할 것이라 생각하는지 작성해 주시기 바랍니다.(1,000자 이내)

고객 지향 기획력

　소비자 입장에서 제품을 기획하는 능력입니다. 블로그 일일 방문객 수 10,000회를 기록하며 고객이 원하는 콘텐츠를 고민했던 경험이 있기 때문에 직무 수행을 잘할 수 있습니다. 전국 곳곳을 돌아다니며 각지의 명소를 소개하는 블로그를 만들어 글과 사진을 게시하였습니다. 초기에 높지 않은 조회 수를 올리기 위해 고민하고 인기 블로그의 콘텐츠를 분석한 결과, 사람들이 일상적으로 쉽게 공감하고 궁금증을 유발할 수 있도록 작성되었다는 것을 알았습니다. 그리고 제 글은 독자가 아닌 저만의 감흥 위주로 작성되어 공감을 얻기 힘들었다는 것을 깨달았습니다. 이후 글을 게시할 때에는 실제로 제가 돌아다니면서 느꼈던 부분을 더 구체적으로 작성하여 많은 독자의 공감을 얻을 수 있었습니다. 일방적으로 밀어내는 방법이 아닌, 고객을 당기는 방법의 중요성을 경험을 통해 잘 알고 있습니다. 입사 후에도 고객의 공감을 얻을 수 있는 기획을 할 수 있도록 노력하겠습니다.

문제 해결 능력

문제 해결 역량입니다. 영어 학원에서 강사 아르바이트를 하며 학생마다 다른 기준과 관리를 통해 학생들의 이탈률을 감소시켰습니다. 선생님으로서 단순히 강의만 진행하는 것이 아니라 모든 학생의 학업 성취도를 관리해야 했습니다. 선생님 한 사람이 많은 학생을 관리하다 보니 물리적으로 모든 학생에게 신경을 쏟기 힘든 상태였고, 그로 인해 매달 학생들의 이탈을 보고만 있었습니다. 이를 줄이기 위해 고민하였습니다. 1대 1 교육은 물리적으로 불가능하여 한 반에 세부 레벨을 만든 뒤 네 개의 소집단으로 나누어 수준별 보충 학습을 실시했습니다. 일괄적 보충 학습에 비해 효과적이었으며, 개별 상담에 비해 시간을 절약할 수 있었습니다. 이 방법을 통해 학원생의 이탈률을 10% 낮추었습니다.

입사 후에도 문제 해결과 효과적 결론 도출을 위한 고민은 끊임없이 있을 것이라 생각합니다. 다각도로 고민하여 문제를 해결하는 태도를 보여 드리겠습니다.

> **기찬쌤의 피드백**
>
> 첫 문장에서 무엇을 말하고자 하는지 명료하게 말한 점은 좋다. 면접관의 입장에서 한눈에 주제를 알 수 있도록 하는 것이 가장 중요하며, 비유적이거나 화려한 수사적 표현보다 무미건조함이 더 효과적일 수 있다. 에피소드의 구성 측면에서 STAR 기법에 맞게 제시된 점은 좋으나 가장 좋은 점은 액션 부분에서 '대상을 관찰·분석하고 그에 맞는 해결책을 도출하기 위한 과정'이 제시되었다는 것이다. 상황 설명 비중을 줄이고 액션에 더 파고들었다면 좋았겠지만, 이는 실제 면접장에서 이의 사실 여부를 검증하기 위한 질문이 들어왔을 때 답변으로써 커버해야 할 부분이다. 광고 또는 마케팅과 관련된 더 직접적인 2차 역량이 추가되면 좋겠다.

 삼성물산 : 상사 부문 해외 영업직

> 1. 지원하신 직무를 선택한 이유와 그 직무에 필요한 역량을 갖추기 위해 지금까지 어떠한 노력을 해 왔는지 구체적으로 서술해 주시고, 그 경험들이 앞으로 회사와 본인의 발전에 어떻게 기여할 것이라 생각하는지 작성해 주시기 바랍니다.(1,000자 이내)

삼성물산의 해외 영업사원으로서 매출 향상에 기여하는 모습을 보여 드리겠습니다. 영업 직무를 수행할 수 있는 역량을 가지고 있습니다.

영업 전략 제안 능력

첫째, 의류 매장 매니저로 일하며 월 매출 20% 상승에 기여한 경험을 통해 적극적인 영업 전략의 중요성을 배웠습니다. 단순히 매장 방문 고객을 기다리는 수동적인 태도보다 적극적으로 매출 향상을 위해 노력하였습니다. 대학가 주변의 입지 특성에 맞게 '커플룩' 주력 상품을 설정한 판매 방법을 제안하여 매출 상승에 기여하였습니다. 이 영업 역량을 발휘하여 조직의 매출 향상을 위해 노력하겠습니다.

고객 지향적 사고

둘째, 텔레마케팅 경험을 통해 고객 지향적 사고를 배웠습니다. 대학생이 되자마자 텔레마케팅 아르바이트를 통해 첫 사회생활을 시작하였습니다. 개인별로 부과된 일일 할당량을 채우기 위해 전화를 걸어 상품의 특성을 설명하는 데만 급급했던 적이 있습니다. 할당량을 채울 수는 있었지만, 서비스 사용 시 주의 사항을 정확히 고지하지 않아 이후 고객들에게 컴플레인을 받았습니다. 이 경험을 통해 단순히 실적만을 중요시하기보다는 서비스를 통해 고객에게 진정한 만족을 주어야 한다는 것을 깨달았습니다. 입사 후에도 단순히 실적만이 아니라 고객이 만족하는 상품을 제공하는 영업사원이 되겠습니다.

해외 영업 직무 지식

셋째, 경제학 전공자로서 세계 경제 흐름에 대해 빠르게 파악할 수 있는 기본기를 가지고 있습니다. 국제무역학 전공 과목을 통해 무역에 필요한 기본 지식을 쌓았기 때문에 무역 전 과정에 대한 기본적 이해를 가지고 있습니다. 해외 영업 담당자로서 시장 상황에 따라 효과적으로 영업 전략을 펼치는 빠른 전략 기획 능력으로 기여하겠습니다.

> **기찬쌤의 피드백**
>
> 실무 이력과 기본적 지식으로 나누어 제시한 점이 우수하다. 눈여겨볼 점은 창의, 열정, 도전과 같은 추상적인 1차 역량을 제시하지 않았다는 점이다. 본인이 가진 이력을 해외 영업이라는 직무 내용에 맞게 적극적으로 매치한 점 또한 우수하다. 각 문단에서 어필하고자 하는 핵심이 무엇인지 소제목과 첫 문장에서 직접적으로 제시해 전달력을 높였으며, 뒷받침되는 에피소드도 비교적 구체적으로 서술했다. 여기에 '왜 삼성물산의 해외 영업인가'를 붙여 줬다면 더 좋은 자기소개서가 되었을 것이다.

삼성물산 : 건설 부문(2013년 하반기 지원자의 자기소개서)

> [Essay 1]은 아래 3가지 사항을 포함하여 자유롭게 기술하시기 바랍니다.(3,000자 이내 자유 형식)
>
> - 본인의 성장 과정을 간략히 기술하되, 현재의 자신에게 가장 큰 영향을 끼친 사건을 반드시 포함시켜 주시기 바랍니다.
> - 삼성 취업을 선택한 이유와 입사 후 회사에서 이루고 싶은 꿈을 써 주시기 바랍니다.
> - 본인이 지원한 직무 분야에서 성공하기 위해 지금까지 어떤 노력을 기울여 왔는지 설명해 주시기 바랍니다.

1. 성장 과정 간략히 기술, 현재의 자신에게 가장 큰 영향을 끼친 사건

누구보다 저를 사랑해 주시고 아껴 주시는 부모님이 계셨기에 행복한 성장 과정을 겪었습니다. 부모님께서는 제가 어린 시절부터 지속적으로 봉사활동을 하셨습니다. 저도 이를 본받아 '받은 사랑을 베풀어야겠다'는 마음으로 중학교 시절부터 지금까지 꾸준히 봉사를 해 왔습니다. 이로 인해 저는 지역아동센터에서 다양한 문화와 환경의 친구들을 만남으로써 열린 마음으로 소통하고 협업하는 법을 배웠습니다.

부족하지만 조금이라도 저의 능력을 필요로 하는 사람들을 위해 도움과 사랑을 주는 일에 기쁨과 뿌듯함을 느끼고 함께 어울려 공동체 속에서 살아가기 위해 노력하고 있습니다. 또한 주위 사람에게 긍정적인 영향을 주고 업무를 통해 성취감을 느끼며 살고 싶습니다. 이 같은 꾸준함과 신뢰는 삼성물산에 입사하여서도 변치 않을 것입니다.

> **기찬쌤의 피드백**
> 글의 어필 포인트를 명확하게 제시하는 것이 좋다. 글의 전개가 봉사활동 → 소통과 협업 → 꾸준함과 신뢰로 이어지고 있는데, 한 가지만 확실히 어필하는 것이 좋다. 일단 포인트를 정한 후 자연스러운 흐름을 가질 필요가 있다.

2. 삼성을 선택한 이유

　삼성은 '사람이 곧 기업이다'라는 '인재 제일'을 기업의 핵심 가치로 삼아 인재를 소중히 여기고 마음껏 능력을 발휘할 수 있도록 해 준다고 알고 있습니다. 이러한 인재 육성 시책이 삼성을 세계적인 기업으로 우뚝 서게 한 원동력이 되었다고 생각합니다. 저는 삼성의 가족이 되어 지원한 산학협동 과정을 통해 뛰어난 교수님과 전문가 분들의 지도를 받아 역량을 키워 나가고, 온 힘을 다해 능력을 발휘하여 회사와 사회에 도움이 되고자 삼성에 지원하였습니다.

　또한 '삼성'이라는 브랜드를 들으면 처음 떠오르는 이미지는 글로벌 기업, 초일류 기업입니다. 삼성을 최고로 만든 힘은 경영자의 리더십, 직원들의 열정과 능력이겠지만 그 밑바탕에는 반드시 성공한다는 믿음과 서로에 대한 신뢰가 있었기에 가능했다고 생각합니다.

　서로 간의 신뢰와 회사에 대한 믿음이 형성되기 위해서 가장 중요한 것은 소통입니다. 과거의 소통은 기업의 성과와 효율성 재고에만 초점이 맞춰져 있었지만 삼성의 소통은 성과 지향적 소통과 동시에 정서적 소통을 병행하며 상호 간의 관계를 중시하였고 이는 인간적인 교류로 이어져 삼성에 대한 충성도 상승과 업무에 대한 열정으로 이끌어서 지금의 삼성을 만들었다고 생각합니다.

자신이 아무리 좋아하는 일을 하더라도 함께 일하는 사람들과의 관계가 좋지 않으면 성과는 극대화 될 수 없습니다. 정서적 소통을 통한 최상의 성과를 창출하는 삼성의 일원이 되어 초일류기업에 이바지하고자 지원하였습니다.

> **기찬쌤의 피드백**
> 자기소개서의 주인공은 항상 '내'가 되어야 한다. 삼성을 설명하는 비중을 낮출 필요가 있다. 다른 기업에서도 '우리 회사를 왜 선택했느냐'에 대한 항목이 많은데, 문자 그대로 '내가 선택한 기준'만을 이야기하는 것보다 '내가 가진 역량으로 기여할 수 있는 부분이 있어 지원했다'는 방향으로 전개하는 것이 더 설득력 있다.

3. 이루고 싶은 꿈

1등은 누구나 기억하지만 2등은 기억하지 않습니다. 또한 사업적인 측면에서도 1등의 브랜드 가치와 2등의 브랜드 가치는 그 차이가 상당하다고 볼 수 있습니다. 설사 1등과 2등의 품질, 성능의 차이가 미미하다 할지라도, 1등이 누릴 수 있는 시장 프리미엄은 2등의 그것과 비교가 안 되기 때문입니다. 예를 들어 런던 올림픽 100미터 육상 경기에서 1등한 우사인 볼트는 누구나 그 이름을 알고 심지어 육상의 영웅 대우를 받고 있으나, 당시 2등을 기록한 선수는 이름조차 알고 있는 사람이 드뭅니다.

삼성은 현재 멀티미디어, 디스플레이, 반도체, 가전과 같은 분야에서 국내 1위를 차지하고 있습니다. 이제는 한국 사람이라면 삼성이 1등 하는 것을 당연하게 생각할 정도입니다. 하지만 냉정하게 볼 때 삼성물산 건설은 국내에서 소위 알아주는 기업이지만 1등이라고 하기에는 무리가 있습니다.

저는 국내 및 글로벌 1등이 되기 위해 양적·질적 향상의 방향으로 전사 역량을 집중해야 할 시기라고 생각하며, 제가 지원한 삼성물산 산학협동에서 석사 과정을 거치면서 얻게 될 지식과 훈련 경험이 삼성의 향후 먹거리를 책임져 그 잠재력을 충분히 발휘할 수 있도록 일조하고 싶은 것이 제 꿈입니다. 따라서 저는 삼성물산의 산학협동 과정에서 끊임없는 학습과 연구 활동을 통해 담당 분야 최고의 전문가로 성장하여 자랑스러운 삼성인이 되고 싶습니다.

또한 글로벌화를 추진할 수 있는 삼성이라는 브랜드 힘을 통해 세계화된 기업에서 다양한 문화를 접하며 열심히 일해 보고 싶습니다.

> **기찬쌤의 피드백**
> 구직자가 지원 기업에 대해 평가는 할 수 있다. 그러나 반드시 그에 대한 분석과 근거가 뒷받침되어야 한다. 근거 없는 평가는 그저 깎아 내리기로 평가받을 수 있고 마이너스 요인이 될 수 있음을 명심해야 한다. 본인이 회사에 어떻게 기여하겠다는 언급이 구체적으로 나오는 것이 좋다.

4. 끊임없는 자기 계발과 도전정신

저는 삼성물산에 반드시 필요한 인재가 되기 위해 대학 입학 후에 진정한 공학도가 되고자 공학인증 프로그램을 이수하며 전공 분야 외에도 공학도로서 필요한 기본 소양을 갖추었습니다. 학과 수업이 어렵게 느껴지기도 했지만 포기하지 않고, 전공 학습 모임을 만들었습니다. 강의 후 2시간씩 공부하고 모르는 것은 서로 토론하며 깊게 파고들었습니다. 결국 구성원 모두 성적이 올랐고, 지속적인 모임으로 좋은 성적을 유지할 수 있었습니다.

과제가 주어졌을 때는 새로운 방식을 찾고자 했습니다. 예를 들어 교량 설계 프로젝트에서 다른 팀들은 모두 교량 자재로 했지만, 저희 팀은 재료비를 아끼고자 재활용품을 이용하였고, 도면 작성 보고서를 PPT보다는 캐드와 동영상을 이용하였습니다.

저는 토목공학 학문에서 가장 중요한 것이 바로 이론을 바탕으로 한 현실에서의 적용 및 경험이라고 생각합니다. 지금의 토목은 경험의 산물로써 이루어져 발전해 온 것입니다. 제가 아무리 뛰어난 지식을 배우게 되더라도 현실적으로 활용할 수 없다면 죽은 지식일 수밖에 없다고 생각됩니다. 따라서 저는 가능한 범위 내에서 직접 해 보기 위해 노력하였으며, 전공 관련 자격증을 취득하였습니다.

또한 건설업이 국내보다는 주로 중동에 수요가 많은 해외 수주 산업이기 때문에 도전정신은 반드시 필요하다고 생각합니다. 따라서 저는 대학교에 입학하여 첫 방학 때는 '과연 돈 없이 어디까지 할 수 있을까'라는 생각으로 친구들과 함께 무전여행을 했습니다. 무전여행을 통해 당연해서 고마움을 느끼지 못했던 크고 작은 것들이 얼마나 소중한 것인지 깨닫게 되었고, 돌이켜보면 그때 만난 사람들과 있었던 일들이 어려울 때 힘이 되어 주는 저의 소중한 재산이자 추억이 되었습니다. 약 2주간의 여행이었지만 끝나고 나니 무엇이든지 할 수 있다는 도전정신과 자신감을 얻게 되었습니다.

> **기찬쌤의 피드백**
>
> 개인의 역량을 제시할 경우, 에피소드는 STAR 기법에 맞춰 제시하는 것이 효과적이다. 과거 경험에 대해 감성적으로 표현하는 것은 읽는 이에게 충분히 어필되지 못한다. 무미건조하게 서술하도록 신경 쓰는 것이 좋다. 취직을 하겠다는 것은 사회인이 되고자 하는 것이다. 자기소개서도 비즈니스 문서로 생각하고 명확한 근거와 분석, 역량을 제시하는 것이 바람직하다.

CASE 10 제일모직 : 패션 부문

2014년 상반기에 '삼성에버랜드 패션 부문'에 지원한 자기소개서이며, 삼성에버랜드는 2014년 하반기 현재 제일모직으로 재편되었다.

---

1. 지원하신 직무를 선택한 이유와 그 직무에 필요한 역량을 갖추기 위해 지금까지 어떠한 노력을 해 왔는지 구체적으로 서술해 주시고, 그 경험들이 앞으로 회사와 본인의 발전에 어떻게 기여할 것이라 생각하는지 작성해 주시기 바랍니다.(1,000자 이내)

사소한 변화가 곧 큰 발전

제과점 아르바이트를 통해 영업직에 대한 적성을 발견했습니다. 아침 6시 30분부터 일하며 만난 주 고객층은 출근길의 직장인들이었습니다. 저는 아침 손님의 대다수가 식사 대용으로 빵을 찾을 것이라 생각했습니다. 아침에 판매하던 소보루빵과 낮에 파는 토스트의 판매 시간 변화를 제안했습니다. 사장님께서는 반신반의하시며 3일이라는 시간을 주셨고, 3일의 결과는 성공적이었습니다. 토스트는 소보루빵보다 800원이나 비쌌지만 기존과 달리 빠르게 판매되어 더 많은 매출을 올릴 수 있었습니다. 고객의 입장에서 시작한 작은 변화를 통해 큰 발전을 경험했고, 이 경험을 통해 주어진 일에 책임감을 갖는 습관도 생겼습니다.

말만 통해도 반은 성공이다

여러 종류의 아르바이트를 하면서 많은 연령층의 고객을 만났고, 의사소통 능력을 키웠습니다. 무조건적으로 제품의 장점을 늘어놓기보다 연령층마다 좋아하는 단어를 사용해서 공감을 이끌어 냈습니다. 저의 강점인 의사소통 능력을 바탕으로 고객의 니즈를 적극적으로 파악하고, 팀원들과의 협업에서도 시너지 효과를 낼 수 있도록 노력하겠습니다.

모르면 알 때까지

다양한 분야에 대해 발표하는 동아리 활동을 했습니다. 그중에서 저는 예술 분야의 조원이었습니다. 평소에 흥미를 갖고 있던 패션에 대해 발표하게 되었지만 덜컥 겁부터 났습니다. 어학 전공자로서 패션 지식이 부족했기 때문입니다.

하지만 모르는 부분은 공부하며 하나하나 알아 가면 된다고 생각을 바꾸었고, 패션과 관련된 교양 수업을 청강했습니다. 시대별 패션 트렌드에 대해 공부하고, 발표하는 과정을 통해 부족한 지식에 대한 두려움을 버리게 되었습니다. 또한 패션을 단순히 책으로 공부하려던 태도 역시 버리게 되었습니다. 모른다고 포기하는 태도가 아닌, 알 때까지 배우는 자세로 입사 후에도 열정적으로 업무를 배우겠습니다.

> **기찬쌤의 피드백**
> 자기소개서에서는 어휘 선택에도 신중해야 한다. 적성을 발견했다는 표현보다는 '영업 역량이 있기 때문에 지원했다'라고 표현하는 것이 더 좋다. 본인의 약점을 극복하기 위한 행동이 해당 직무 역량과 연결되어 있는 점을 어필한 것은 우수하다.

---

2. 도전적인 목표를 정하고, 목표를 달성하기 위해 체계적인 계획을 세우고 실천하였던 경험에 대해 서술해 주십시오. 목표·계획의 세부적인 내용과 그 과정에서 어려움을 극복한 방법, 결과적으로 본인이 얻은 성취에 대해 구체적으로 써 주시기 바랍니다.(1,000자 이내)

대학생 버킷리스트

대학교 입학과 동시에 대학생 신분으로 꼭 하고 싶었던 5가지 일을 정했습니다. 그중 하나는 2011년 여름에 떠났던 배낭여행입니다. 혼자 힘으로 경비를 마련하기 위해 여행 준비 기간을 1년으로 정했습니다. 학기 중에는 학교 근처에 위치한 제과점에서 아침 아르바이트를 했습니다. 시간을 효율적으로 쓰기 위해 이른 시간부터 일을 했습니다. 처음에 터무니없이 이르게만 느껴졌던 시간이 어느덧 제게는 시간을 벌어 주는 습관이 됐습니다. 또한 고객들의 필요에 민감해지고 낯선 사람들과도 잘 지낼 수 있는 융통성을 배울 수 있었습니다. 방학 중에는 여행 자금과 자기계발 모두를 할 수 있는 일을 시작했습니다. 영어 캠프에서 일하며 외국인 친구를 사귀어 영어뿐 아니라 중국어 공부도 시작하게 됐습니다.

노력에 비례하는 신뢰

부모님께서는 학업과 아르바이트를 병행하는 것에 대해 걱정하셨습니다. 그로 인해 부모님과의 마찰이 종종 있었고, 여행이 무산될 위기도 있었습니다. 저는 부모님께 제가 할 수 있다는 것을 보여 드리기 위해 더 열심히 공부했고, 결국 장학금을 탔습니다. 늘 하던 공부였지만, 구체적인 목표가 생긴 뒤였기 때문에 성취감은 배가되었습니다. 또한 제 학점과 더불어 부모님의 신뢰도가 증가했습니다. 부모님의 신뢰를 받으며 목표를 위해 꾸준히 전진할 수 있었습니다.

성실한 365일

사람 만나기를 좋아하는 저에게 일과 공부로 1년을 보낸 것은 쉽지 않은 일이었습니다. 하지만 제가 해낼 수 있었던 이유는 스스로 세운 목표를 포기하기 싫었다는 것과 아르바이트를 통해 뜻밖의 성취감을 느꼈기 때문입니다. 살면서 제일 성실한 1년을 보낸 시기이고, 힘들지만 제일 즐거웠던 추억이라고 자신할 수 있습니다.

여행을 준비하는 과정에서 깨달은 성실함과 원만한 대인관계의 중요성은 회사 입사에 필요한 기본적인 역량이라고 생각합니다. 1년 동안 준비한 과정에 비하면 3주간의 여행은 작은 결과일 수도 있지만, 여행이라는 목표 설정을 통해 자기관리 능력을 발전시킬 수 있었습니다.

> **기찬쌤의 피드백**
>
> 여행, 장학금 등 앞에서 언급한 소재는 개인에게 의미 있는 것으로 면접관에게 어필되지 못한다. 차라리 여행 소재를 올바르게 구성하는 편이 낫다. 경비를 마련하고 여행 계획을 수립한 과정과 여행 중 배운 것 그리고 혼자서 만들어 낸 여행의 의미 순서로 전개하는 것이 바람직하다. 말미에 언급된 '성실성'에 대해서는 관련 근거를 추가해 설득력을 높일 필요가 있다.

---

3. 지원하신 회사와 관련된 최근 이슈 중 본인이 생각하기에 중요하다고 생각되는 것을 한 가지 선택한 후, 해당 이슈에 대한 본인의 견해를 설득력 있게 밝혀 주시기 바랍니다.(1,000자 이내)

위기를 기회로, 전화위복

　최근 선진국의 소비 트렌드가 변화하고 있습니다. 소비자들은 지출 가치를 극대화시키는 변화를 보이고 있습니다. 전 세계 소비시장을 주도하고 있는 선진국의 소비 트렌드 변화는 한국은 물론 신흥국에도 확산되는 추세를 보이고 있습니다. 이러한 소비 트렌드의 변화에 빠르게 대응 전략을 세워 위기를 기회로 바꾸는 능력을 갖춰야 합니다. 전체적으로 위축되고 있는 구매 심리를 자극할 수 있는 세일즈 토크를 이끌어 내야 합니다. 최고의 방법은 소비자가 원하는 본질에 충실한 상품을 제공하고, 소비자가 능동적으로 구매하도록 하는 것입니다.

경험을 하면 달라진다

위축된 구매 심리를 자극하기 위해 프로모션 과정에서 고객을 직접 참여시키는 사례가 늘고 있습니다. 뜻밖의 캠페인이나 팝업형 전시 공간 등을 활용하여 경험하도록 하는 것이 중요합니다. 예를 들어, 아디다스는 인텔 IQ와 함께 오프라인 매장에 인터렉티브 월을 설치하여 약 8,000개의 제품을 가상으로 경험할 수 있게 했습니다. 그 결과, 아디다스는 매출을 500%로 올렸습니다. 또한 온라인 쇼핑몰 BONOBOS는 옷을 사는 데 익숙하지 않은 남성 고객을 위해 옷을 입어 볼 수 있는 체험형 매장을 오픈했습니다. 매장에서는 체험만 가능하게 만들었지만, 직접 입어 보고 고를 수 있는 고객의 능동적 참여를 통해 매출을 올린 성공 사례입니다.

앞으로 나아갈 방향

삼성에버랜드(패션)의 경우에도 소비자에게는 만족감을 주고, 기업에는 이익을 남길 수 있는 프로모션을 오픈해야 합니다. 성별과 의류 종류에 의한 기준보다 색상을 기준으로 진열한다면, 매장에서 직접 자신의 피부 톤에 어울리는 색상을 찾아 의류를 선택할 수 있는 자율성을 제공할 수 있습니다. 이런 자율성을 통해 패션으로써 아름다움을 보이고 싶어 하는 니즈를 보다 쉽게 만족시킬 수 있습니다. 다른 기업들과는 차별화됨과 동시에 소비자들에게 지출 가치를 극대화시킬 수 있는 프로모션이라고 생각합니다.

> **기찬쌤의 피드백**
>
> 첫 번째 문단에서 '선진국 소비 트렌드 변화'의 정의를 구체적으로 제시해 주는 것이 좋다. 메인 주제의 개념을 명확히 하면 두 번째 문단의 역할이 더 명료해진다. 사실 전달 역할을 하는 두 문단을 한 문단으로 짧게 만들고 내가 주장하는 부분이 메인으로 빨리 등장하도록 만드는 것이 좋다. 자율성을 통한 프로모션이 어떤 효과가 있는지, '나는 어떻게 기여할 수 있는지' 말하는 부분이 보완된다면 완성도를 높일 수 있다.

면접의 기술
결국 사람 대 사람이다

해당 분야에 해박한 지식을 가지고 있어도 기업의 인재상이나 기업 문화에 맞지 않다면 합격자 리스트에 오르지 못한다. 면접장은 구직자의 매력을 드러내야 하는 자리이다. 철저한 사전 준비로 면접에서 실수를 줄이는 것은 치열한 취업 전쟁에서 살아남기 위한 방법이다. 우선, 면접이 어떤 목적에서 치러지는지부터 명확하게 파악해야 한다. 다시 말해 구직자라면, 가장 먼저 기업의 문화와 기업이 원하는 인재상에 대한 이해가 선행되어야 한다.

PART4 » 면접의 기술 _결국 사람 대 사람이다

구직자들의 오해,
임원 면접이 오히려 쉽다?

면접은 기업 특성에 따라 달라진다. 1, 2차로 나뉘어 토의 면접, 역량 면접, PT 면접 등을 본다. 삼성 면접의 특징은 PT(프레젠테이션) 면접과 임원 면접이 동시에 진행된다는 점이다(2015년 하반기부터 창의성 면접이 추가된다.). 임원 면접은 질문을 통해 구직자의 기본 인성과 적응성을 중점적으로 평가하고, PT 면접은 직군별 기본 실무 능력과 활용의 가능성을 중점적으로 평가한다.

  구직자 대부분이 전공 관련 지식에 대한 두려움이 있고, 몇몇 S/W 직무의 경우 면접장에서 손코딩(소프트웨어 프로그램 설계) 문제도 출제되다 보니 구직자들은 PT 면접보다 본인의 장단점 등 평이한 질문을 던지는 임원 면접을 오히려 쉽게 생각하는 경향이 있다. 하지만 반드시 알아 두어야 할 것이 있다. PT 면접장에 들어오는 면접관들은 PL(Project

Leader)급 간부들이고, 인성 면접장에 들어오는 면접관들은 임원이다. 기업에서 누가 더 중요한 위치에 있는가를 생각한다면 구직자들이 더 중요하게 생각해야 하는 면접은 당연히 임원 면접이다.

삼성은 대한민국에서 최초로 대졸 공채를 시작한 기업이다. 당시 이병철 회장이 관상가를 대동해 면접관으로 참여한 일화가 매우 유명하다. 지금은 이러한 프로세스가 없어졌지만, 이 일화가 면접자에게 시사하는 바는 매우 크다. 과연 이병철 회장이 구설수에 오를 수도 있는 관상가를 데리고 면접장에 들어간 이유는 무엇일까?

만약 내가 최초로 대졸 공채를 뽑는 기업의 회장이었다면 '누가 더 똘똘할까?'라는 잣대로 구직자들을 평가했을 것이다. 하지만 이병철 회장의 관점은 달랐다. 그의 채용 핵심은 '여기 있는 대학생 중에 나중에 나와 삼성의 뒤통수를 칠 수 있는 리스크를 안고 있는 사람은 누구일까?'였다. 즉 '사기관상'을 보고자 한 것이었다. 조직의 관점에서 본다면 충분히 예측할 수 있는 필터링이다.

물론 이건희 회장의 '1명의 천재가 10만 명을 먹여 살린다'라는 '천재론'처럼 현대 사회는 소수의 우수한 인재가 전체를 먹여 살리는 인재 중심 사회이다. 하지만 조직에게 천재를 발견하는 것보다 더 중요한 것은 조직 전체의 분위기를 흐트려 조직 다수의 공익을 저해하는 사람을 골라내는 것이다. 그래서 면접관들은 이 부분을 가장 주의 깊게 관찰한다. 다시 말해, 임원 면접은 당신이 생각하는 것처럼 스마트함을 평가하는 자리가 아니다. 삼성뿐 아니라 대부분의 임원 면접장은 구직자 중 문제가 있는 학생들을 골라내기 위한 절차이다. 결국 정신적으로 '건강한 인재'를 찾아내고자 하는 '인성 면접'이 임원 면접인 것이다.

물어보는 질문에 또박또박 대답만 잘한다고 해서 임원 면접에서 통과할 수 있는 것은 아니다. 만화영화 〈스머프〉를 본 사람이라면 잘 알 것이다. 똘똘이가 아무리 똑똑해도 매력적으로 비치지 않는다. 즉 해당 분야에 해박한 지식을 가지고 있어도 기업의 인재상이나 기업 문화에 맞지 않다면 합격자 리스트에 오르지 못한다. 면접장은 구직자의 매력을 드러내야 하는 자리이다. 하지만 치열한 취업 경쟁에 치이고, 짧은 시간 안에 자신을 모두 보여 줘야 한다는 성급함 때문에 면접 본연의 목적을 놓치는 구직자가 많다.

물론 철저한 사전 준비로 면접에서 실수를 줄이는 것은 치열한 취업 전쟁에서 살아남기 위한 방법이다. 그러나 그에 앞서 면접이 어떤 목적에서 치러지는지부터 명확하게 파악해야 한다. 다시 말해 구직자라면, 가장 먼저 기업의 문화와 기업이 원하는 인재상에 대한 이해가 선행되어야 한다.

PART4 » 면접의 기술 _ 결국 사람 대 사람이다

02
기업이 요구하는
인재상부터 이해하라

기업별로 요구하는 인재상은 매우 다양하다. 하지만 자세히 살펴보면 기업에서 원하는 인재상에도 공통분모가 있다. 물론 특유의 기업 문화를 선호하는 벤처기업이나 스타트업 기업들이 있기는 하지만 여기서 말하는 인재상의 범주는 삼성을 필두로 한 국내 대기업의 관점이다.

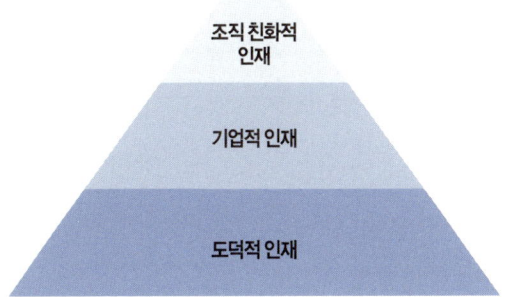

위는 내가 구조화시킨 건강한 인재의 조건이다. 피라미드 방식으로 구조화시켰다. 아래로 갈수록 중요한 덕목이다.

검은 유혹에 강한 '도덕적 인재'

피라미드의 가장 초석이 되는 것은 '도덕적 인재'이다. 앞서 말한 것처럼 삼성은 국내 사회 집단 중 유일하게 혈연·학연·지연으로부터 자유로운, 공정한 기업 문화를 가지고 있다. 몇몇 사회적 이견이 있을 수도 있지만, 경험상 삼성은 그 어떤 기업보다 깨끗한 기업 문화를 갖고 있다. 그렇기 때문에 신입사원을 뽑을 때 가장 중요하게 꼽는 덕목은 원리 원칙을 지키는, 다시 말해 기업의 룰을 따를 수 있는 윤리의식이다.

기업 입장에서 생각해 보자. 아무리 창의력이 뛰어나고 우수한 스펙을 보유한 인재라고 해도 이 사람이 부도덕한 일을 하면 조직은 큰 피해를 입게 된다. 종종 경리 직원의 회계 비리 등에 대한 소식을 뉴스에서 접해 보았을 것이다. 시스템이 정확하고 까다롭기로 소문난 삼성에서도 가끔 이런 일이 일어난다. 따라서 기업은 당연히 입사 전에 당신의 윤리의식을 확인하고자 한다.

이런 윤리의식이 타 부서보다 엄격하게 요구되는 직무가 있다. 바로 재무 관련 부서와 구매 부서이다. 재무 담당자들은 항시 돈을 관리해야 하고, 자금 파트의 경우 일부 금융권으로부터 검은 유혹을 받을 수도 있기 때문에 이런 잣대는 더욱 엄격하게 요구된다. 구매 부서 또한 마찬가지이다. 삼성은 타 기업과 비교할 수 없을 정도로 깨끗한 기업 문화를 가지고 있기 때문에 구매 부서에 있는 있는 사람들은 협력사 간부들에게 커피 한 잔도 얻어먹지 않는다.

대부분의 구직자는 기업이 창의적 인재를 중요하게 여길 것이라 생각한다. 물론 창의성도 중요하다. 그러나 아무리 똑똑하고 아이디어가 넘치는 인재라고 해도 올바른 인성과 도덕적 판단력을 겸비한 윤리를 베이스로 깔고 있지 않다면 기업에서는 절대 반기지 않는다. 다시 말해 '도덕성 없는 스티브 잡스'는 기업에 필요하지 않다.

성장이냐 분배냐, '親기업적 인재'

그다음으로 중요한 인재상은 '親기업 정서'이다. 최근 학생들을 만나며 느낀 것은 많은 구직자가 좌경화되어 있다는 점이다. 물론 사상적 색깔은 개인의 자유이다. 전 세계 어디든지 젊은 지성인인 대학생들이 진보적 가치를 갖는 것이 사회의 건전한 성장을 위해서도 도움이 된다고 생각한다.

그런데 기술적으로 접근했을 때 당신이 입사할 곳은 기업이다. 그것도 대기업이다. 그리고 그 정점에 있는 기업이 삼성이다. 참여연대 면접 자리가 아니기 때문에 어느 정도의 주파수는 맞출 필요가 있다.

다음은 삼성 면접장에서 자주 벌어지는 면접 상황이다.

면접관 | 평소 노조에 대해 어떤 생각을 가지고 있나요?
면접자 | 노조는 필요하다고 생각합니다.
면접관 | '삼성 무노조 경영'이라는 이야기는 들어본 적 없나요?

면접자 | …….

특히나 공대생들은 사회적 이슈에 대해 관심이 부족하기 때문에 이런 부분에 대한 대응력이 약하다. 국내의 모 패션 대기업에서는 면접자들에게 다음과 같은 공통 질문을 했다.

"가장 존경하는 정치인은 누구인가요. 그리고 그 이유에 대해 설명해 주세요."

개인적으로 매우 좋지 않은 질문이라고 생각한다. 민주주의 사회인 대한민국의 구직 시장에서 개인의 정치적 성향을 묻는 것은 온당한 절차가 아니다. 하지만 현실은 어쩔 수 없다. 질문은 이미 던져졌다. 당시 나의 제자는 가장 존경하는 정치인으로 김구 선생을 들었다. 그랬더니 면접관은 "백범 김구 선생 말고 현실 정치인 중에서 들어보세요."라며 추가 압박을 했다고 한다. 당신이 이런 질문을 받았다면 과연 어떤 정치인을 거론할 것인가?

아마도 대한민국에서 정치인을 존경하는 국민은 극소수가 아닐까 싶다. 그러나 해당 기업이 갖고 있는 문화 그리고 윗선의 지시로 이런 질문을 한 의도를 생각하면 어느 정도 답은 나와 있다. 그렇다고 너무 티 나게 보수 대통령을 맹목적으로 거론하는 것은 좋지 않다. 면접장에서 정답은 없다. 그나마 정답이 있다면 그것은 '차별화'이다.

당시 한 면접자는 면접관의 압박 질문에 이렇게 대답했다.

"대통령이라는, 나라를 대표하는 종합 정치인을 일원화시켜 평가하기는 굉장히 어려울 듯합니다. 보는 관점에 따라 다른 평가가 필요하다고 생각합니다. 대외경제·외교적인 측면에서는 에너지 자원외교의 물고를 튼 MB 정권을 최고의 정권이라 평가합니다. 반면 인권적인 측면이라면 참여정권의 성과를 무시할 수 없다고 판단합니다."

이런 식의 식견을 피력하면 입체적인 사고력도 어필할 수 있고, 기업의 질문 의도에도 어느 정도 부합하는 절충안이 될 것이라고 생각한다. 일말의 갈등도 없이 보수 대통령을 지목하면 가면을 쓰고 답변한다고 생각할지도 모른다.

그렇다면 노조에 대해서는 어떻게 답변해야 할까? 우선 팩트(fact)를 정리하면 된다. 노조는 좋은 것일까? 나쁜 것일까? 정답은 노조는 좋은 것도, 나쁜 것도 아니다. 노조는 임직원들의 목소리를 사측에 전달하는 매개체이다. 그럼 우리가 진정으로 원하는 목표는 무엇일까?

기업 성장과 종업원의 자기 성장이 동시에 진행되는 것이 가장 이상적인 모델이다. 따라서 각 기업의 경영 환경과 기업 상황에 맞춰 노조는 있을 수도 있고, 없을 수도 있다. 이런 식으로 처음에는 팩트를 중립적으로 정리하는 것이 적당하다. 그리고 질문의 마무리로 비전형적이고 정치적 색깔을 갖춘 노조에 대해서는 사회적으로 주의하는 시선이 필요하다고 정리하여 발언하면 임원들과 주파수가 맞을 것이다.

앞서 삼성 임원들이 기본적으로 가지고 있는 기업의 가치관에 대해 이야기했다. 만약 당신이 면접장에서 임원들의 가치관과 전혀 다른 느낌의 답변을 한다면 당연히 공감대를 끌어내기 어려울 것이다.

단도직입적으로 말해 입사를 시키면 조직의 물을 흐리게 만드는 사람으로 평가받게 되는 것이다. 당신의 가치관이 어느 쪽이든 구직 환경하에서 당신의 고객은 기업이다. 그러므로 말미에는 삼성 임원들과 코드를 맞추는 것이 좋다.

팀플레이가 가능한가, '조직 친화력'

마지막으로 기업에서 중요하게 보는 인재상은 '조직 친화력'이다. 이 부분은 협업의 능력을 확인하기 위한 영역이며, 이타성이라는 덕목과도 일맥상통한다. 요즘 구직자들은 개인주의가 매우 강하다. 나보다는 팀을 먼저 생각하는 이타성을 반드시 표명해야 한다.

그렇다면 면접에서 조직 친화력을 어떻게 확인할까? 과거에는 SSAT에서 상황 판단 문제를 통해 이 문제를 간단하게 풀었지만, 지금은 SSAT에서 이 문제가 사라졌고, 면접장에서 상황 설정 질문을 통해 확인한다. 간단한 예를 들어보자.

직장 상사의 결혼식에서 본인이 축의금을 받고 있다. 그런데 협력사 간부가 결혼식장에 와서 축의금을 주고 갔다. 금액을 확인해 보니 1천만 원이었다. 이는 상사와의 '조직 친화력'과 기업의 사내 규칙인 '윤리의식'이 상충되는 상황이다. 앞서 인재상 피라미드에서 아래쪽으로 갈수록 중요한 덕목이라고 했다. 따라서 조직 친화력과 윤리의식 중 우선시되어야 하는 항목은 당연히 윤리의식이다. 하지만 여기서 중요한 것은 극단적인 선택을 하지 말아야 한다는 점이다.

당신이 실제로 이러한 상황에 처한다면 어떻게 대처하겠는가? 나라면 당연히 신혼여행을 떠난 상사가 돌아올 때까지 기다릴 것이다. 그리고 상사가 돌아오면 이렇게 말할 것이다.

"이 축의금은 돌려주는 게 맞는 것 같습니다. 또한 금액이 크니 상부에 보고하는 것이 좋을 것 같습니다."

그런데 만일 상사가 축의금을 돌려주지 않으려고 한다면 그때는 정해진 절차를 따라 원칙을 지키면 된다. 따라서 기준점은 유지하되 '단계적으로(Step by step)'으로 접근해야 한다.

또 다른 예를 들어보자. 그룹장이 당신의 의사를 묻지도 않고 당신을 복수노조의 일원으로 가입시켰다. 이는 '親기업 정서'와 '조직 친화력'이 상충되는 부분이다. 노조 관련 이슈는 민감한 사안이지만 현재 대기업, 특히 삼성의 모습을 보면 조직 친화력보다 중요한 이슈는 親기업 정서와 관련되는 부분이다. 또한 본인의 의사를 묻지도 않고 노조에 가입시킨 그룹장의 행동은 당연히 잘못된 것이다. 하지만 이때도 극단적인 모습을 보이는 것은 좋지 않다.

우선은 그룹장과 노조와 관련된 대화를 나누고 본인이 평소 생각하는 노사 관계에 대해 이야기한 다음 명단에서 삭제해 달라고 정중히 부탁해야 한다. 그런데도 그룹장에게 개선의 모습이 보이지 않는다면 정해진 절차에 따라 행동한다. 이렇듯 원칙은 있어야 하지만 절대 극단적인 선택을 해서는 안 된다.

우리나라 대기업에서 면접을 본다면 어디든 마찬가지이다. 기업의 정서, 기업의 문화에 대한 기본적 이해가 있고 난 다음 면접장에 들어서야 면접장에서의 돌발적인 질문에 대해 요령 있게 대답할 수 있다. 자신의 성향이나 의견을 민낯 그대로 드러내기보다 면접관의 코드에 맞출 필요가 있다.

  그렇다고 해서 모든 질문에 대해 무조건 회사에 맞추려고 해서는 안 된다. 기본적인 코드는 기업에 맞추되 자신의 개성과 매력을 어필하는 것이 면접의 차별화이다. 도대체 어디에 장단을 맞춰야 할지 모르겠다고 한다면 다음에 소개하는 면접장에서 일어난 실례를 보며 주의해야 할 사항에 대해 찬찬히 살펴보도록 하자.

Plus 5⁺

SSAT 시험 출제를 통한 삼성 인재상 이해

다음은 예전 삼성 SSAT 시험에 포함되었던 상황 판단의 문제 유형들이다. 지금은 출제되지 않지만 면접장에서 비슷한 성격의 질문이 나올 수 있다(실제로 몇몇 삼성 금융 계열사는 면접장에서 별도의 테스트가 있었다.). 문제를 보면 알겠지만 정답이 없는 영역이다.

아래 가이드라인은 심리학적인 접근이 아니라 삼성에 있는 동기들과 입사에 성공한 학생들에게 설문조사를 통해 결론을 도출한 것이다. 다음 문제를 풀어 보면서 삼성이 왜 구직자들에게 이런 질문을 던졌는지 생각해 보도록 하자.

다음 페이지에는 당신이 조직 생활에서 겪을 수 있는 상황들과 그러한 상황에서 당신이 취할 수 있는 행동이 제시되어 있다. 각각의 상황을 읽고, 당신이 취할 행동과 가장 가까운 것(Most)과 가장 먼 것(Least)을 한 개씩 고르도록 하라.(답은 박스에 표기)

> **1.** 입사 후 2년이 흘렀다. 면접 진행 요원으로 차출되어 신입사원 면접장에서 보조 업무를 담당하고 있는데 면접 복장이 매우 불량한 구직자를 발견했다. 당신은 어떻게 하겠는가?

① 상사에게 용모가 단정한 다른 면접자로 대체할 것을 권유한다.
② 복장 불량에 대해 이야기하고 다른 옷으로 갈아입고 오게 한다.
③ 구직자에게 합격/불합격 여부는 언급하지 않고, 회사의 채용 방침에 대해 설명한다.
④ 인사과장에게 인계한다.
⑤ 아무 말도 하지 않는다.

M	L

기찬쌤의 피드백 사실 정답은 없다. 하지만 1번 문제와 같은 상황이라면 면접자 인솔이라는 업무를 생각했을 때 면접에 지대한 영향을 끼칠 만한 ①번과 ②번의 경우 과도한 행동이 될 수 있다. 특히나 다른 면접자로 대체까지 한다는 점은 채용 프로세스를 무시하는 것이 될 수 있기 때문에 가장 하지 말아야 할 행동에 가깝다. ④번과 ⑤번은 무신경한 영역이므로 좋은 판단이 되지 못한다. 따라서 가장 좋은 선택은 면접의 룰을 지키는 범주 내에서 원활하게 면접을 진행할 수 있는 ③번이 가장 적합해 보인다.

2. 평소 사이가 좋던 당신과 A과장은 최근 맡게 된 새 프로젝트로 인해 의견 차이가 생겨 사이가 나빠졌다. 이때 당신은 어떻게 행동할 것인가?

① A과장과 진솔하게 대화를 시도한다.
② A과장보다 직급이 높은 상사에게 상담을 청한다.
③ 입사 동기에게 조언을 구한다.
④ 자신의 업무에만 신경 쓴다.
⑤ 더 나은 대안을 제시하여 의견을 조율을 시도한다.

M	L

기찬쌤의 피드백

우선 이 문제의 경우 A과장보다 직급이 높은 상사와 상담을 하는 행동은 자칫 고자질처럼 비칠 수 있다. A과장과의 트러블이 조직의 규칙이나 중대한 과오와 관련되는 부분이라면 모를까 직원들 사이에서 발생할 수 있는 소소한 문제를 상사에게 직접 보고하는 것은 조직 친화력상 좋은 선택이 아니다. 좋은 방안은 현실적인 복안을 통해 문제를 합리적으로 해결할 수 있는 ⑤번으로 추정된다. ④번은 무신경한 부분이 될 수 있고, ①번과 ③번은 크게 이점이 될 수 없는 일반적인 상황에 해당된다고 할 수 있다.

3. 당신은 영업팀의 대리이다. 금번에 영업팀에 프로젝트가 할당되었는데 평소 꿈꿔 오던 프로젝트이다. 그런데 당신의 동료 A대리는 해당 프로젝트의 최고 전문가이다. 당신은 어떻게 하겠는가?

① A에게 양해를 구한다.
② A가 전문가이므로 포기한다.
③ 상사에게 나에게 시켜 달라고 부탁한다.
④ 내가 더 잘할 수 있다는 것을 동료들에게 어필한다.
⑤ A와 함께 팀을 구성하여 참여하고 싶다고 상사에게 보고한다.

M	L

기찬쌤의 피드백

본인의 업무 욕심과 조직의 성과가 상충되는 부분이다. 이런 상황은 내가 삼성에서 생활할 때에도 심심치 않게 발생했었다. 당연히 가장 좋은 선택은 ⑤번으로 보인다. 결국 조직의 성과도 일구어 내고 더불어 본인의 도전도 이행할 수 있기 때문이다. 가장 좋지 않은 답은 본인의 욕심만을 위해 상사에게 이야기하는 ②번이나 동료들의 분위기를 조정하는 모습의 ④번이다. A에게 부탁하는 부분과 포기하는 부분은 중간 정도로 보인다.

4. 사원인 당신은 A대리와 함께 연구 개발 활동을 진행했다. 연구 개발이 완료된 후 A대리는 개발 결과물을 특허출원하였는데, 당신의 이름을 발명자 명단에 올리지 않았다. 어떻게 하겠는가?

① A대리에게 정중하게 항의한다.
② 동일 부서 K과장에게 부당한 행위 내용을 보고한다.
③ A대리에게 특허 발명을 양보한다.
④ 발명에 기여한 비율을 객관적으로 집계한 후 A대리와 협의한다.
⑤ 별도로 독자 특허출원을 진행한다.

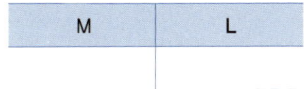

M	L

기찬쌤의 피드백 실제로 개발 현장에서 자주 발생하는 상황이다. 발명의 비율을 무 자르듯이 자를 수 없기 때문이다. ②번과 ⑤번은 직접적인 충돌이 발생하게 되는 상황이다. 특히나 ⑤번은 회사 입장에서 특허출원 비용이 이중으로 발생하니 가장 좋지 않은 상황이 될 것이다. 객관적 상황 분석을 선행한 ④번을 추천한다. 뒤이어 ①번이 좋을 듯하다. ③번은 중간 정도의 답안으로 보인다.

> **5.** 당신은 영업팀 소속 대리이다. 현재 경영전략회의에서 영업팀과 재무팀 사이에 의견 차이가 있어 양 부서 간의 관계가 원활하지 못한 상황이다. 이 상황에서 재무팀에 있는 입사동기 K대리가 영업 관련 데이터를 정리해 달라고 부탁해 왔다. 당신은 어떻게 하겠는가?

① 영업 관련 데이터를 전달하지 않는다.
② 부서보다는 회사를 생각해서 데이터를 정리하며 발송한다.
③ 영업팀장님께 보고한 후 지시를 따른다.
④ 영업 관련 데이터를 정리한 후 동기와의 관계 때문에 특별히 발송한다고 이야기한다.
⑤ K대리의 부탁을 무시한다.

M	L

기찬쌤의 피드백 해당 조직의 직계 라인 보고를 진행하고 지시를 따르는 ③번이 적절해 보인다. ②번은 거시적 관점에서는 맞지만 본인이 내린 의사결정의 신뢰성을 확신하기는 쉽지 않다. 좋지 못한 상황은 ⑤번과 ①번의 극단적인 상황이다. 개인적으로는 정치적인 성향을 보여 주며 사적 이익을 도모하는 ④번이 가장 좋지 않은 선택으로 보인다. 다소 정치적인 성향을 가진 사원으로 오해받을 수 있다.

6. 당신은 인사팀 신입사원이다. 인사팀장인 K부장이 주간 보고서를 취합하라고 지시했다. 직후 같은 팀 L차장이 교육 평가 리스트 취합 업무를 지시했다. 마지막으로 바로 윗상사 A대리가 신입사원 면접 평가표 작성을 지시했다. 당신은 어떻게 하겠는가?

① 신입사원 면접 평가가 시급한 일로 보이므로 대리가 지시한 일을 한다.
② 가장 먼저 지시한 부장님의 업무를 우선적으로 처리한다.
③ 입사동기에게 자문을 구한다.
④ 평소 친하게 지내는 옆 부서 과장님께 문의한다.
⑤ 조금씩 동시에 일을 진행한다.

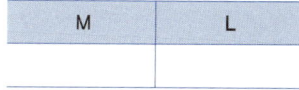

기찬쌤의 피드백
이러한 상황에서 가장 중요한 점은 업무의 시급성이다. 하지만 신입사원은 해당 업무의 시급성을 절대 확언할 수 없다. 따라서 해당 부서 직계 보고 라인을 통해 시급성과 관련해 자문을 구해야 한다. 하지만 베스트 상황이 없기에 이러한 상황이라면 ④번을 추천하고 싶다. ①번은 본인의 판단이고 ②번은 단순한 시간 순, ③번은 대등한 수준에서의 자문, ⑤번은 동등한 시급성의 기준 적용이기 때문에 눈에 띄는 최악의 상황은 보이지 않는다. 명확하게 이상적인 정답을 보기에 부여하지 않는 것은 구직자들이 가면을 쓰고 거짓 증언을 할 수 있기 때문이다. 기술적으로 상황 판단은 가장 좋은 상황과 가장 좋지 못한 상황의 답, 2개일 경우도 있다. 이러한 경우라면 2개 중에 너무 고민하지 말고, 근소하게라도 마음이 가는 쪽을 선택하면 된다. 상황 판단에서 시간 부족은 절대 있어서는 안 된다.

임원 면접의 기본,
가면을 쓰지 마라

삼성에 있을 때, 임원들이 면접장에 들어가면서 나눈 대화를 들은 적이 있다. 그들은 이렇게 말했다.

"요즘 애들은 어떻게 다들 똑같아?"

"누가 누군지 모르겠어."

실제로 이러한 푸념이 면접관들 사이에서 자주 터져 나온다. 개성 넘치는 현대의 젊은 사람들이 이런 평가를 받는 이유는 무엇일까? 바로 구직자들이 면접장에 갈 때 가면을 쓰기 때문이다.

정형화된 자기소개는 오히려 독이다

구직자들은 면접이 잡히면 예상 질문 리스트를 작성한다. 문제는 많은 구직자가 자신의 이력서와 자기소개서는 무시하고 기출 면접 질문에 집착한다는 것이다. 질문에 대한 답도 마찬가지이다. 인터넷 포털에 의존해서 찾은 답을 페이퍼로 출력하여 열심히 암기한다. 그리고 암기가 끝나면 면접 준비가 끝났다고 판단한다.

구직자들이 기출 면접에서 나오는 질문을 받게 될 가능성은 얼마나 될까? 설령 질문을 받는다고 하더라도 앵무새처럼 정해진 답변만 되풀이한다면 과연 다른 구직자들과 차별화될 수 있을까? 또한 임원들은 구직자의 답이 외운 것인지 그렇지 않은 것인지 알아차리지 못할까?

삼성의 경우, 계열사나 직무마다 다르긴 하지만 일반적인 면접 경쟁률은 3대 1 미만 수준이다. CJ의 경우는 6대 1, 일부 현대자동차 계열사의 경우는 10대 1 수준이다. 즉 면접장에서 남들과 비슷하게 답변하면 떨어질 수밖에 없다.

면접관들은 질문의 답을 듣기 위해 면접장에 와 있는 것이 아니다. 그들은 구직자들과의 대화를 통해 인성 역량과 직무 역량을 확인하고자 한다. 따라서 정형화된 딱딱한 자기소개는 독이 될 수밖에 없다.

예상 질문의 답을 키워드로 정리하라

면접의 예상 질문 리스트는 본인의 이력서와 자기소개서에서 나와야 한다. 그리고 예상 질문 리스트에 대한 답변은 원고로 작성하지 말고 '키워드'로 정리해야 한다. 미리 작성해 둔 원고를 외우면 두 가지 문제점이 발생한다.

첫째, 면접장은 누구나 긴장되는 자리이다. 그러므로 순간적으로 머릿속이 하얗게 백지가 되는 상황이 벌어질 수 있다. 원고를 외운 구직자들은 이러한 위험에 더욱 많이 노출된다. 둘째, 이야기를 자연스럽게 풀어 나가지 못한다. 면접장은 구술 테스트 장소가 아니다. 심한 경우 면접장에서 타자기처럼 눈알을 횡으로 이동하면서 자기소개를 하는 구직자를 본 적도 있다. 이런 모습은 절대 프로다워 보이지 않는다.

B양은 현재 CJ에서 근무하고 있다. B양은 CJ에 입사하기 전에 두 차례나 삼성 입사에 도전했다. 첫 번째 도전은 SSAT에서 실패했다. 하지만 두 번째 도전에서는 면접의 기회를 잡았고, 이번에는 반드시 합격하리라는 열망을 품고 예상 질문 리스트를 50개 정도 뽑았다. 그리고 각 질문에 5~6줄로 모범 답안을 작성해 모든 답안을 숙지했다. B양은 실제 면접장에서 예상했던 질문을 받았고, 외운 대로 완벽하게 답변했다. 결과는 어떻게 되었을까? 당연히 탈락이었다.

"학생, 그런 것(외운 것) 말고 진짜 자기소개 한 번 해 보세요."

현실적으로 면접장에서 자연스럽게 프리토킹을 할 수 있는 구직자는 극소수이다. 따라서 자기소개는 '키워드' 위주로 접근해야 한다. 예를 들어 "취미가 무엇입니까?"의 예상 질문에 "저는 농구를 좋아해서 동아리 활동으로 매주……."라는 식의 문장으로 정리하지 말고, 임원들에게 이야기하고 싶은 키워드, 즉 '농구', '동아리', '팀플레이', '호흡', '성취감' 등으로 요약한다. 이렇게 키워드 위주로 내용을 정리하고 그때그때 상황에 맞춰 순서, 접속사, 어미 등을 바꿔 가며 연습하다 보면 자연스러운 흐름을 만들 수 있다.

한 가지 명심해야 할 점은 면접관을 당신이 아는 동네 아저씨들로 치부해서는 안 된다는 것이다. 임원들은 치열한 사내 정치판을 뚫고 그곳까지 올라선 사람들이다. 더불어 당신 또래의 신입사원들을 계속 핸들링하고 있거나 했던 사람들이다. 다시 말해, 그들은 당신 머리 꼭대기 위에 앉아 있다.

B양은 완벽하게 답변했다고 생각했겠지만 면접관은 B양이 가면을 쓰고 외운 대로 답하고 있다는 것을 캐치했을 것이다. 그들이 보고 싶은 것은 당신의 멋진 가면이 아니다. 그들이 원하는 것은 당신의 내실이다. B양이 모든 질문에 정형화된 답변을 했기 때문에 면접관들은 가면을 벗기기 위해 여러 차례 시도했을 것이다. 정형화된 모범 답안은 오히려 매력을 떨어뜨리고, 어떤 사람인지 알 수 없게 만든다.

그렇다면 자신의 매력을 면접관에게 어필할 수 있는 방법은 무엇일까? 앞으로 소개하는 3가지 무기를 갖춘다면 어느 기업에 가서 면접을 보더라도 두려워하거나 떨지 않을 것이다.

첫 번째 무기,
면접관은 눈에 보이는 것만 믿는다

"A씨는 얼굴이 삼성맨이네. 자기소개 한 번 해 보세요."

이는 삼성 면접장에서 A군이 받은 첫 번째 질문이다.

"지금 혹시 어디 불편한가요? 편하게 하세요."

그리고 이는 B군이 받은 첫 번째 질문이다.

실제 많은 학생이 면접장에서 이러한 질문을 가장 많이 받았다고 한다. 면접장에서는 어쩔 수 없다. 지금까지는 이력서의 스펙과 자기소개서에 쓰인 글로 기업에 다가갔다면 이제는 현장에서 직접 면접관들을 대면해야 한다. 그렇기 때문에 눈에 보이는 효과를 절대 간과할 수 없다.

미국의 심리학자인 알버트 메라비언(Albert Mehrabian)의 연구에 따르면 첫인상을 결정짓는 요소 중에 용모나 복장, 표정 등 눈으로 보이는 시각적 요소가 55%나 차지한다고 한다. 다음은 밝은 톤의 목소리, 정확

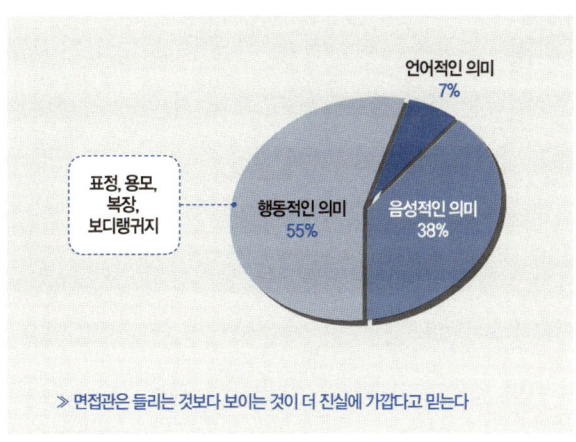

> 면접관은 들리는 것보다 보이는 것이 더 진실에 가깝다고 믿는다

한 발음 등의 청각적인 요소가 차지하며, 말의 내용은 7%에 불과하다고 한다.

생각해 보라. 소개팅을 하기로 한 사람이 문을 열고 들어선다. 문에서 걸어 들어와 자리에 앉아 운을 떼기까지 걸리는 시간은 10~30초이다. 그 짧은 시간에 전체적인 스타일을 관찰하며 상대방에 대해 판단한다. 이 때 제대로 어필하지 못하면 이미지를 바꾸기 위해 훨씬 많은 노력을 기울여야 한다. 마찬가지로 취업을 하기 전에 아무리 열심히 준비했다 해도 첫인상이 좋지 않으면 면접을 성공적으로 치를 수 없다.

첫인상을 좌우하는 '복장'

최근 몇몇 기업은 자유 복장으로 면접을 진행한다. 이랜드 같은 기업은 자유 복장을 명기하고, 아예 정장을 입고 오지 말라고 명확하게 고지하는 기업도 있다. 하지만 삼성은 당신이 생각하는 것보다 훨씬 보수적인 기업이다. 그러므로 항상 정장 착용을 권고한다. 격 있는 자리의 직무일수록 복장은 보수적이다. 비즈니스에서 옷차림은 단순한 외모가 아니라 품위를 유지하기 위한 수단이다.

첫인상에서 복장이 상대방에게 주는 신뢰감과 설득력을 무시해서는 안 된다. 경우에 따라 참신한 모습으로 인식할 면접관도 있을 수 있지만, 면접장에서 어떤 성향의 면접관을 만날지는 예측할 수 없다.

남성, 보수적인 스타일을 고수하라

튀어 보이기 위해 개성이 강한 복장을 하는 구직자가 있기도 하고, 외모보다 실력이 중요하다고 생각해 복장을 대수롭지 않게 여기는 구직자가 있기도 하다. 삼성이 보수적인 기업임을 생각한다면 양쪽 모두 문제이다. 은행권 PB들이나 증권사 애널리스트, 경영 컨설턴트 등 사회 선배들의 복장 스타일을 살펴보라. 모두 어두운색의 클래식한 정장 차림이다. 수백만 불의 연봉을 받는 미국 변호사들이나 월가의 증권맨들도 검정색 정장을 즐겨 입는다. 면접장에 들어서는 당신의 복장 상태가 기본적으로 보수적이라면 크게 문제될 것은 없다.

- **재킷** | 캐주얼한 것은 피하고, 가급적이면 클래식한 재킷을 입는다. 트렌디한 원버튼 재킷도 무리는 없지만, 너무 타이트하게 붙는 재킷은 임원들 관점에서 좋아 보이지 않는다. 행커칩이나 그밖의 액세서

리를 착용하지 않는 것이 좋다.

- **와이셔츠** | 가장 안정적이고 무난한 것은 하얀색 드레스 셔츠이다. 간혹 컬러풀한 단추가 달려 있거나 옷깃이 지나치게 좁거나 넓은 트렌디한 셔츠를 입는 구직자가 있는데, 면접장은 밀라노가 아닌 서울, 수원, 기흥, 거제도이다.

- **타이** | 남성 구직자가 가장 고민하는 것이 바로 타이이다. 재킷과 셔츠 사이에 자연스럽게 어우러지는 느낌의 타이 정도면 된다. 삼성이라고 해서 파란색 타이를 할 필요는 없다. 사회에서 우두머리를 상징하는 빨간색 타이도 피하는 것이 좋다.

- **신발** | '운동화가 아니면 구두'라고 생각하는 것은 잘못된 것이다. 정통 신사화와 로퍼의 차이점 정도는 알아 두자. 신발은 정장 구두, 가급적이면 끈까지 달린 구두가 가장 무난하다.

- **기타 액세서리** | 남녀 구직자 모두에게 시계는 필요하다. PT 면접장에서는 인터넷 검색을 통한 컨닝을 우려해 스마트폰을 회수한다. 물론 대기장에 시계가 걸려 있지만 개인 시계가 있는 것이 낫다. 주먹만 한 전자시계나 고가의 명품시계보다는 심플한 디자인의 가죽 밴드 시계 정도가 적합하다. 벨트도 마찬가지이다. 명품 로고가 박힌 정장 벨트는 역효과가 날 수 있으니 수수한 벨트를 착용하기 바란다. 안경을 착

용하는 사람이라면 안경도 신경 쓰기 바란다. 큰 뿔테 안경을 끼고 은행 창구에서 일하는 행원은 거의 없다.

여성, 장례식장에 간다고 생각하라

메이크업이나 헤어 등 남성에 비해 여성 구직자들이 까다로울 것 같지만, 복잡하게 생각할 필요가 없다. 면접 당일에 장례식장에 간다고 생각하면 된다. 짙은 화장을 하고 상갓집에 가는 여성은 없다. 복장은 당연히 단아한 검정색 정장이다. 최근 삼성 내부적으로도 여풍이 거세다. 따라서 여성 구직자들은 면접장에서 여성 면접관을 만날 수 있다. 여성 구직자들이 면접장에서 여성 면접관을 만난다고 절대 유리하지 않다. '여자의 적은 여자이다.'라는 말처럼 여성 선배들의 눈이 더 까다롭다. 그러므로 짧은 치마나 화려한 의상은 피하고, 평범한 정장을 착용하도록 한다.

- **정장** | 무릎까지 오는 치마 정장을 권한다. 바지 정장을 입어도 되지만 가급적이면 무난한 치마 정장을 입는 편이 낫다. 화려한 색보다는 검정색이나 회색, 감색이 무난하다.

- **블라우스** | 너무 화려하거나 깊게 파인 블라우스는 피해야 한다. 특히 CJ 면접이나 금융권 면접은 동적으로 움직일 상황이 많기 때문에 본인은 물론 보는 사람들이 불편해할 수 있다. 심플하고 모던한 느낌의 블라우스가 적당하다.

• **소품과 액세서리** ｜ 초라하고 밋밋한 것 같아 스카프나 액세서리로 포인트를 주는 것은 고려해 보아야 한다. 패션, 유통, 화장품 등 트렌디한 소비재 기업의 면접을 볼 경우에는 심플한 액세서리를 착용하는 것도 괜찮지만 일반 기업에서는 지나치게 튀는 것을 선호하지 않는다.

• **신발** ｜ 키에 대한 트라우마가 있는 여성들의 경우 하이힐을 신고 면접장에 나타나기도 한다. 과도한 킬힐은 불편해 보일 수 있으니 일반적인 높이의 구두를 신는 것이 좋다. 특히 오픈토힐(앞이 오픈된 구두)은 남성으로 생각하면 샌들을 신고 면접장 들어가는 것과 다를 바 없으니 주의해야 한다.

• **헤어와 메이크업** ｜ 취업 컨설팅을 하며 승무원 준비를 하는 구직자들을 종종 만난다. 일반적인 면접보다 승무원 면접은 표정, 목소리 등 기술적인 부분이 워낙에 중요하기 때문에 헤어와 메이크업에 상당히 신경 쓴다. 이는 고객의 접점에서 CS(고객만족) 업무를 진행해야 하기 때문에 당연한 것이다. 그러나 삼성 면접장에서는 그럴 필요가 없다. 당신의 미모를 궁금해하는 면접관은 없다. 따라서 이런 부분을 고민할 시간에 예상 질문 리스트를 다시 한 번 꼼꼼하게 체크하고 기업 분석을 조금이라도 더 진행하는 것이 낫다.

비즈니스 세계 입문에 필요한 '태도'와 '표정'

1차적으로 눈길이 머무는 복장이 잘 갖춰졌다면 그다음은 '태도'와 '표정'이다. 자신의 이미지를 개선하기 위해 필요한 조건 중 90%를 차지하는 것이 바로 '태도'이다. 이외에도 습관, 자신감, 자기만의 테크닉이 있지만, 이들이 미치는 영향은 소소하다. 면접장에서는 손짓 하나, 시선 하나 중요하지 않은 것이 없다.

왜 이렇게 딱딱하게 면접을 봐야 하는지 이해가 되지 않을 수도 있다. 좀 더 편안하고 자유로운 분위기에서 면접을 본다면 좋을 텐데, 태도까지 지적받을 수 있으니 가뜩이나 긴장되는 자리가 더욱 긴장될 수밖에 없다. 그렇지만 이것이 현실이다. 당신은 이제 학교가 아닌 비즈니스 세계로 들어온 것이다. 따라서 면접장에서는 당신이 느낀 수준보다 훨씬 더 엄격한 기준이 요구된다.

비즈니스 세계에는 그만의 예절이라는 것이 있다. 어색하다 해도 익숙해져야 한다. 그러므로 면접장에서는 최대한 정중하게 응대해야 한다. 이는 좋은 태도와 밝은 표정에서 비롯되는 것이다.

등받이에 등을 대면 탈락이다

삼성에 입사하면 약 한 달간 'SVP(Samsung Shared Value Program, 가치 공유 프로그램)' 교육 과정을 거치게 된다. 나는 당시 공연 T/F(Task Force, 프로젝트 팀) 활동을 하며 공연 전문가에게 교육을 받았다. 그때 연극배우들의 기본 동작 연습을 배웠는데, 누구든 익혀 두면 도움이 될 것이다.

지금 당신의 머리와 천장이 실로 연결되어 있고 그 실이 제법 팽팽하게 당겨진다고 가정하자. 그러면 무대에서 어깨가 펴지고 턱도 당겨지고 당당한 모습이 연출된다. 구직자들도 면접장에 들어설 때, 자리에 앉은 때에도 이 사실을 기억하고 약간의 긴장 상태를 유지하는 것이 좋다.

내가 면접을 봤을 당시 면접관은 "의자 등받이에 등을 대면 탈락입니다."라고 말했다. 그때는 너무 과하다고 생각했지만, 사실 그 말이 맞다. 대부분의 구직자가 허리를 곧추세우고 당당한 모습으로 면접을 보고 있는데, 혼자 등받이에 등을 대고 편안한 모습을 연출하고 있어서는 곤란하다. 따라서 등받이는 없다는 생각으로 골반, 허리, 가슴, 머리로 이어지는 중심 라인이 당당하게 곧추선 상태로 면접에 임해야 한다.

어떤 상황에서도 시선을 떨구거나 회피하지 말라

구직자들이 가장 치명적으로 하는 실수가 시선 처리이다. 면접을 보다 보면 자기도 모르게 시선을 땅에 떨구거나 다른 곳으로 돌리는 경우가 있다. 잠시 여유를 갖기 위한 반응이겠지만, 자신감이나 예의가 없는 사람으로 비춰질 수 있다.

삼성의 경우 보통 서너 명의 면접관이 면접장에 들어온다. 이때 가장 중요한 것은 본인에게 질문한 면접관을 주시하며 답변해야 한다는 것이다. 과도한 긴장으로 면접관을 직시하기 어렵다면 면접관의 인중이나 넥타이 매듭 쪽을 보아도 크게 문제되지 않는다.

질문을 받지 않은 상황에서 시선을 한곳에 집중하지 않으면 집중력이 떨어지거나 불안해 보일 수 있으므로 여러 명의 면접관 중 포지션을 정해 자연스럽게 중앙부를 응시하는 것이 좋다. 또한 면접관이 돌발 질문으로 다른 지원자의 대답에 대해 어떻게 생각하는지 물을 수 있으므로 다른 지원자의 대답도 경청해야 한다.

손은 가슴 아래쪽에서만 움직여라

가장 애매한 것이 손이다. 처음부터 끝까지 손을 무릎 위에 올려놓고 면접을 보면 너무 딱딱해 보일 수 있다. 단 손은 가슴 아래쪽에서만 움직이도록 한다. 가슴 아래에서 손을 이용하며 이야기하는 것은 지극히 자연스러워 보인다. 특히 PT 면접에서는 적당한 제스처가 면접관의 시선을 끌 수 있다. 하지만 손이 가슴 위로 올라가면 다소 과해 보일 수 있다. 그리고 면접장에서 손을 너무 자유분방하게 움직이면 압박 질문을 받았을 때 손이 머리까지 올라갈 수 있다. 이는 프로다워 보이지 않는 최악의 상황이므로 손은 반드시 가슴 아래에서만 움직이도록 한다.

굳은 표정을 풀어라

마지막으로 중요한 것은 '표정'이다. 스스로는 밝은 표정으로 면접장에 들어간다고 생각하겠지만 긴장이 되는 상황이므로 밝은 표정을 짓는 구직자는 극히 소수이다. 특히 삼성에 지원하는 많은 공대생의 마스크는 무표정이 아니라 성난 표정인 경우가 많다. 지나치게 웃을 필요는 없지만, 편안한 표정은 꼭 유지하기 바란다. 얼굴이 굳은 것 같을 때는 면접관의 질문 또는 다른 면접자의 질문에 동조하는 느낌으로 아주 미약하게 고개를 끄덕이는 것도 나쁘지 않다. 그로 인해 자연스럽게 표정이 풀리는 것을 느낄 수 있을 것이다.

또 하나, 자신감과 자만심은 반드시 구분해야 한다. 면접을 앞둔 한 학생에게 삼성의 진행 요원이 "당신은 자신감과 자만함을 구분해서 면접에 임했으면 좋겠습니다."라고 말했다고 한다. 그 사람은 면접장 진행 요원을 하면서 자신감이 과한 지원자들을 숱하게 보았다는 것이다. 진행 요원에게 보이는 모습이 면접관들에게 보이지 않을 리 없다. 자신감이나 입사하고자 하는 의지가 묻어나는 것과 거만함은 별개의 이야기이다. 자신감은 있되 겸손함을 잊어서는 안 된다는 것을 기억해 두도록 한다.

백문불여일견, 경험보다 나은 스승은 없다

현재 W증권사에서 PB(Private Banker, 개인자산관리)로 근무하고 있는 J양의 일화이다. J양은 W증권사에 입사하기 전에 삼성증권에서 인턴 생활을 했다. 평소 싹싹하고 성실했던 J양은 해당 지점의 지점장에게도 좋은 평가를 받았다.

"다른 지점에 갈 생각하지 마. 너는 꼭 우리 지점에서 일해야 해. 내가 회식 잡아 놨으니까 내일 발표 나면 바로 합류하도록 해."

정규직 발표 전날에 지점장에게 이런 전화까지 받았으니 J양은 당연히 탈락에 대해 걱정하지 않았을 것이다. 하지만 결과는 예상과 다르게 불합격이었다. 이유를 알아보니 한 면접관이 J양에게 최악의 점수를 준 것이다. 비(非)상경계이고 금융 관련 자격증이 전무하다는 것이 그 이유였다. 결국 마지막 단계에서 안타깝게도 J양은 고배를 맛보았다.

최근 기업의 채용 트렌드를 보면 인턴 비중이 지속적으로 올라가고 있다. 많은 구직자가 인턴 생활을 하면서 정규직 전환을 노린다. 그러나 인턴십 채용제도를 100% 믿어서는 안 된다. 인턴의 정규직 전환률이 100%에 가까웠던 LG전자의 창원 인턴으로 합격한 한 학생은 창원에 원룸도 얻고, 그간 고생하신 부모님께 동남아 여행도 보내 드렸지만, 결국 최종 면접에서 탈락하고 말았다.

물론 지금은 더 좋은 곳에 입사했지만, 앞의 두 사례는 취업 준비생이 절대 가볍게 넘겨서는 안 될 상황이다. 구직자들의 입장에서 가장 유리하고 합리적인 채용 프로세스는 공채이다. 그러므로 구직자들은 기회가 있을 때 발 빠르게 구직 활동을 진행해야 한다.

다시 J양의 이야기이다. 아쉽게도 삼성증권 채용에 실패한 J양은 다른 기업이 눈에 들어오지 않았다. '나는 기필코 삼성증권에 갈 거야.'라고 다짐한 J양은 짧은 겨울방학 기간 동안 3개의 금융 자격증을 취득했다. 비상경계 출신으로 분명 쉽지 않은 도전이었을 것이다. SSAT 시험을 다시 봐야 했기 때문에 가산점이 부여되는 한자 자격증도 취득했다. 그리고 상반기 시즌을 기다렸다. 하지만 안타깝게도 1년 내내 삼성증권의 대졸 공채 채용이 없었다. 상반기를 무의미하게 보낸 J양은 하반기를 맞이했다. 이제는 이것저것 가릴 형편이 아니었다. 그해 J양의 나이가 여성 학부생으로는 적지 않은 27세였기 때문이다.

J양은 하반기에는 범주를 넓혀 다양한 업계에 도전했다. 그리고 한 제약회사에서 면접을 보게 되었다. 회장 비서 직무였다. 삼성증권만 가겠다고 고집을 피우던 학생이었으니 제약회사 도전은 당연히 성에 차지 않았

을 것이다. 하지만 면접의 기회를 놓치지 않았다. 면접은 의외로 굉장히 까다롭게 진행되었다. 영어, 한자 시험과 더불어 필체 테스트까지 진행되었다고 한다. 최종 면접은 그룹 회장과의 1대 1 면접이었다. CEO급의 전문 경영인들만 되어도 발산하는 아우라가 남다르다. 그런데 어린 여성 구직자가 그룹 회장과 독대를 하다니! 질문들도 일반 면접과는 판이하게 달랐다.

"자네는 추후에 아기는 몇 명이나 낳을 계획인가? (신문을 보여 주며) 여기 나온 기사를 읽어 보고 의견을 개진해 보게."

결국 J양은 최종 합격했지만, 제약회사에 입사하지 않고 W증권사에 다시 지원했다. J양은 당시 상황을 이렇게 회고했다.

"선생님, 제가 제약회사 면접을 보지 않았다면 분명 저는 W증권사 면접에서 탈락했을 거예요."

일리 있는 분석이다. 증권사 면접도 타 기업 대비 까다롭기로 소문이 자자하다. 하지만 그룹 회장과 1대 1로 40분 정도 독대했으니 당연히 증권사 최종 면접장의 지점장들이 그렇게 무섭게 보이지 않았을 것이다.

결국 면접도 경험을 통해 실력이 올라갈 수밖에 없다. 해당 기업에는 미안한 이야기이지만, 기회가 된다면 입사 의지가 없다 해도 꼭 한 번 다른 기업에서 실전 면접을 치러 보길 권한다. 실전이 쌓이면 결국 그것이 개인의 능력이 된다.

PART4 » 면접의 기술 _결국 사람 대 사람이다

두 번째 무기,
1분 자기소개에
질문거리를 담아라

지금까지 눈에 보이는 것에 대해 설명했다면 그다음은 실전 전략이다. 면접 전략 중 중요한 한 가지가 '밑밥 던지기'이다. 이는 앞선 자기소개서 작성법과 마찬가지이다. 우선 1분 자기소개부터 설명해 보자. 당신이 생각하는 가장 효과적인 1분 자기소개는 무엇인가? 예전에 학생 한 명은 모의 면접에서 1분 자기소개를 이렇게 했다.

"저는 문어입니다. 강력한 빨판이 있어 삼성에 악착같이 달라붙을 것입니다. 그리고 위기의 순간에는 먹물을 발사할 수 있는 능력이 있습니다. 스티브 잡스를 흑인으로 만들겠다는 자세로 취업에 임하도록 하겠습니다."

재기 발랄한 자기소개로 들릴 수 있지만 이런 자기소개는 좋지 않다. 물론 "나는 ○○입니다." 식의 답변은 너무 식상하다. 그렇다면 다른 사람과 차별화할 수 있는 자기소개는 무엇일까?

다음 내용은 삼성 재직 시절에 후배 한 명이 LG전자에서 보았던 실제 면접 상황이다. 독자들의 이해를 돕고자 현장감 있게 서술하였다.

촌스러운 감색 정장을 입은 청년이 가장 먼저 입을 열었다.
"뜻이 있는 곳에 길이 있나니! 안녕하십니까! S대 경영학과를 졸업한 ○○○입니다."
이등병의 전입신고처럼 면접실에 우렁차게 퍼졌다. 순간 맞은편 면접관 중 가장 연장자로 보이는 2대 8 가르마의 아저씨가 짧은 한숨을 내쉬었다. S대 경영학도는 절도된 목소리로 계속해서 전입신고를 이어 나갔다. 2대 8 아저씨는 눈을 지그시 감았고, 다른 면접관들은 휴대폰을 꺼내 들었다. 안타깝게도 S대 경영학도는 말미에 가서 기억력의 한계를 보여 주었다. 긴장한 탓에 제대로 말하지 못하고 버벅거렸다.
다음 순서는 여학생이었다. 여학생의 스타일은 전체적으로 깔끔하고 세련되었다. 강남 엘리트의 아우라가 뿜어져 나왔다. 그녀는 당찬 여전사의 포스를 발산하려는 듯 자리에서 벌떡 일어나 자기소개를 하기 시작했다.
"Stay huuuuu~ngry~~, stay fooooolish~~."
영어 발음이 범상치 않았다. 오랫동안 어학연수를 다녀왔다는 것을 어필하는 것은 센스 있었다. 그러고는 잡스의 이야기를 구구절절하게 이어 나갔다. 그런데 여기는 어디인가. 바로 LG전자이다. 잡스 때문에 휴대폰 사업이 존폐 위기에 빠진 곳이 아닌가. 2대 8 아저씨의 표정이 일

그러겠고, 다른 면접관들은 대놓고 카톡을 하기 시작했다.

자, 이제 드디어 내 차례이다. 나는 자리에서 천천히 일어섰다. 여학생처럼 벌떡이 아닌, 천천히 여유 있게 말이다. 그리고 제임스 본드가 양복에서 권총을 꺼내듯이, 심플한 검정색 양복 안주머니에 오른손을 넣었다. 이 상태에서 5초 간 정지.

우선 2대 8 아저씨가 호기심을 보였다. 다른 면접관들의 시선 역시 휴대폰이 아닌 내게 집중되었다. 나는 안주머니에서 수년 전에 LG전자의 전성기를 이끈 검정색 초콜릿폰을 꺼내 들었다. 그리고 아주 강력한 목소리로 이렇게 말했다.

"초콜릿폰! 오늘 저를 LG전자 면접장으로 이끈 장본인입니다. 제가 좋아하는 김태희와 LG전자의 역작이죠. 수려한 네이밍과 감각적 디자인 그리고 LG전자 특유의 내구성으로 당대 휴대폰 업계를 휘어잡았던 명품 휴대폰입니다. 스티브 잡스가 혁신적이라 평가받은 아이폰을 내놓기 수년 전에 LG전자는 이미 혁신과 인화의 기업 문화를 통해 이 같은 명품 휴대폰을 내놓았습니다. 저는 LG전자의 또 다른 명품 휴대폰에 작은 보탬이 되고자 합니다."

내가 자기소개를 끝내자 한 면접관이 웃으며 이렇게 말했다.

"이야! 이거 어디서 났어요?"

2대 8 아저씨의 눈동자는 과거의 영광을 되새기는 듯 측은해졌다. 사실 용산 전자상가에서 2시간 동안 발품을 팔아 어렵게 구입한 것이지만, 예전에 사용하던 것이라 둘러댔다. 원래 휴대폰에 관심이 많아 히트 휴대폰은 꼭 사용해 본다는 귀여운 거짓말을 덧붙여서 말이다. 이렇게 나의 쇼는 끝이 났다.

상기 면접 상황은 구직자들에게 몇 가지 메시지를 준다. S대 경영학도의 경우는 천편일률적인 1분 자기소개의 전형이다. 그리고 면접장에서 직접적으로 또는 은연중에 본인의 학교나 혈연, 지역 색깔, 종교 등을 언급하는 것은 금기시된다. 여성 구직자는 본인의 장점을 정리하는 자세는 좋지만 기업 분석을 정확히 하지 못한 측면이 있다.

본 면접의 주인공은 명문대 출신도 아니고 특별한 장점도 없지만, 기업에 대한 로열티를 보여 줄 수 있는 시기적절한 기업 분석 내용을 근간으로 참신하게 자기소개를 진행했다. 위의 사례는 기업 분석과 본인의 성향 그리고 적절한 센스가 시너지 효과를 냈기 때문에 괜찮은 자기소개 상황으로 보인다. 하지만 이런 경우는 소수이며, 또 이런 센스만으로 모든 면접에 대응할 수는 없다.

자기소개는 나라는 존재를 기업에 팔기 위한 일종의 '광고'와 같다. 짧은 시간 안에 자신을 임팩트 있게 소개해야 한다. 그렇지만 마이너스가 될 수도 있기 때문에 지나친 자기과시, 즉 오버 액션(Overaction)은 금물이다. SK바이킹 챌린지나 현대 자동차 잡 페스티벌 같은 이벤트성 면접에서는 참신한 이벤트 기획도 일부 가능하겠지만 삼성에 몰입한 구직자라면 보다 담백하게 다가갈 것을 권한다.

시나리오가 있는 면접을 준비하라

그렇다면 가장 좋은 1분 자기소개는 어떤 것일까? 앞서 소개한 J양의 취업 히스토리로 그 예를 들려주고자 한다.

'토털 고객 자산 1천억 원 이상 확보! 500억 원 이상의 고객 자산가 3명 이상 확보!'

이것이 J양의 타이틀이었다. J양은 본인의 1분 자기소개도 그렇고 또 기존 기업에 제출한 자기소개서도 그렇고 항시 똑같은 문구로 포문을 열었다. 그 이유는 무엇일까? 무턱대고 튀어 보이려고? 요즘 구직자들의 자기소개서를 보면 유행처럼 숫자가 많이 사용된다.

"영업 이익률 30% 증대에 일조하겠습니다."

물론 자기소개에 대한 집중도는 올라가겠지만, 수치에 임계적 또는 사업적 의미가 내포되어 있지 않다면 오히려 독이 될 수 있다. 무턱대고 30% 증대라고 언급하면 30%의 의미에 대해 질문을 받게 될 것이다. 따라서 자기소개에 사용되는 숫자에는 의미가 함유되어 있어야 한다.

물론 J양에게는 이러한 세부 전략이 있었다. 고객 자산 1천억 원 이상 그리고 500억 원 이상의 고액 자산가 3명 이상 확보는 강남권에서 마스터 PB의 기준점이 되는 매출 실적으로, 삼성증권 인턴 시절 선배들로부터 얻은 정보였다.

결국 J양은 수치 노출을 통해 업계에 대한 본인의 관심도와 사전 지식을 어필한 것과 더불어 마스터 PB가 되겠다는 본인의 입사 후 포부를 이야기했다. 면접장에서 J양이 가장 먼저 들었던 질문도 결국 이러한 수치의 의미에 대한 질문이었으며, J양은 적절한 대응을 통해 입사 후 세부적인 포부를 이야기할 수 있었다.

두 번째로 받은 질문은 'HOW'였다.

"본인이 목표한 숫자에 어떤 방식과 전략으로 도달할 것입니까?"

물론 J양은 이 부분에 대한 대비책도 갖춰져 있었다.

"입사 직후 바로 제가 그렇게 큰 금액에 도달하고 엄청난 고액 자산가를 저의 고객으로 삼는 것은 불가능할 것이라 생각됩니다. 하지만 주변에 가능성 있는 사람이 많고, 제가 그런 가능성을 예측할 수 있는 예지력이 뛰어납니다. 제가 생각하는 영업은 이렇습니다. 저의 실력이 올라가지 않은 상황에서 고액 자산가들을 저의 고객으로 삼는 것은 욕심이라고 생각합니다. 금융 영업이란 결국 영업 담당자의 성장과 고객의 성장이 상호 동반되는 과정입니다. 저 또한 이러한 선순환이 가속화된다면 언젠가는 1천억이라는 숫자에 다가갈 수 있다고 믿습니다."

어느 정도 임원들의 머리를 끄덕일 수 있는 부분이다. J양은 1차 면접에서 최종 면접장까지 항상 똑같은 첫 질문을 받았다. 마지막 임원 면접에서는 본인도 물 흐르듯 자연스럽게 이야기하는 자신에게 놀랐다고 한다. 이 부분에서 강조하고 싶은 부분은 시나리오가 있는 면접을 준비해야 한다는 점이다. 면접관도 사람이다. 1분 자기소개를 듣고 자연스럽게 질문할 거리가 떠오른다면 아주 원활한 면접이 진행된다.

"말씀하신 프로젝트를 수행한 이유는 무엇이죠?"

"그 아르바이트를 하면서 힘들었던 점은 무엇인가요?"

"말씀하신 캡스톤 프로젝트를 수행할 때 사용한 컴퓨팅 언어는 무엇이죠?"

1분 자기소개를 듣고 난 후 면접관이 할 질문을 어느 정도 예측할 수 있어야 한다. 그런데 1분 자기소개에서 "우리 삼성의 글로벌 브랜드 가치 몇 조 돌파! 삼성 최고!"와 같은 말 혹은 본인의 주인의식, 책임감, 성실, 열정 등만 언급한다면 면접관은 당연히 질문할 거리가 떠오르지 않을 것이다.

그렇다면 이때 면접관의 눈은 어디로 이동할까? 자기소개서까지도 가지 않는다. 몇천 자나 되는 스크립트에서 질문을 찾아내는 것은 귀찮은 일이다. 가장 손쉬운 방법은 당신의 이력서이다. 이력서에 나와 있는 것은 공백 기간, 학점, 학교, 토익 점수, 나이 같은 정보들이다. 이런 정보를 가지고 긍정적인 질문을 받을 수 있는 구직자는 많지 않다. 따라서 J양의 경우처럼 질문을 유도할 수 있는 1분 자기소개를 반드시 사용하기 바란다. 결국 면접장에서 면접관을 낚을 수 있는 것은 효과적인 '밑밥'이다. 이것이 바로 당신이 준비해야 하는 최상의 1분 자기소개이다.

꼬리 물기 질문에 대비하라

최근 삼성 면접도 그렇고 CJ의 직무 특성화 면접, 롯데의 심층 면접을 보면 꼬리 물기 질문이 대세이다. 자기소개서나 1분 자기소개에 과거 당신의 마케팅 관련 프로젝트 이력을 어필하면 해당 프로젝트의 주제에 대한 질문 그리고 프로젝트에 사용한 분석 기법에 대한 질문들이 꼬리 물기로 계속된다. 따라서 이 부분에 대한 대응이 필요하다.

회사 내부에서도 종종 이런 일이 발생한다. 상사에게 보고를 하면 상사는 당연히 질문을 한다. 이때 첫 질문에도 대답하지 못하면 바보 소리를 듣기 십상이다. 그런데 질의에 대해 답을 하고 추가 질문을 받았을 때도 대응하면 잘했다는 평가를 받는다. 그리고 한 번 더 이어지는 질문의 과정까지 커버하면 정말 잘했다는 이야기를 듣는다.

| Moblie Application 공모전 도전 | 공모전에 도전한 이유는 무엇인가요? | 안드로이드 계열 언어에 대학 학습을 진행하기 위해서입니다. | 당시 공모전 아이디어의 핵심은 무엇인가요? | 대학생들을 대상으로 한 Application 개발을 진행했습니다. 핵심 아이디어는 ……. |

삼성 면접장에서도 이러한 꼬리 질문이 많이 연출된다. 따라서 구직자들은 첫 단계로 본인의 이력서와 자기소개서에 언급된 학부 시절의 프로젝트나 공모전, 대외 활동, 인턴 이력에 대한 질문을 받을 수 있다. 그럼 본인이 해당 프로젝트에 대한 콘텐츠를 이야기하게 될 것이다.

이후 그러한 콘텐츠를 들은 면접관이 추가적으로 또 다른 질문을 하게 될 것이다. 그러므로 질문에 어떻게 대응할지 2단계까지는 시나리오를 그려 두는 것이 좋다. 구직자라면 2번 정도의 꼬리 물기 질문에 대한 대비책을 세워 놓아야 한다는 것이다. 현실적으로 3단계까지는 예측하기가 버겁지만, 적어도 2단계까지는 적절하게 답할 수 있어야 한다.

낚시를 해 본 구직자라면 잘 알 것이다. 낚시에서 물고기가 물지 않는 것은 큰 문제가 아니다. 도미를 낚으려고 찌를 던져 놨는데, 상어가 물면 문제가 된다. 바다에 빠지게 되는 것이다. 면접관이 꼬리 물기 질문을 하는 의도는 결국 리얼리티의 확인이다.

최근 과도하게 숫자나 데이터를 사용하여 본인의 과거 이력을 과장되게 포장하는 구직자가 많다. 여기에서 진위 여부를 가리기 위해서는 꼬리 물기 질문이 따라올 수밖에 없다. 그러므로 자기소개서 작성과 1분 자기소개 모두 질문에 대응할 수 있는 수준으로 언급하는 것이 매우 중요하다는 점을 기억해 두자.

세 번째 무기, 스토리텔링으로 관심을 끌어라

복장, 태도, 1분 자기소개. 이 모든 것을 완벽하게 준비해도 면접장에서 자신의 의견을 제대로 개진하지 못한다면 아무 소용이 없다. 누군가에게 자신의 생각을 일목요연하게 말한다는 것은 무척 곤혹스러운 일이다. 특히 평소 사람들 앞에서 말할 기회가 많지 않았던 사람이라면 더욱 그렇다. 본인은 열심히 이야기하고 있는데, 상대방이 반응을 보이지 않거나 뚱한 표정을 짓고 있으면 더 긴장되고 진땀이 난다.

현대 사회에서 말이란 면접장에서뿐 아니라 모든 일에서 무척 중요하다. 그렇다면 말하기 능력도 후천적으로 기를 수 있을까? 어떻게 말해야 상대의 귀에 쏙쏙 들어가고 감동까지 줄 수 있을까? 이 대목에서 구직자들이 질리도록 듣는 것이 바로 '스토리텔링'이다. 똑같은 항목, 똑같은 질문에 똑같은 답을 하더라도 맛깔나게 이야기하는 면접자가 훨씬 더 기억에 남는 법이다.

그렇다면 과연 스토리텔링이란 무엇일까? 별거 없다. 그냥 말을 잘하는 것이다. 좀 더 구체적으로 설명하자면 이야기 구조를 만든 후에 그 구조에 살을 붙이며 말하는 것이 스토리텔링이다. 그리고 이러한 실력은 면접장에서, 특히 당신이 위기 상황에 처했을 때 빛을 발하게 된다.

상황에 맞춰 대응하라

28세의 늦은 나이에 삼성 입사에 도전했던 A양의 사례를 통해 스토리텔링에 대해 보다 쉽게 설명하고자 한다. 행정학을 전공한 A양은 과거에 행정고시에 도전한 적이 있다. 많은 구직자가 면접장에서 공무원 시험, 고시 등에 도전했던 경험이 노출되면 위축되곤 한다. 하지만 임원들은 과거의 경험으로 고시가 얼마나 어렵고 위험한 도전인지 잘 알고 있다. 그러므로 고시에 실패한 적이 있다고 해서 구직자들을 무조건 탈락시키는 면접관은 어디에도 없다.

문제는 대응하는 자세이다. 고시에 실패한 것이 문제가 아니라 고시에 낙방한 본인에 대한 접근이 문제라는 말이다. A양은 고시 실패에 대한 부분을 면접장에서 진솔하고 당당하게 이야기했다.

"저는 3년이라는 기간을 두고 고시에 도전했습니다. 성공적인 결과를 얻지는 못했지만 고시를 준비하는 동안의 열정과 노력, 그간 얻은 지식이 향후 사회생활, 나아가 삼성에서 업무를 진행할 때 분명 보탬이 될 것이라 믿습니다."

이 정도 답변이면 넘어가기 나름인데, 그날은 압박 질문이 지속되었다.
"고시에 실패한 구체적인 이유가 무엇인가요?"
"입사 후에도 미련이 남지 않겠어요?"

그 순간 A양의 머릿속에 고시 생활을 한 신림동에서의 힘겨웠던 기억들이 스쳐 지나갔고, 감정이 격앙된 A양은 결국 면접장에서 눈물을 보였다. A양처럼 면접장에서 눈물을 보이면 어떻게 될까? 당연히 좋지 않다. 입사 후에 제품 스펙이 나오지 않는다고 고객사의 품질 담당자 앞에서 울 수는 없는 노릇 아닌가. 그러나 A양은 본인의 실수를 스스로 만회했다. 마지막 클로징 멘트 시간이 다가왔다. A양은 평소 면접장에서 애용하던 클로징 멘트가 있었지만 그날은 다른 이야기를 했다. 앞선 질문에 대한 큰 실수가 있었기 때문이다.

"면접관님, 앞선 질문에 제가 감정이 너무 격양되어 눈물을 보이고 말았습니다. 사실 제가 눈물이 많습니다. 제 주변 사람들은 슬픈 일이 있거나 기쁜 일이 있을 때 가장 먼저 저를 찾습니다. 저는 주변 사람들과 교감하고 공감할 수 있는 능력이 탁월합니다. 어찌 보면 제가 삼성에서 영업이라는 직무를 선택하게 된 이유도 여기에 있는 듯합니다. 고객들과 교감하고 공감할 수 있는 저만의 장점을 극대화시켜 고객의 니즈를 가장 정확하게 예측할 수 있는 영업사원으로 거듭나겠습니다. 오늘은 비록 눈물을 보였지만 이 눈물 닦고 삼성에 입사하겠습니다!"

어떠한가. A양의 임기응변에서 감이 조금 오는가? A양은 클로징 멘트로 다시금 면접관의 고개를 들게 만들 수 있었다. 이러한 답변이 스토리텔링이다. 만약 실수를 하고도 원래 준비했던 클로징 멘트로 마무리했다면 어떻게 되었을까? 동문서답을 하는 것과 같았을 것이다. 이처럼 면접관이 보고자 하는 것은 구직자들의 상황에 대한 대처 능력, 임기응변이다. 구직자의 이런 면면을 살피기 위해, 면접관들도 압박 질문 같은 다양한 노력을 하는 것이다.

개인에 맞는 전략을 세워 연습하라

그렇다면 스토리텔링이 가능하게 하기 위해서는 어떻게 해야 할까? 답은 하나이다. 말을 많이 해 봐야 한다. 많은 구직자가 면접 연습을 입이 아닌 손 혹은 머리로 한다. 말도 글처럼 뼈를 깎는 자기 수련이 없다면 결코 늘지 않는다.

 이때 명심해야 할 것은 무작정 말을 많이 한다고 해서 말솜씨가 좋아지는 것은 아니라는 점이다. 자신에게 어울리는 전략을 짜야 한다. 나는 신문을 활용할 것을 추천한다. 신문 기사를 읽은 뒤에 그 기사에 대해 당신의 생각은 어떠한지 이야기해 보기 바란다. 스토리텔링은 본인의 입을 통해서만 실력이 증진될 수 있다.

 나의 취미는 토론 프로그램을 시청하는 것이다. 이때 나는 정적으로 프로그램을 시청하는 일반 사람들과 다르게 야구 경기를 보듯이 격양된 어조로 떠들며 프로그램을 시청한다. 그리고 토론이 종료된 후에는 반드시 토론 내용을 분석하고 내가 토론장에 앉아 있다고 상상하며 가상 토론을 진행한다. 괴상한 취미 생활로 보이겠지만 이는 공대생 출신인 내가 강연을 하게 된 가장 큰 밑거름이 되었다.

실전처럼 말하는 연습과 더불어 한 가지 명심할 것은 말할 때 내가 어떻게 보일지에 대해 지나치게 걱정하지 말아야 한다는 것이다. 영화 〈킹스 스피치〉는 2011년 아카데미상에서 작품, 감독, 각본, 남우주연상까지 4개 부분의 상을 휩쓸었다. 대중 앞에서 연설을 하지 못하는 왕이 스피치 훈련을 받으며 화술을 익혀 나간다는 내용이다. 왕은 자신을 짓눌렀던 억압을 떨쳐낸 후에야 비로소 말더듬증을 극복한다. 말을 잘하기 위해서는 '내가 어떻게 보일까?'라는 극도의 불안에서 자유로워져야 한다.

본인의 이력서와 자기소개서를 볼 때, 신문 기사를 읽을 때, 해당 기업을 분석할 때도 마찬가지이다. 우리에게는 시간이 없다. 메모도 중요하지만 메모한 내용을 다시 보기에 취업 시즌은 너무 바쁘게 돌아간다. 도서관이든 버스 혹은 지하철이든 관련 내용을 직접 떠들어 보기 바란다. 말하기 능력은 떠들어 대는 과정에서 진화한다.

면접과 스피킹 등급

커뮤니케이션의 4단계 진화론

1단계	2단계	3단계	4단계
소언(少言)	다언(多言)	명언(明言)	낙언(樂言)

말하는 수준은 크게 4가지 단계로 나뉜다. 우선 제일 하수는 말이 없다. 면접장에서도 각기 질문에 단답형으로 대응한다. 이는 당연히 좋은 결과를 얻기 힘들다. 2단계는 말이 많아진다. 풍부한 콘텐츠를 담을 수는 있지

만 말이 정량적으로만 많아지면 중언부언도 하게 되고 실수도 잦아지게 된다. 3단계부터는 고수의 영역으로 다가가게 되어 논리적 의사전달이 가능해진다. 이때부터 설득이라는 부가가치가 생긴다. 진정한 고수인 4단계는 나의 논리가 옳으니 또는 내가 똑똑하니 나를 따라오라고 강요하지 않는다. 이른바 구수한 어투로 또 자연스러운 분위기 조성을 통해 자신이 원하는 방향으로 유도하는 것이 진정한 커뮤니케이션의 고수라고 생각한다.

오늘날의 유명 인사들은 말에 의해 흥하기도 하고 망하기도 한다. 촌철살인의 말로 세간의 주목을 받기도 하지만, 한 마디의 말실수로 그동안 쌓아 올렸던 이미지를 실추하기도 한다. 고수는 화려해 보이지는 않지만, 자연스러운 언변으로 대중을 설득하는 것이다. 미국의 정치가 힐러리, 전설적인 토크쇼 진행자 오프라 윈프리, 매력적인 연설가 오바마 대통령, PT의 달인 스티브 잡스 등은 언변의 달인들이자 화술의 고수들이다.

면접을 대비해야 하는 당신은 3단계를 목표로 삼아야 한다. 4단계는 입사 이후 수많은 비즈니스 관계와 노력을 통해 당신의 내공이 쌓인 이후에야 가능해질 것이다.

Plus 6⁺

케이스별 실전 임원 면접 분석

 질문의 핵심을 파악하라

최근에 있었던 학생의 실제 면접 후기이다. 누구든지 압박 면접을 당할 수 있다. 이때 과도하게 자기 방어를 하면 어떤 결론이 도출되는지 구직자들이 느꼈으면 한다. 이 면접자의 경우 비전공 평점은 4.5로 쓰되 전체 평점이 낮아 전체 평점 배분을 백분율 점수로 기입하였다. 세 명의 면접관 중 한 명에게 압박 질문을 받은 케이스이다.

🎤 면접 상황

면접관 │ 백분율 점수를 환산하면 학점이 몇입니까?
면접자 │ 3점 초반입니다.
면접관 │ 성적이 좋지 않네요. 이 정도 학점이면 학군단(ROTC)에서도 탈락하는 것 아닙니까?
다른 면접관 │ 1, 2학년 성적이 좋아 잘리지는 않았을 것입니다.
면접관 │ 대답은 지원자가 해 주세요.
면접자 │ 학점이 낮지만, 공학 실무형 과목 이수로 수강을 하여 전공 지식이 부족하다고 생각하지는 않습니다. 특히나 캡스톤 설계[1], 과목 이수를 통해 임베디드[2] 관련 경험을 쌓았습니다. 당시 저희 팀의 프로젝트 테마는 지그비(Zigbee)[3]를 활용한 주차 시스템 관리를 구현하는 것이었습니다. 저의 역할은······.
면접관 │ (말 끊으며) 묻는 말에만 대답하세요. 여기 보면 특기란에 첼로라고 적혀 있는데, 첼로는 어디에서 배웠고, 왜 배웠나요?

| 면접자 | 첼로는 어렸을 적부터 취미 생활로 익혔습니다. 그리고 동아리 활동을 통해 첼로 실력을 키워 왔습니다.
| 면접관 | 첼로 연습을 하느라 공학 공부를 등한시해서 학점이 좋지 않은 것은 아닌가요?
| 면접자 | …….
| 면접관 | 자소서 3번 내용을 보니, 기업 관련 내용이 아주 세세하게 적혀 있던데, 이런 건 어디에서 들은 건가요?
| 면접자 | Dart[4] 증시 사이트를 통해 기업 분석을 진행할 수 있었습니다.
| 면접관 | 주식에 관심이 있나 봐요?
| 면접자 | 네, 그렇습니다. 대학교 시절부터 제가 직접 용돈을 벌고 싶어 시작했습니다.
| 면접관 | 돈은 어디서 생겼어요?
| 면접자 | 아버님께서 사회생활 진행하면서 경험을 쌓으라고 투자해 주셨습니다.
| 면접관 | 공부할 시간도 부족했을 텐데, 주식 투자할 시간은 있었나 봐요?
| 면접자 | 그래서 요즘에는 직접투자보다는 펀드 중심의 간접투자를 진행하고 있습니다.
| 면접관 | …….
| 면접자 | 삼성그룹에 투자해서 많이 벌었습니다.

1 캡스톤 설계 : Capstone Design, 창의적 공학 설계, 종합 설계 교육 프로그램
2 임베디드 : embedded, 프로그램 시스템의 일종으로 전자제품이나 전자 기기에 들어가는 소규모 마이크로 프로세스 시스템
3 지그비(Zigbee) : 근거리 통신과 유비쿼터스 컴퓨팅을 위한 기술
4 DART : Data Analysis, Retrieval and Transter System, 전자공시시스템

문제점 1 : 꼼수를 부린다

삼성 면접에서 가장 흔하게 접하게 되는 압박 질문이 학점 관련 질문이다. 삼성은 타 기업 대비 학점에 대한 압박 질문이 매우 심하다. 전공 과목에서 C+ 하나를 받은 것으로 면접이 시작되기도 한다. 상기 면접자의 실수는 우선 학점 기입으로 거슬러 올라간다. 학점에 대한 개인적 트라우마가 있었기 때문에 일반적인 학점 기입 방법을 선택하지 않고 일부러 백

분율로 기재했다. 아마 학점이 좋더라도 면접관 입장에서 쉽게 가늠할 수 없는 수치를 적으면 당연히 질문을 하게 될 것이다. 면접자가 스스로 자기 무덤을 판 것이다.

문제점 2 : 변명한다

학점 관련 질문에 대해 본인의 학점은 낮지만 실무적 프로젝트로 이력을 쌓았기 때문에 문제가 없다고 주장하고 있다. 구직자들이 흔히 말하는 핑계이다. 혹자는 면접장에서 자신의 최종 학점은 낮지만 학년이 올라갈수록 학점이 올라가고 있으니 걱정하지 말라고 역설하기도 한다.

그러나 대부분의 학생이 학년이 올라갈수록 평점이 상승한다. 학점과 관련해 면접관이 질문하는 의도는 무엇일까? 전공 지식이 부족하다고 추궁하는 것일까? 학점이 4점이 넘는 구직자도 전공 지식은 높지 않다. 핵심은 '성실성'이다.

다른 구직자들이 학창 시절에 학점을 관리하면서 성실히 공부할 때 이 친구는 무엇을 하며 시간을 보냈을까? 결국 성실성이 무너지는 것이 문제인 것이다. 그런데 이때 나는 실무형으로 공부했으니 문제될 것이 없다고 주장하면 구차한 변명으로 들린다. 솔직하게 인정할 것은 인정해야 한다. 그리고 학점이 낮은 대신 당신이 가지고 있는 다른 장점을 이야기하면 된다.

"면접관님의 지적처럼 학점이 낮은 부분은 분명한 저의 약점입니다. 하지만 실무형 공학 지식을 쌓기 위한 소소한 노력은 있었습니다."

1단계는 짧게 언급되어야 한다. 그리고 이어 2단계 답변이 필요하다.

"하지만 학점 관리의 실패는 분명한 저의 과오라고 생각합니다. 삼성에 입사하게 되면 이런 개인 실적도 꼼꼼히 챙길 수 있는 신입사원으로 반드시 거듭나겠습니다."

당신은 완성형 인재가 아니다. 지금도 성장하고 있는 현재진행형 인재이다. 지난날의 실수를 반복하지 않고, 실패를 거울삼아 반등하겠다는 본인의 계획과 열정을 이야기하는 것이 효과적이다.

문제점 3 : 질문에 침묵으로 답한다

첼로와 관련된 질문은 어떠한가. 면접관은 학점과 첼로가 연결되면서 다시금 압박 질문을 하였다. 면접장에서 가장 최악의 답변은 묵비권이다. 절대 침묵으로 일관해서는 안 된다. 궁지에 몰리더라도 솔직하게 이야기해야 한다. 아마도 상기 면접자가 첼로 때문에 학점이 낮아진 것은 아닐 것이다.

"첼로 연주는 저의 취미 생활입니다. 첼로를 매개체로 다양한 대외 활동을 경험했습니다. 이는 인적 네트워크가 넓어지는 기회가 되었습니다. 물론 면접관님 말씀처럼 취미 활동으로 낭비한 시간이 있을 것입니다. 하지만 별도로 얻은 부분도 있다는 점을 면접관님들이 봐 주셨으면 좋겠습니다."

아주 좋은 답변은 아니지만 위의 상황처럼 묵비권을 행사하는 것보다는 좋은 답변이 될 수 있다.

문제점 4 : 삼천포로 빠진다

마지막 주식 관련 이야기도 본인의 의도와는 무관하게 이야기의 주제가 산으로 가고 있다. 애초에 주식 이야기를 할 필요가 없다.

"공학도로서 공학을 공부해 왔지만 추후 삼성인으로 거듭나기 위해서는 사업적인 관심도 필요하다고 생각했습니다. 별도로 뉴스 및 기업 분석을 통해 제가 일할 삼성에 대한 관심을 키워 왔습니다."

초도 답변이 이런 식으로 나왔으면 주식 관련 질문은 나오지 않았을 것이다. 실제로 업무 시간에 주식 관련 사이트를 들락거리는 사람이 많다. 임원들은 이런 직원들이 당연히 눈에 거슬릴 것이다. 그런데 주식 투자를 했다고 하고, 더군다나 자본금도 부모님께 의지했다고 하고, 마지막에는 무의미한 간접 상품 이야기까지 했다. 이 모든 답이 취업에는 긍정적이지 않다.

부득이하게 주식 관련 이야기가 나오더라도 "경제 동향에 대한 호기심이 생겨 평소 용돈벌이를 위해 진행한 아르바이트 자금으로 연습 삼아 소소하게 투자를 해 본 경험이 있습니다."라는 선에서 대답하고, 다음 질문을 기다리는 것이 효과적이다.

CASE 2 전공에 대한 개념 정리를 하고 면접장에 들어서라

최근 많은 구직자가 자격증 취득에 열중하고 있다. 하지만 필요에 의해 취득한 자격증이 아닌 단순히 스펙을 위해 취득한 자격증이라면 오히려 면접장에서 독이 될 수 있다. 섣불리 자격증과 관련된 이야기를 꺼냈다가 낭패를 보는 일은 없어야 한다. 삼성 면접장에서 흔하게 연출되는 자격증 관련 질문 내용에 대해 언급해 보겠다.

🎤 면접 상황

면접자 | 평소에 공정 엔지니어로서 직무 지식을 쌓기 위해 6시그마 GB벨트는 물론 BB벨트까지 취득하며 공학적 지식을 증진시켜 왔습니다.
면접관 | BB벨트까지 취득했다면 프로젝트 진행을 했을 텐데 당시 프로젝트 이력에 대해 설명해 보세요.
면접자 | 당시 저희가 진행했던 프로젝트는 프랜차이즈 커피 전문점을 대상으로 한 프로세스 개선 프로젝트였습니다.
면접관 | 6시그마는 현업에서는 주로 공정 개선에 활용되는 경우가 많은데, 공학적 프로젝트 경험은 없나요?
면접자 | 네, 당시 교육 과정상 공학적 부분에 대한 도전을 할 수는 없었습니다.
면접관 | 학교 수업이 아닌 사설 교육 기간에서 배우신 건가요?
면접자 | 네.
면접관 | 그럼 당시 프로젝트 DMAIC 과정 중에 가장 힘들었던 단계는 무엇이었나요?
면접자 | …….

삼성에 지원하는 구직자라면 '식스 시그마'는 반드시 알아 두어야 할 혁신 프로세스이다. 1980년대 말에 미국의 모토로라(Motorola)에서 품질 혁신 운동으로 시작된 이후 GE(General Electric), TI(Texas Instruments), 소니(Sony) 등 세계적인 우량 기업들이 이를 채택하면서 널리 알려지게 되었고, 국내에서는 삼성그룹과 LG그룹, 한국중공업 등에서 도입해 품질 혁신에 성공함으로써 많은 기업이 운영하게 된 프로세스이다. 사전적 의미는 '전사적으로 실행할 수 있는 품질 혁신과 고객 만족을 달성하기 위한 경영 전략'이다. 그러나 식스 시그마는 단순히 통계적 수단과 경영 전략을 넘어 기업 철학의 개념으로 발전한 툴(Tool)이다.

회사 입장에서는 비용을 절감해 수익성을 개선시킬 수 있고 기업 가치를 증대시켜 고객 인식 가치를 증진시킬 수 있다. 또 종업원들 입장에서는 워크라이프(Work Life)를 개선할 수 있고, 개인의 시장 가치 향상에 이바지할 수 있는 방법론이다. 경영 패러다임도 유행을 타기 때문에 지금은 정점을 찍고 다소 잊혀지고 있는 프로세스이지만, 아직도 많은 대기업이 사용하고 있다.

식스 시그마는 벨트를 통해 등급을 취득할 수 있다. 나도 삼성에서 일할 당시 1년 정도의 실전 프로세스를 진행하여 GB(Green Belt)를 취득했다. 삼성에서 BB(Black Belt)는 차장급은 되어야 진행할 수 있는 대단위 혁신 과제이다. 그런데 대졸 구직자가 BB를 취득했다고 자기소개서에 자랑스럽게 적어 놓으면 당연히 현업에 있는 사람들이 질문을 던질 것이다. 길어야 몇 주에 지나지 않는 사설 교육 과정을 통해 BB를 취득했다고 언급하면 당연히 현직자들은 콧방귀를 뀔 수밖에 없다.

"식스 시그마는 전공 외적으로 현업에서(삼성에서) 업무를 진행하기 위해서는, 특히 공정 프로세스에서는 혁신 프로세스가 중요하다고 조언을 받았습니다. 이를 위해 별도 교육 과정 이수를 통해 혁신 프로세스에 대한 기본적 지식을 쌓아 왔습니다."

이 정도로 발언했다면 상기 면접처럼 부정적인 꼬리 물기 질문이 많이 나오지는 않았을 것이다.

최근 삼성 면접장에서는 그 어떤 기업보다 디테일한 질문으로 당신의 실무 지식을 확인한다. 식스 시그마의 기초라고 할 수 있는 DMAIC 단계도 언급할 수 없다면 식스 시그마 관련 이야기는 자기소개서에서 삭제하는 것도 방안이 될 수 있다(식스 시그마 기법에 대해서는 PT 면접 부분에서 다시 다루도록 하겠다.).

 당근만 쫓는 구직자가 되지 말라

면접장에서는 어떤 질문을 받게 될지 예상하기 어렵다. 그러나 기본적인 원칙은 있다. 결코 당근만 쫓는 구직자가 되어서는 안 된다는 것이다. 소개팅을 하러 나온 상대가 당신의 능력이나 집안 사정에만 관심을 갖는다면 당연히 기분 좋지 않을 것이다. 세상 사는 이치는 다 비슷한 법이다. 다음 예를 참고하자.

🎤 면접 상황

면접관 | ○○○씨는 다른 구직자들에 비해 어학 점수가 높지 않은데, 평소 영어 공부를 너무 등한시한 것 아닌가요?

면접자 | 네. 면접관님의 지적처럼 저는 아직 어학 점수가 높지 못합니다. 하지만 입사하게 되면 어학 공부에 매진할 계획입니다.

면접관 | 입사 후에 업무를 진행하다 보면 어학 공부를 할 시간이 많지 않을 텐데, 특별한 계획이 있나요?

면접자 | 선배님들을 통해 삼성에 '지역전문가 육성 제도'가 있다고 들었습니다. 저 또한 해당 제도를 통해 어학을 넓히는 방안으로 사용하겠습니다.

면접관 | 모든 삼성인이 지역전문가가 되는 것이 아닙니다. 만약에 무산된다면 어떻게 하겠습니까?

면접자 | 전화 영어 등을 통해 어학 실력을 높이기 위해 노력하겠습니다.

어찌 보면 부드럽게 진행된 면접이라 생각한 구직자가 있을 듯하다. 하지만 상기 면접 상황은 아주 좋지 않은 케이스이다. 앞서 거론했듯이 삼성은 '교육의 삼성'이라는 닉네임이 잘 어울리는 기업이다. '지역전문가 육성제도', '삼성 MBA', '학술 연수' 등 다양한 인재 육성 프로그램이 있다. 하지만 모든 삼성인이 이 같은 기회를 갖는 것은 아니다. 우선은 고가 평점이 좋아야 한다. 결국, 조직에 기여한 부분이 있어야 이런 제도의 혜택을 받을 수 있다.

그런데 입사 초기부터 이런 당근만을 쫓겠다고 언급하면 어떨까? 기업 임원은 당연히 좋아하지 않을 것이다. 이는 다른 기업도 마찬가지이다. 기업의 인재 육성 프로그램과 관점이 다르긴 하지만 기업의 사회공헌활동(CSR, Corporate Social Responsibility)에 매료되어 이 자리에 와 있다는 언급도 지양하기 바란다.

어학 관련된 질문은 어느 면접장에서나 나올 수 있다. 위 구직자는 차라리 마지막에 나온 전화 영어 이야기를 초반에 꺼냈으면 어땠을까 싶다.

"물론 현업에서 열심히 배우다 보면 어학 공부를 할 수 있는 시간은 제한적이라고 생각합니다. 저는 학교 선배들이 입사 이후에도 전화 영어 등을 통해 어학 능력을 높이는 모습을 보았습니다. 자투리 시간을 잘 활용하여 반드시 달성하도록 하겠습니다."

이런 식의 접근이 훨씬 자연스럽다. 그리고 만약 해당 면접자가 공학도라면 "어학 스피킹 실력은 분명 부족합니다. 하지만 학부 연구생 시절을 통해 공학 원문서와 영문 특허 클레임을 분석한 이력이 있습니다. 이를 바탕으로 글로벌 역량을 키워 나가겠습니다."라는 느낌으로 추가적인 강점을 소소하게 첨언하면서 답변을 마무리 짓는 것도 좋은 전략이 될 수 있다. 항상 당근보다는 기여하겠다는 부분에 초점을 맞추도록 하자.

 황당한 질문에도 숨은 의도는 있는 법이다

삼성 면접은 물론, 다른 면접장에서도 당신의 과거 이력이나 지원 동기처럼 일상적인 질문만 나오는 것은 아니다. 가끔은 구직자를 당황시키는 다소 황당한 질문도 나온다. 이런 질문에는 명확한 정답이 있는 것이 아니다. 황당한 질문 패턴과 그에 대한 대처 방법에 대해 알아 두고 연습해 보도록 하자.

Q. 서울 시내의 중국집 전체의 하루 판매량을 논리적인 근거를 제시하여 계산하라.

A. 과거에 컨설팅 회사에서 많이 출제된 페르미 추정의 질문이다. 질문의 의도는 당연히 논리적인 추론 능력을 평가하기 위함이다. 면접장에서 정답을 이야기하는 것은 당연히 쉽지 않다. 결국 논리적인 추론 능력을 보여 주는 과정 자체에 집중하는 것이 좋다. 본인이 거주하는 아파트 세대 수가 3천 세대인데 해당 단지의 중국집 개수가 몇 개이다. 따라서 전체 아파트 단지의 인구수를 추정하면 인구 대비 중국집 숫자의 추정이 가능하다고 초도 접근을 할 수 있다(이 경우 해당 단지가 서울의 평균 집단의 성격이 될 수 있는지도 고려해야 한다.). 또는 서울 시내의 상권을 도심지, 상업 단지, 오피스 단지 등으로 나누고 각기 지역의 샘플 조사를 통해 추론하겠다고 하거나 역으로 일반 대중들의 한식·중식·양식의 선호도의 비율을 통해 추론한다고 하는 등 정답은 없지만 본인의 논리력을 피력하기 바란다.

Q. 지리산 정상에 있는 산장 주인에게 낚시용품을 팔아 보아라.

A. 세일즈 면접에서 어려운 상황을 돌파하기 위한 본인의 영업 소통 능력을 가늠하기 위한 질문이다. 구직자들의 창의적인 접근이 필요하다. 누구나 새로운 장소에서의 여가 생활을 선호하기 때문에 24시간 내내 산에 있는 산장 주인에게 바다나 강은 좋은 여가 장소가 될 것이라고 접근하는 것이 가능하다.

Q. 경복궁, 피아노, 감 중 하나의 단어를 사용하여 1분 자기소개를 해 보라.
A. 기아자동차 창조 스피치처럼, 구직자들의 스토리텔링 실력을 가늠하기 위한 질문이다. 본인의 스토리텔링 실력을 강조해야 한다. 경복궁이라는 장소에 얽힌 본인의 추억 또는 사물의 특성 등의 모티브를 활용하여 본인의 이야기를 스토리텔링하기 바란다.

Q. 자신을 얼마짜리 사람이라고 생각하는가?
A. 역시나 스토리텔링 실력을 가늠하는 질문이다. 이 경우 숫자가 등장할 텐데, 수치의 임계적 의미가 있는 것이 좋다. 해당 회사의 경영 목표치의 숫자를 활용하여 입사 후 포부를 이야기할 수도 있고, 때로는 본인의 장점을 수치화시킬 수도 있다.

Q. 지원자가 생각하는 좋은 상사와 나쁜 상사에 대해 말해 보라.
A. 조직 친화력과 적응력을 가늠하기 위한 질문이다. 좋은 상사는 조직의 성과와 부하 직원의 성장을 도모할 수 있는 능력이 필요하다. 업무 성과를 내기 위해서는 희생이 필요한데, 그 희생이 본인의 발전을 이루어낸다면 모두에게 뜻깊은 일이 될 것이다. 나쁜 상사는 두 가지 중 하나만 추가하는 유형이고, 최악의 상사는 모두를 포기하는 유형이다.

Q. 어떤 사람과 결혼하고 싶은가?

A. 가치관과 스토리텔링을 함께 파악하고자 하는 질문으로 보인다. 각자 생각하는 가치관이 있을 것이다. 이때는 너무 딱딱하지 않게 평소에 가지고 있던 생각을 이야기하는 것이 좋다. 이러한 질문을 회사, 직무와 연결시켜 대답하려고 하면 어색해질 수 있으니 유의해야 한다.

Q. 노래방에서 몇 시간이나 놀 수 있는가?

A. 세부적으로 보면 사회성을 볼 수도 있지만, 돌발 상황에 대한 대처 능력을 평가하기 위한 비중이 더욱 커 보인다. 본인의 과거 에피소드와 연동시킬 수도 있고, 본인의 사회성의 척도 등을 나타낼 수 있게 정리하는 것이 좋다.

Q. 퇴근 시간이 지났는데도 상사가 계속해서 일을 시킨다면 어떻게 하겠는가?

A. 일을 하다 보면 불가피하게 야근을 해야 하는 일이 자주 발생할 수 있다. 신입사원은 우선 업무 역량을 쌓아야 한다. 따라서 가정, 취미 등 주요 사안들이 있기는 하지만 우선은 업무 역량을 쌓기 위한 노력을 하겠다고 언급하는 것이 좋다. 하지만 동일한 상황이 과도하게 반복된다면 그때는 상사에게 힘든 점을 진솔하게 이야기하겠다고 정리하는 것이 좋다.

PT 면접,
'설명'이 아니라 '설득'을 하라

많은 구직자가 PT(프레젠테이션) 면접을 가장 두려워한다. 이유는 팩트를 물어보기 때문이다. 여기서 한 가지 알아 두어야 할 것은 면접장에서 엄청나게 임팩트 있는 공학 이론과 마케팅 전략을 구사하는 구직자가 없다는 점이다. 대부분의 구직자가 비슷한 조건에서 PT를 하게 된다. 현실적으로 PT 면접장에서 중요한 것은 내용보다 'PT 스킬'이다. PT 스킬에서 가장 많은 부분을 차지하는 것은 당연히 발표력이다.

앞서 설명했듯이 말은 한순간에 느는 것이 아니다. 그러므로 평소에 발표 연습을 많이 해야 한다. 하지만 면접을 목전에 앞둔 구직자가 단기간에 발표력을 끌어올리는 것은 상당히 어렵다. 그러나 '분석 툴'을 활용하여 차근차근 준비한다면 그리 어렵지 않다. PT 면접은 누구나 준비하면 극복할 수 있는 분야이다.

우선 삼성 면접장에서 어떤 PT 면접 주제가 나오는지 확인해 보도록 하자. 다음은 과거 PT 면접 소재로 나왔던 항목들이다.

> **사실 확인형**
> - 최근 환율의 급격한 변동이 우리 경제에 악영향을 미치고 있다. 환율 변동이 우리 경제에 미치는 영향을 설명하라.
> - 스케이트를 탈 수 있는 이유 or 가습기의 구동 원리에 대해 논하라.
> - GPS의 원리(위치 추적 서비스 원리)에 대해 설명하라.
> - PN junction diode에 대해 설명하라.
> - 블루투스에 대해 설명하라.
> - GSM과 CDMA의 차이점에 대해 설명하라.
> - 웹 3.0에 대해 설명하라.
> - 이산화탄소를 줄이기 위해 식물을 기를 때 식물의 광합성을 증가시키는 방법을 설명하라.
>
> **솔루션 제시형**
> - 팀장 리더십, 카리스마 리더십, 서번트 리더십 등 리더십이란 말이 많이 쓰이고 있다. 올바른 리더십이란 어떤 것인지 본인의 의견을 제시하라.
> - 실버 산업에서의 마케팅 전략과 신제품 콘셉트에 대해 발표하라.
> - 본인이 바이오 에너지 세미나의 Key note speaker임을 가정하고 바이오 에너지의 필요성에 대해 연설해 보라.
> - 귀하가 총무 담당자라면 임직원 단합대회를 어떻게 준비하고 실시할 것인지 발표하라. (일정 및 경비 사용 계획/행사 프로그램/중식, 상품, 복장 등 준비 사항 포함)

삼성보다 PT 면접이 쉬운 기업들이 있다. 어떤 기업에서는 '애니팡 게임을 잘하는 구직자를 채용해야 하는가?', '주 5일 근무에 따른 우리 회사 전략의 변화를 논해 보시오'와 같은 문제가 출제된다. 이런 경우에는 전공에 대한 배경 지식과 문제 풀이의 상관관계가 부족하기 때문에 선택의 기회를 주지 않는다. 하지만 삼성의 경우, PT 면접 주제가 아주 디테일하게 출제되기 때문에 대개 구직자들에게 선택의 권한을 주는 편이다.

삼성의 PT 면접 유형은 크게 두 가지로 나뉜다. 첫 번째는 '사실 확인형'이다. 이 부분은 팩트와 관련된 유형이다. 두 번째는 '솔루션 제시형'이다. 이는 본인만의 솔루션 또는 프로세스를 제시해야 하는 유형이다. 물론 졸업 논문과 동일한 주제가 출제된다거나 재수강했던 전공 이슈 사항이 문제로 출제된다면 당연히 사실 확인형으로 접근해야 한다. 하지만 실전에서는 그런 상황이 많지 않다. 개념 자체가 흔들리는 경우가 다반사이다. 따라서 나는 가급적이면 운신의 폭이 넓은 솔루션 제시형(문제 해결형)으로 접근하라고 말하고 싶다.

PT 면접의 경우 발표를 하고 난 뒤 질문 대응도 고려해야 하는데, 사실 확인형은 팩트 확인과 관련되는 질문이 나오기 때문에 운신의 폭이 좁다. 팩트에 제대로 답변을 하지 못한다면 그만큼 마이너스이지만, 솔루션 제시형은 정해진 답이 없으므로 상대적으로 운신의 폭이 넓다. 솔루션 제시형은 나만의 주관적인 견해를 풀어내는 것이다. 본인이 준비한 내용이 정답이라는 믿음으로 자신감을 가지고 '설명'이 아닌 '설득'을 하면 된다.

여기서 중요한 기본 사항이 있다. 특히 공대생들에게 조언하고 싶다. 공학 문제는 세부적 지식이 있어야 접근이 가능하다. 최근 기출 문제를 보면 기계 공학도들에게 간단한 냉장고 구조도를 보여 준다. 그리고 현 상황에서 소음 특성을 줄이기 위한 구조와 재질의 변경 아이디어를 물어본다. 화학공학도들에게는 반도체 회로의 간섭 효과 때문에 생기는 디지털 신호('0', '1')의 간섭 효과를 극복하기 위한 제조 공법의 개선 방안을 물어본다. 결국 공학도들에게도 이제는 사실 확인형보다는 솔루션 제시형 문제를 더 많이 낸다는 것이다. 즉 답이 없는 문제들이다. 공학도들도 이제는 과학적이고 공학적인 논거를 제안하는 것이 필요하다.

PT 면접장에서 대단한 공학적 지식을 물어보지는 않는다. 열역학 제2법칙을 수식으로 유도하라는 식의 문제는 출제되지 않는다. 그러나 전공을 했다면, '이 정도 개념 정도는 알아야 하지 않을까?' 하는 의구심이 든다면 당연히 과거의 학습 이력을 재정립해야 한다. 공학 개론서 목차를 보면서 한 번쯤 검토해 봐야 하는 것이다.

DS 사업부의 메모리나 LSI 사업부를 목표로 하고 있다면 8대 반도체 제조 공정을 학습하고 면접장에 들어서기 바란다. 디스플레이를 생각하는 구직자라면 OLED(유기발광다이오드)와 LCD(액정표시장치)의 기술적 차이점에 대해 알아 두는 것은 기본 중에 기본이다. 기초적인 공학 용어나 개념이 헷갈리면 면접장에서 망신을 당하게 될 것이다.

한 학생은 면접장에서 PT를 할 때 '20μF'이라는 단어를 설명하면서 '20마이크로 에프'라고 언급했다고 한다. 전자공학도가 패럿(F, 전기용량 단위)을 에프(F)라고 말한다면 당연히 전공 지식에 대해 심각한 의심을 받게 된다. 따라서 기본에 충실하여 준비해야 한다.

PT 면접을
'논리'로 무장시켜 줄 툴

모든 면접장의 핵심은 '차별화'이다. 그렇다면 어떻게 해야 PT 면접에서 차별화가 될 수 있을까? 우선, 창의적인 내용으로 승부하는 것이다. 하지만 제한 시간 안에 '창의적' 마케팅 방법론이나 공학 이론을 제안할 수 있는 구직자는 많지 않다. 따라서 내가 강조하고자 하는 것은 당신의 '논리력'을 고양시키는 것이다. 이는 툴(Tool)을 사용하면 그리 어렵지 않다.

모든 PT 면접에는 조건들이 부여되고 기술적 상황이나 사업적 상황을 가정하게 된다. 다시 말해, 부여된 조건과 내·외부 환경 요인을 분석하는 것이다. 분석을 할 때 상황을 가정하거나 표나 다이어그램(Diagram)을 통해 상황을 계량화시키고 마케팅이나 경영, 산업공학, 식스 시그마 등에서 사용되는 툴을 활용하면 발표의 격을 올릴 수 있다. 다음 기출 변형 문제를 통해 다양한 툴을 살펴보도록 하자.

> 삼성전자는 3개월 후에 신제품 삼성 휴대폰 갤럭시6를 출시하기로 발표하였다. 그런데 삼성 휴대폰에 들어가는 S/W에 치명적 오류가 발생하여, 3개월 후에 출시가 불가능한 상황이다. 신제품 출시를 지연시키고 완벽한 제품을 만들 것인가? 출시 후에 A/S를 강화할 것인가? 당신의 선택과 이유를 설명하시오.

조건의 도식화

통상 이런 문제에 대해 학생들은 이렇게 접근한다.

"최근 기업의 사례를 보면 품질의 중요성이 날로 중시되고 있습니다. 그리고 우리 삼성은 글로벌 브랜드 이미지, 특히나 품질이 중요합니다. 고로 완벽한 제품을 출시하는 것이 좋은 방안으로 보입니다."

하지만 이런 식의 논거는 누구나 제안할 수 있다. 이때는 상황을 논리적으로 정리해야 한다. 실전 문제에서는 주어진 조건을 정리하는 것만으로도 논리력이 커 보인다. 또한 일단 도식화를 하면 발표가 훨씬 쉬워진다. 이 문제를 상황으로 정리해 보면 결국 '선 출시' 또는 '후 출시'이다. 그리고 각기 상황을 바라보는 관점은 추상적 영역이라 할 수 있는 '브랜드 이미지적 측면'과 바로 계산이 가능한 '매출/손익 측면'이 있다. 각 '상황'을 두 가지 '관점'으로 도식화시키면 다음과 같다.

	선 출시	후 출시
브랜드 이미지	고객 충성도(+) 품질 이미지(-)	고객 충성도(-) 품질 이미지(+)
매출/손익	매출(+) A/S 비용(-)	매출(+) A/S 비용(-)
합	가	나

제품을 먼저 출시하게 되면 고객과의 약속을 지키게 되므로 고객 충성도가 일부 올라갈 것이다. 하지만 불량 사태가 발생되기 때문에 품질 이미지는 떨어질 것이다. 후 출시 상황이라면 반대 상황이 펼쳐진다. 늦어지는 출시 시기에 실망하는 고객이 일부 생길 것이다. 하지만 품질에 대한 브랜드 이미지는 올라갈 것이다. 이것은 눈에 보이지 않기에 기업 입장에서는 정량화시키기 어려운 부분들이다.

그럼 쉽게 계산 가능한 매출/손익과 관련되는 부분을 고찰해 보자. 선출시하게 되면 어떤 식으로든 시장을 선점하게 되기 때문에 매출은 증가하지만 A/S 비용이 발생하게 될 것이다. 후 출시하게 되면 경쟁사에 시장을 뺏겨 매출이 줄어들 수 있지만, A/S 비용은 발생하지 않을 것이다. 그렇다면 기업은 어떻게 의사결정을 할까? 각 상황의 이익과 비용을 합산하여 '가'와 '나'의 대소 비교를 통해 최종 판단을 하면 설득력을 얻을 수 있다.

이 표는 어려운 경영 분석 기법도, 복잡한 이론도 아니다. 심플하게 정해진 조건을 정리한 표에 지나지 않는다. 하지만 이러한 정리만으로도 당신의 논리력은 증진될 수 있다. 그리고 다른 구직자들과 더욱 차별화되기 위해서는 이 구조에 몇 가지 분석 툴을 덧붙여 사용할 수 있다.

제품순환주기 PLC

제품이 시장에 출시되었다고 해서 처음부터 매출이 발생하는 것은 아니다. 당연히 각 단계를 겪게 되는데 제품 순환 주기, 즉 PLC(Product Life

Cycle)는 각 상황에 맞춘 기업과 시장의 전략을 차등화시킨 분석 기법이다. 참고로 PLC는 제품마다 큰 차이가 있다. 콘텐츠나 패션 제품은 주기가 짧고, 건설 장비나 기기는 상대적으로 주기가 길다.

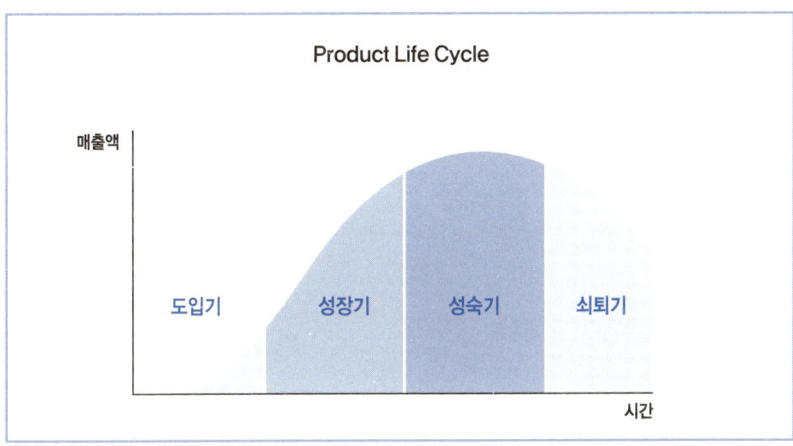

도입기

제품이 도입되는 시기로 매출은 아직 높지 않은 대신 많은 광고비, 마케팅비를 지출한다. 판매량의 부진, 높은 개발비 등으로 기업의 위험이 가장 큰 시기이다.

성장기

제품에 대한 수요가 점점 증가하는 단계로, 수요가 증가함에 따라 시장 규모가 확대되고 제조 원가가 하락하여 기업의 이윤율이 증가하게 된다. 이윤율이 증가하면서 기업의 위험도 줄어들게 된다. 수요의 증가율과 증가 추세의 지속 기간을 예측해서 예상 생산 용량을 확보해 두고 이를 통해 더 많은 수익성을 창출할 수 있다.

성숙기

매출이 가장 많이 이루어져 수익성이 높아지는 시기이다. 이로 인해 새로운 기업이 시장에 진입하기 시작하고 수요가 포화 상태로 접어들면서 가격 인하로 인한 경쟁이 시작된다. 경쟁사들의 진입으로 광고비를 많이 쓰게 되므로 수익성은 성장기보다 적게 나타난다.

쇠퇴기

이 시기를 지나면 판매량이 급격히 줄어들고 이윤이 하락하게 되어 시장에서 사라지게 된다.

PLC 실제 사례

구분	도입기	성장기	성숙기	쇠퇴기
TV	3D TV	HD TV	컬러 TV	흑백 TV
유통	전자상거래	홈쇼핑	백화점	재래시장

그렇다면 지금까지 설명한 PLC를 PT 면접 상황에 적용시켜 보자. 문제에서는 세부적인 조건이 주어져 있지 않지만 해당 상황이 시장에서 성장하는 단계라면, 위의 비교표에서 매출 비중이 올라가야 한다. 하지만 시장이 성숙기에 접어든 시기라면 매출 선점 효과의 비중은 줄어들게 된다. 결국 세부적인 PLC상의 위치를 가정하면서 PT를 진행하면 다각화된 식견을 표출할 수 있다.

식스 시그마

삼성에서 애용하는 '식스 시그마' 기법을 첨언할 수도 있다. 산업공학 근간의 식스 시그마에서는 품질을 흔히 '빙산의 일각'이라고 지칭한다. 불량 사건이 터지면 A/S 비용이나 후가공 비용처럼 눈에 보이는, 계산하기 쉬운 비용도 있지만(바다 위 부분), 숨은 비용(Hidden Cost)도 간과할 수 없다는 이론이다. 빙산처럼 바다 저면에는 우리가 일일이 계산할 수 없는 수많은 비용이 숨어 있다는 것이다. 이 이론을 적용하면 앞의 비교표에서 품질에 대한 가중치가 올라가게 된다. 이러한 언급을 통해 또 다른 관점에서 상황을 조망할 수 있게 된다.

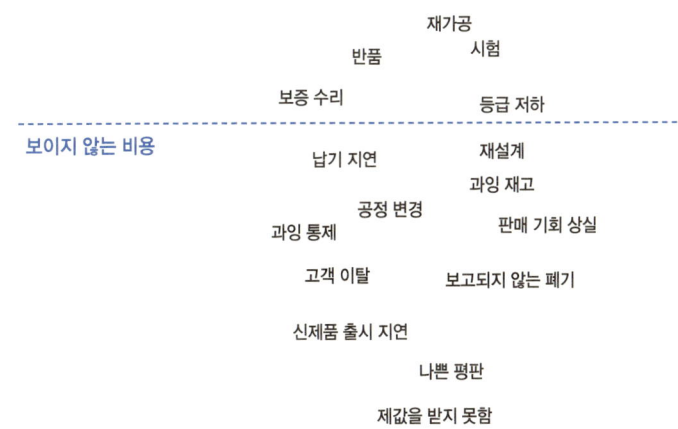

또 한 가지, 식스 시그마의 일반적인 접근법인 'DMAIC'를 활용한다. 'DMAIC'란 기업이 경영하다가 부딪히는 크고 작은 문제의 원인을 구조적인 면에서 살펴보고 해결해 나가는 경영 개선 방법이다.

DMAIC 단계도

정의(Define)	측정(Measure)	분석(Analyze)	개선(Improve)	관리(Contral)
업무 개선 기회 정의	현재 업무 진행에 대한 평가	현재 업무의 근본 원인 분석	업무 진행 개선	사후 진행 관리

먼저 문제를 명확하게 정의(Define)하고, 그 중요성과 잠재 혜택을 고려하여 우선순위를 매긴다. 그리고 문제를 측정(Measure)해 수치화한다. 이때 처리 시간, 주문 처리 비용, 불량률과 같은 공정 산출물을 정확하게 측정해야 한다.

분석(Analyze) 단계에서는 앞서 측정한 공정 산출물에 영향을 주는 일련의 요소들을 정의한다. 생산율, 품질, 고객 만족도 및 수익 등이 그 예이다. 이 단계에서는 다양한 종류의 통계 도구를 활용한다. 그다음 개선(Improve) 단계에서는 공정을 재구성해 성과를 향상시키고, 새로운 메커니즘을 만든다. 그리고 마지막으로 이렇게 거친 단계가 제대로 돌아가는지 관리(Control) 단계를 거치게 된다.

식스 시그마 방법론은 DMAIC 접근법으로부터 제품과 공정 설계에 초점을 맞춘 DFSS(Design For Six Sigma)로 진화하며 개선되어 왔다. 문제를 이 추진 방법에 대입하면 평소 분석이나 논리에 약한 사람이라도 어느 정도 체계적으로 문제를 해결할 수 있다.

3C

마케팅에서 이야기하는 3C를 추가할 수도 있다. 3C 마케팅 전략이란 기업의 성공에 꼭 필요한 세 가지 핵심 요소를 분석하는 것으로, 고객(Customer), 경쟁사(Competitor), 회사(Company)를 지칭한다.

우선, 회사(Company) 측면에서 회사의 자체적인 A/S 인프라를 고려해야 한다. 국내에 들어와 있는 애플코리아처럼 A/S망 자체가 취약하다면 상기 비교표에서 A/S 비용 부분에 대한 계산 자체가 힘들어질 수 있다. 두 번째는 고객(Customer)의 민감도를 고려해야 한다. 국내 IT 고객들처럼 바이럴에 민감한 고객이라면 비교표에서 고객 충성도 부분과 품질 분야 모두 비중이 올라가야 한다. 하지만 아프리카나 남미 고객들처럼 민감도가 떨어진다면 그만큼 비중이 줄어들게 될 것이다.

마지막으로 경쟁사(Competitor)를 고려해야 한다. 의사결정의 핵심은 당연히 경쟁사의 출시 시기이다. 만약 경쟁사가 1년 후에 출시한다면 이런 고민을 접어 둘 것이다. 하지만 현실의 치열한 경영 환경을 고려하면 경쟁사는 아마 한 달 후쯤에 출시할 것이고, 문제는 상당히 복잡해질 것이다. 결국 이러한 마케팅적 분석을 시도하면 다각화된 분석력이 높아지는 효과를 볼 수 있다.

PT 면접은 당신의 입체적인 식견을 드러낼 때 높은 평가를 받을 수 있다. 실제로 기업 회의 시간에도 이런 부분은 비일비재하다. R&D 개발 부서 회의에서 이공계 출신 개발자들은 제품의 특성에만 포커스를 맞춰 회의를 진행한다. 하지만 기업은 학교가 아니다. 기술적으로 높은 창의성을 갖춘 제품이라도 사업성이 없다면 누구도 해당 제품을 구매하지 않는다. 따라서 마케팅적인 상품성을 고려해서 개발이 진행되어야 한다.

원가 개념도 중요하다. 아무리 좋은 특성의 제품을 많이 팔아도 원가가 너무 높으면 팔수록 손해가 발생하게 된다. 이렇듯 기업은 입체적인 의사결정을 통해 업무를 진행한다. 그러므로 당신도 문제에는 없어도 상황을 '가정'하여 접근하면 당연히 당신의 논리력이 올라갈 수밖에 없다.

SWOT

마지막으로 PT 면접을 보기 위해 알아 두어야 할 가장 보편적인 분석 툴과 대학생이라면 누구나 한 번은 들어보았을 법한 SWOT 분석을 정리해 보도록 하자.

SWOT란 경영 컨설턴트인 알버트 험프리(Albert Humphrey)에 의해 창안된 분석 툴로, 기업의 내부 환경과 외부 환경을 분석해 새로운 아이디어를 창출하는 일반적인 프로세스이다. 경영을 모르는 사람들도 누구나 사용할 수 있으며, 공학도들도 차용할 수 있는 방안이다.

우선 SWOT의 기본 개념부터 이해해야 한다. 1차 SWOT에 대해 정리해 보도록 하자(경영학에서 1차 SWOT와 같은 용어는 없다. 독자들의 이해를 돕고자 스스로 창안해 낸 방안이다.).

접근법은 매우 간단하다. 대부분의 PT 면접 문제를 보면 당신에게 여러 가지 경영 또는 기술 조건을 부여한다. 부여된 조건을 긍정적인 조건과 부정적인 조건으로 나누는 것이 Step 1이다.

1차 SWOT Step 1

천사

악마

왼쪽에는 '긍정적' 조건, 예를 들어 제품 특성이 높다든지, 전기 재료의 전기전도도가 높다든지, 구매 거래선이 다원화된다든지 회사 입장에서 긍정적인 요인이 포진된다. 오른쪽에는 '부정적' 조건이 온다. 제품 판매가가 높다든지, 원재료 값이 인상되었다든지, 대미 수출을 해야 하는데 글로벌 경제위기가 출몰했다든지 등 기업 입장에서의 부정적인 요인이 포진된다.

Step 2는 관점이 다르다. STEP 1이 긍정과 부정의 문제였다면 STEP 2는 회사의 '내부적 요인'과 '외부적 요인'으로 나뉜다. 내부적 요인은 윗단으로 올리고 외부적 요인은 아랫단으로 내린다.

1차 SWOT Step 2

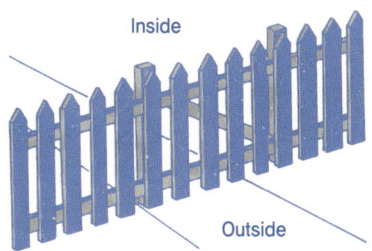

상단에 위치한 내부 요인은 제품 특성이 상향되었거나 노사 관련 분쟁이 사라진 것 등 회사 내부적 변수들이 위치한다. 하단에 들어갈 외부 요인은 환율, 유가, GDP, 성장률 변화 등과 같은 회사가 컨트롤할 수 없는 외부적 요인들이 들어온다. STEP 3는 STEP 1과 STEP 2를 조합하는 것이다.

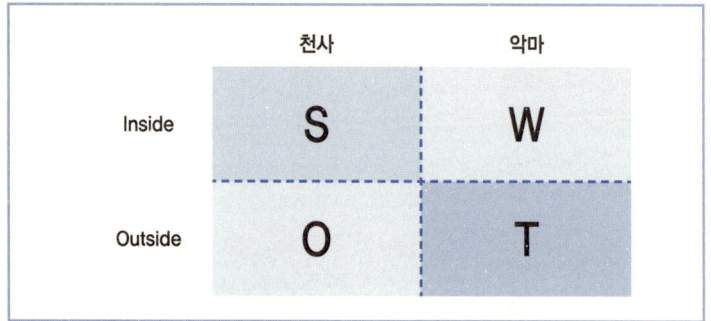

결국 강점(Strength)은 회사 입장에서 내부 요인이면서 긍정적인 부분을 지칭하는 것이고, 약점(Weakness)은 외부적 요인이면서 더불어 내부적 요인을 말한다. 기회(Opportunity)는 회사 외부적 요인이면서 긍정적인 상황을 설명하며, 마지막 위협(Threat)은 회사 외부적이면서 부정적 상황을 지칭하게 되는 것이다. 이 단계까지 진행하면 1차 SWOT가 완성된다.

다음은 2차 SWOT이다(역시나 2차 SWOT란 공식 용어는 없다.). 현업에서는 단순한 1차 SWOT 분석을 사용하지 않는다. 내가 기획 업무를 진행할 당시에도 위와 같은 4분면 구조의 SWOT 분석을 진행했다가 상사에게 핀잔을 들었던 기억이 있다. 실제 삼성에서는 일반 SWOT보다 고도화된 툴을 사용한다. 2차 SWOT는 1차 SWOT의 4가지 변수들을 우선 나열하고 그 조합을 통해 새로운 아이디어를 제시한다. 이것이 바로 진짜 SWOT, 즉 2차 SWOT이다.

	강점(S)	약점(W)
기회(O)	내부 강점을 살려 비즈니스 기회를 어떻게 하면 극대화시킬 것인가.	외부 기회를 사용하고 내부적 약점을 어떻게 최소화시킬 것인가.
위협(T)	외부의 위협을 내부 장점을 통해 어떻게 만회해 나갈 것인가.	최악의 상황! 어떻게 피해를 최소화시킬 것인가.

이처럼 1차 SWOT보다 고도화된 2차 SWOT를 사용한다면 다른 구직자보다 차별화된 PT 면접을 진행할 수 있을 것이다(SWOT를 활용한 실전 문제 풀이는 다음 페이지를 참고하자.).

짧게나마 PT 면접에서 사용할 수 있는 툴을 소개했다. 당신이 면접관이라면 그저 막연하게 문제에 접근하는 구직자와 다양한 분석 툴을 사용하여 구체적으로 문제 해결의 의지를 보이는 구직자 중에서 누가 더 매력적으로 보이겠는가.

물론 내가 제안하는 PT 면접의 솔루션은 100% 정확한 정답이 아니다. PT 면접에서 완벽한 정답은 없다. 그러나 다양한 분석 툴은 면접관을 설득하는 중요한 도구이다. 이러한 분석 툴을 십분 활용해 논리력과 입체적인 상황 분석 능력에 초점을 맞춘다면 합격으로 가는 문은 더욱 활짝 열릴 것이다.

Plus 7⁺

SWOT를 활용한 PT 면접 문제 풀이

실제 PT 면접 문제를 SWOT 기법을 통해 풀어 보도록 하자. 다음에 나오는 영업 마케팅 관련 문제는 꼭 삼성 면접이 아니더라도 나올 수 있는 가장 일반적인 문제 유형이며, 타 기업 PT 면접에도 도움이 될 만한 문제이다. 더불어 영업, 마케팅, 기획 등의 직무에 도전하는 구직자들에게는 보편화된 PT 면접 수준이니 눈여겨보기 바란다.

> 삼성은 일본 내 SOHO 시장에 진입하기 위해 컬러 프린트를 출시하였다. 이 프린터의 Marketing Communication 전략을 구축하기 바란다(삼성 제품은 경쟁사 H사 대비 가격은 30% 높으며, 컬러 구현성은 40% 높다. 제품 내구성은 20% 취약하다. 경쟁사는 일본 내 프린터 시장 M/S가 70%이며, SOHO 시장의 경우 50% 점유 중이다.).
>
> – 기출 변형

1단계 : 단어의 개념부터 정리한다

문제를 접한 학생들이 가장 많이 실수하는 것이 용어 독해이다. 소호(SOHO) 정도의 용어는 경영 상식이기 때문에 그 의미를 구직자들에게 친절하게 설명해 주는 기업은 거의 없다. 앞서 SSAT 시험 영역에서도 설명했지만 경영 관련 상식은 SSAT 시험은 물론 면접 준비에서도 필수적이다. 참고로 SOHO란 'Small Office Home Office'를 뜻한다. 작은 인터넷 쇼핑몰 사업자들처럼 개인 주택이나 창고 등 기존의 전통적 오피스 개념을 벗어나 작은 공간 내에서 이루어지는 사업을 통칭하는 개념이다.

만약 당신이 SOHO라는 개념을 모른다면 면접장에서 엉뚱하게 접근하게 될 것이다. 상상만 해도 끔찍하지만, 면접장에서 이런 상황은 얼마든지 생길 수 있다. 어떤 구직자는 SOHO를 IT 전자 메이커 회사 이름으로 착각하고 PT를 진행했다. 면접관 입장에서는 아주 황당한 PT 내용을 들었을 것이다. 따라서 이해할 수 없는 조건이 나온다면 그 조건은 배제한 채 문제에 접근해야 한다. 이것은 중요한 원칙이다. 이해할 수 없는 조건은 과감하게 논의의 대상에서 배제하는 것이 오히려 안전하다. M/S는 Market Share, 즉 시장점유율을 뜻한다.

2단계 : 문제의 핵심을 파악한다

위의 문제에서 구직자들이 흔히 저지르는 실수는 '마케팅 커뮤니케이션' 전략을 짜지 않고 거시적인 마케팅 전략으로 접근한다는 것이다. 만약 이 문제를 거시적인 마케팅 전략으로 접근하면 발표 내용이 너무 길어지게 될 것이다.

우리는 일상적인 마케팅 전략의 일차적 산물로 '마케팅 믹스(4P)'를 떠올린다. 4P란 효과적 마케팅을 위한 네 가지 핵심 요소를 말한다. 즉 어떠한 제품을(Product)을, 어느 정도의 가격(Price)으로, 어떠한 유통 경로(Place)를 통해, 어떻게 촉진(Promotion)할 것인가에 대한 해답을 제안하는 방법론이다.

상기 문제를 4P로 접근하면 출제자의 의도를 벗어나는 것이다. 이 문제의 핵심은 마케팅 커뮤니케이션 전략, 즉 마케팅을 위한 커뮤니케이션 전략을 모색하라는 미션이다. 4P로 치면 프로모션(Promotion)의 세부 전략을 논의의 중심 대상으로 삼아야 한다. PT 면접에서는 문제의 핵심에서 비켜나지 않도록 주의해야 한다.

3단계 : 툴을 사용해 상황을 정리한다

이미 언급했지만, 환경 분석은 가장 손쉽게 당신의 발표 내용을 차별화시킬 수 있는 방식이다. 사실 이 문제는 출제자가 SWOT을 고려하여 문제를 출제했을 가능성이 높다. 문제에 부여된 조건을 1차 SWOT를 통해 정리해 보자.

컬러 구현성 40% 높음	가격 30% 높음 내구성 20% 취약
S	W
O	T
SOHO	경쟁사의 진입 장벽 높음

우선 내부적 강점(Strength)은 컬러 구현성이 40% 높다는 점이다. 사실 현실에서는 거의 존재할 수 없을 만큼이나 압도적인 성능을 구현하고 있다. 내부적 약점(Weakness)은 특성이 높은 것에 비해 가격도 높고 내구성이 취약하다는 점이다. 외부적 기회(Opportunity)는 SOHO 자체가 기회가 될 수 있다.

베이비부머의 은퇴가 가속화되고 있는 일본의 내부 사정(기업에게는 외부 여건)을 고려하면 SOHO 시장은 성장 가능성이 높은 영역이다. 그리고 상대적으로 메인 시장 대비 경쟁사의 점유율이 낮다는 점도 기회가 될 수 있다. 일본 시장의 교두보 역할을 하기 좋은 기회가 포인트이다. 외부적 약점(threat)은 경쟁사의 점유율이 압도적으로 높다는 것이다.

현실적으로 이 정도면 삼성 프린터에 대한 대외 인지도가 굉장히 떨어지는 상황이다. 그리고 이 문제가 출제된 시기에는 문제가 아니겠지만, 현재 상황이라면 아베노믹스도 외부적 위협이 될 수 있는 부분이다(대일 수출 채산성이 떨어지기 때문이다.). 따라서 이렇게 SWOT를 통해 문제에 부여된 상황을 일목요연하게 정리만 잘해도 평균 이상의 점수는 받을 수 있다.

하지만 문제의 핵심은 마케팅 커뮤니케이션 전략을 짜는 것이다. 따라서 환경 분석을 기반으로 본인만의 마케팅 아이디어가 도출되어야 비로소 PT를 마무리 지을 수 있다.

4단계 : 아이디어를 도출한다

그렇다면 2차 SWOT를 문제에 대응시켜 보도록 하자. 가로축과 세로축의 기본은 앞선 1차 SWOT 분석을 통해 완료하였다. 그렇다면 4가지 변수들의 조합에 따라 각기 경영 상황에 맞춘 전략을 도출하면 된다. 그리고 도출 아이디어에서 문제의 핵심인 마케팅 커뮤니케이션이 언급되면 금상첨화이다. 다음은 2차 SWOT를 기반으로 한 문제 해결책이다. 문제를 어떻게 풀어 나가는지에 대한 하나의 예이므로 참고해 두도록 하자.

	강점(S) : 컬러 구현성 높음	약점(W) : 가격 높음, 내구성 약함
기회(O) : SOHO 자체	BTL	전용 CS 부서 가동
위협(T) : 경쟁사 진입 장벽 높음	ATL	전국적 A/S망 구축 장기적 R&D 필요

우선 가장 긍정적인 상황은 SOHO 시장이다. SOHO 시장은 상대적으로 진입 장벽이 낮고 시장 성장 가능성이 높은 영역으로, 이곳에 삼성의 높은 컬러 구현성을 어필해야 한다. SOHO 시장은 일반 대중 고객들이 아니다. 판매 브로슈어 같은 인쇄물을 출력해서 사업에 활용하는 사람들이다. 당연히 높은 컬러 구현성에 만족하는 고객이 많을 것이다.

그렇다면 이러한 고객들에게 다가갈 수 있는 좋은 홍보 프로모션 방안은 무엇일까? 홍보에서 기본으로 나오는 개념 중 하나가 ATL과 BTL이다. 'ATL'이란 'Above The Line'의 약어로 공식적인 라인 위에 벌어지는 홍보 활동을 뜻한다. 다시 말해 TV, 라디오, 4대 일간지, 옥외 광고 등을 통해 행해지는 일반적인 마케팅 홍보 방안을 말한다. 'BTL'은 'Below The Line', 즉 공식적인 라인 외 홍보 활동을 통칭하며 고객 CRM 마케팅이나 온라인 바이럴 마케팅 같은 홍보 활동을 말한다.

특수 고객이라 할 만한 SOHO 고객, 다시 말해 소규모 사업 단위 사장들에게는 어떤 홍보 활동이 필요할까? ATL도 효과가 있겠지만, 우리 회사의 브랜드 인지도가 떨어지는 상황에서는 타깃 마케팅으로 BTL를 사용하는 것이 효과적일 수 있다. 예를 들면 창업 박람회 같은 장소에서의 구체적인 시연 활동 또는 인터넷 사업자들끼리 자주 모이는 온라인 커뮤니티나 SNS 채널을 활용한 BTL 방안이 효과적일 수 있다.

하지만 장기적 관점에서 경쟁사의 높은 장벽을 뛰어넘어 전체 시장을 위해 정진해야 하는 좌측 아랫부분의 영역은 ATL 홍보 방안도 병행되어야 할 것이다. 문제가 되는 애매한 부분은 오른쪽 윗부분이다. SOHO 시장에 들어가야 하는데 제품 가격이 높고, 내구성이 취약하다는 부분이다.

이 부분에서는 가격도 중요하지만 상대적 가중치는 낮다고 판단된다. 이유는 SOHO 고객의 특성 때문이다. 학교에서 리포트를 출력하는 학생이 아니라 고객들에게 질이 높은 제품 브로슈어를 보내야 하는 고객 입장에서는 높은 가격이 그렇게 치명적 단점이 되지 않을 것이다. 제품의 특성을 경쟁사 대비 정확하게 알릴 수 있는 선명도 높은 포스터라면 분명 고객을 끌어모을 장점이 될 수 있다. 그리고 컬러 구현성의 비율 40%에 비해 가격 상승률은 30%로 제품 특성의 개선 비율을 넘어서지 못하고 있다.

가장 큰 문제는 내구성의 취약, 즉 고장이 잘난다는 점이다. 학생이라면 프린터 고장으로 인해 리포트 출력이 불가하더라도 학교에서 출력하면 그뿐이다. 하지만 브로슈어를 출력해서 고객에게 택배로 보내야 하는 사장이라면 내구성 취약에 따른 컴플레인이 엄청날 것이다.

만약 이러한 컴플레인을 사전에 막지 못한다면 또 다른 바이럴로 인해 초도 시장 진입에 완전히 실패할 수도 있다. 따라서 이러한 상황이라면 별도 창구를 통해 고객의 컴플레인을 빠르게 그리고 친절하게 대응해 줄 수 있는 특화된 CS(고객만족) 부서가 필요하다. 이 또한 다른 관점에서의 마케팅 커뮤니케이션 방안이 될 수 있다.

마지막으로 가장 최악의 상황은 가격도 비싸고 고장도 자주 나는데 제품에 대한 인지도도 떨어지는 오른쪽 하단 영역이다. 이 부분은 현업에서도 아이디어를 통해 해당 부분을 완전히 극복할 수 있는 방안을 제안하기에 어려운 문제이다.

물론 이론적으로는 가능하지만 나도 현업에 있을 때 우측 하단존의 경우 장기적 관점에서의 개선책이나 피해를 최소화시키기 위한 전략을 구사했던 경험이 더 많다. 결국 완전한 극복책을 찾기는 쉽지 않다. 그리고 마케팅 커뮤니케이션 전략으로 이 부분을 극복하기는 여간 어려운 부분이 아니다. 결국 제품 업그레이드가 필요하고 내구성을 높이기 위한 장기적 관점의 연구 개발 방향이 모색되어야 하며, 일본 내 탄탄한 A/S망을 구축할 필요가 있다.

물론 지금까지의 해설에 신입사원답게 신선한 아이디어를 더해 개진할 수도 있다. 앞선 휴대폰 문제에서도 펌웨어 업그레이드를 통한 고객 A/S를 새로운 홍보 방안으로 개진한 구직자도 있었다. 그리고 게임회사 블리자드처럼 늦어지는 출시 시기를 티저 마케팅[1] 방안으로 삼는다는 신선한 아이디어를 개진한 구직자도 있었다. 이 문제도 제품 특성에 대해 장인 정신을 가지고 있는 일본의 특수한 문화 상황을 활용하여 컬러 구현성을 효과적으로 알리기 위한 광고 콘티를

1 티저 마케팅 : 제품이나 서비스의 정체를 밝히지 않음으로써 호기심을 자극하고 소비자로 하여금 궁금증을 야기하는 마케팅 전략. 블리자드는 늦어지는 게임 출시를 마케팅 홍보 방안으로 사용한 일례가 있다.

2 도요타 리콜 사태 : 세계 최고의 자동차 메이커 도요타가 가속페달 결함으로 무려 230만 대에 이르는 차량을 리콜하고 도요타 CEO가 미국 청문회까지 불려간 사태. 당시 도요타는 브랜드 이미지에 치명적 타격을 입었다.

3 타이레놀 사건 : 1982년 미국 시카고에서 존슨앤드존슨 회사가 판매하던 진통제 타이레놀에 독극물을 넣어 일반인을 죽게 만든 사건. 존슨앤존슨사는 독극물 사태에 빠르게 대응하여 위기를 기회로 만들었다.

발표의 핵심으로 삼는 것도 나쁘지 않은 방안이다.

PT 면접장에서 기술이든 마케팅이든 무언가 새로운 아이디어를 개진할 때 실제 사례를 언급하는 것도 좋은 방안이 될 수 있다. 앞서 휴대폰 문제에서 품질의 중요성을 역설한다면 도요타 리콜 사태[2]나 존슨앤존슨(Johnson & Johnson)사의 타이레놀 사건[3]을 예시로 들면 당신의 논리력은 당연히 올라가 보일 것이다.

앞의 프린터 문제 역시 새로운 시장에 진입에 성공한 실전 마케팅 사례를 예로 드는 방안도 좋다. 이런 경우 사례의 영역을 너무 프린터나 전자제품에 한정하지 말고 다양한 분야를 언급한다면 충분히 활용 가능할 것이다.

09 실전, PT 면접 진행 시 주의 사항

지금까지 PT 면접에서 문제에 접근하는 방식에 대해 이야기했다. 그렇다면 이제 실제 무대 위에 올라서서 당신이 발표해야 하는 구체적인 PT 방식에 대해 논해 보도록 하자. 삼성의 경우에는 사전 준비 시간을 두고 A4 용지를 배부한다. CJ 심층 면접의 경우에는 공동 과제가 진행되기 때문에 커다란 전지가 제공되고, LG 계열사들은 노트북을 제공하기도 한다.

발표의 시작과 끝이 가장 중요하다

PT 면접에서 가장 중요한 부분은 발표의 시작과 끝이다. 다양한 면접 중에서 면접관의 집중도가 가장 올라가는 것은 무엇일까? 바로 임원 면접이다. 임원 면접의 경우, 면접관이 직접 질문을 하기 때문에 당연히 답변에 대한 반응에 예민하다. 면접관의 몰입도가 가장 떨어지는 면접은 토론 면접이다. 실제로 면접관들이 가장 꺼리는 면접장이기도 하다. 그도 그럴 것이 하루 종일 수동적으로 구직자들의 이야기를 듣고만 있어야 하기 때문이다.

PT 면접은 그 중간 정도이다. 사실 현업에서 보았을 때 당신의 발표 내용에는 큰 차이가 없다. 정해진 시간이 비슷하고 당신의 지적 수준도 대동소이하기 때문이다. 하루 종일 비슷한 발표를 들어야 하고, 발표가 끝난 후에야 질문이 가능하기 때문에 PT 면접은 당신이 생각하는 것보다 집중도가 높지 않다. 그래서 PT 면접이 끝난 후 면접관에게 "취미가 어떻게 되세요?"라는 질문을 받을 수도 있다.

결론적으로 PT 면접장에 앉아 있는 면접관들도 그 시간이 지겹다. 그렇다면 이들이 가장 집중하는 때는 언제일까? 당연히 발표의 시작과 끝이다. 의외로 면접장에 들어가 보면 인트로 설명 없이 바로 본론으로 들어가는 구직자가 많다. 따라서 당신은 당일 진행될 발표 내용에 대해 반드시 인트로를 활용하도록 하자. 무의미하게 "저는 ○○○입니다."라는 퍼포먼스를 하라는 의미가 아니다. 조금 있으면 진행될 당신의 발표 내용의 개요를 설명하는 것이다.

"안녕하십니까. 지원자 ○○○입니다. 저의 발표는 세 가지로 요약됩니다. 우선 현재 비즈니스 상황을 정리해 보겠습니다. 그리고 이어서 각 외부 환경에 맞춘 당사의 대응 전략에 대해 말씀드리겠습니다. 마지막에는 제가 개인적으로 생각하는 마케팅 홍보 이벤트에 대해 말씀드리며 발표를 마치도록 하겠습니다. 그럼 우선 외부 환경 분석 내용을 말씀드리겠습니다."

　이런 식으로 이어질 발표 구조에 대해 인트로를 언급하는 것이 좋다. 이런 부분은 전공 직무와 무관하게 누구나 시행할 수 있는 내용이며, 별 것 아닌 것처럼 보이지만 실전에서 이런 식으로 발표하는 구직자는 거의 없다.

　발표의 마무리도 매우 중요하다. 실전에서는 대부분의 구직자가 긴장을 많이 하기 때문에 발표가 용두사미가 되는 경우가 많다. 하지만 마무리야말로 PT의 인상을 최종적으로 결정짓는 순간이다. 그러므로 마무리는 반드시 간결하면서도 명확하게 해야 한다.

　"따라서 저는 이번 발표를 통해 유기적으로 변화하는 외부 환경 변화에 맞추어 내부적으로는 신제품 개발에 대한 프로세스를 재정리하고, 외부적으로는 BTL 마케팅을 적극 활용해야 한다는 결론을 도출하게 되었습니다. 이상 발표를 마치도록 하겠습니다. 감사합니다."

　이런 식으로 명확하게 발표 내용을 정리한다. PT 면접은 PT 발표와 동시에 면접이다. 따라서 과도하지 않게 한두 문장 정도로 입사 후 포부를 첨언하며 발표를 마무리하는 것이 좋다.

발표는 예의 바르고, 자연스럽게 진행한다

발표를 할때 판서와 발표를 동시에 하면 전달력을 높일 수는 있지만 다소 건방져 보일 수도 있다(이런 부분들은 사실 면접관들의 개별 선호도에 따라 차이가 난다.). 따라서 나는 사전 판서를 권유한다.

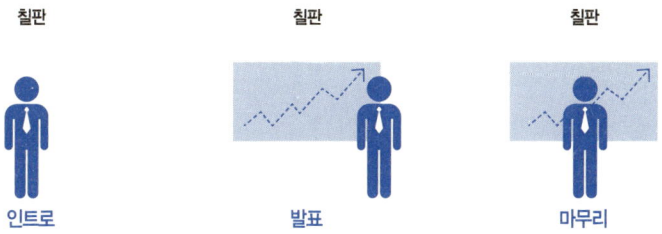

"면접관님, 발표를 하기 전에 간단히 사전 판서를 해도 되겠습니까?"

이렇게 예의 바르게 사전 양해를 구한 뒤 판서를 진행한다. 이때 주의해야 할 점은 구직자가 국어 선생님으로 빙의되어서는 안 된다는 것이다. 즉 너무 과도하게 판서하는 것은 조심해야 한다. 발표를 기다리는 시간이 너무 지연되면 몰입도가 떨어질 수 있다.

판서를 한 후에 초반 인트로 내용은 발표장의 중앙에서 진행하고, 본격적인 발표가 시작되면 사이드로 조금 빠지면서 판서 내용과 면접관을 번갈아 바라보며 최대한 자연스럽게 발표를 진행한다. 자세는 당연히 바른 것이 좋다. 칠판의 판서 내용을 손으로 짚을 수는 있지만 짝다리를 짚는다든지 너무 산만한 모습을 연출하는 것은 좋지 않다.

PT 면접 경험이 있는 사람들은 알겠지만, 사실 면접관은 당신이 그린 도표나 그래프를 그다지 집중해서 보지 않는다. 이런 경우에는 "면접관님, 잠시 이 표에 주목해 주셨으면 좋겠습니다."와 같이 말하는 소소한 테크닉을 통해 발표를 이끌어 가는 것도 실전에서 많이 사용하는 방법이다. 그리고 발표 내용을 마무리할 때는 처음처럼 중앙 포지션으로 돌아와 진행하는 것이 좋다.

연습이 없다면 실전도 없다

마지막으로 PT 면접은 절대 혼자 연습해서는 안 된다. PT의 달인이라고 불리던 스티브 잡스 역시 PT를 앞두고 많게는 100번 이상 연습을 했다고 한다. 평창 동계올림픽 유치를 위해 PT에 나섰던 김연아 역시 수많은 수정과 연습을 거쳤다.

그러므로 PT 연습은 사람들 앞에서 연습하고 피드백을 받도록 한다. 대중으로 삼기 가장 어려운 사람은 당신의 친한 친구들이다. 친구들 앞에서는 장난처럼 흐지부지될 수 있으므로 긴장이 되는 스터디원이나 선후배 앞에서 직접 PT 면접을 실행해 보기 바란다.

자신의 말투를 직접 확인하기 위해 녹음을 해 보는 것도 좋은 방법이다. 한 항공사에서는 신입사원을 교육할 때 자신의 목소리를 녹음하여 들어 보게 한다. 이를 통해 자신이 미처 알지 못했던 습관을 발견할 수도 있다. 예를 들어 말을 할 때마다 "어…….''라는 쓸데없는 말을 붙이거나 지나치게 억양이 날카롭거나 말끝을 흐리는 등의 습관을 발견할 수 있다. 이런 과정을 거치면 실제 PT 면접에서 더 나은 발표를 할 수 있게 된다.

내가 삼성에 재직 중일 때 매우 존경한 임원 한 분이 있다. 내가 그를 존경한 이유는 지금까지 만나 본 사람 중에서 설득 능력이 가장 탁월했기 때문이다.

한 번은 이런 일이 있었다. 그룹의 실세가 회사에 방문한다는 소식이 들렸다. 그때 그 임원은 5분이라는 짧은 시간 동안 PT를 해야 하는 임무를 맡았다. 행사 전날, 업무를 마무리하고 자정이 다 되어서 퇴근을 하려고 하는데, 누군가 행사장에 서 있는 것이 보였다. 가까이 가 보니 그 임원이 늦은 시간까지 개인 PT 연습을 하고 있었다. 자신의 PT 내용을 일일이 녹음하고 동선을 짜며 연습에 열중하는 모습을 보면서 많은 것을 느꼈다. 최고의 커뮤니케이터로 인정받고 있는 그가 단 5분을 위해 자신이 할 수 있는 최선을 다하는 모습이 매우 인상적이었다.

이 글을 읽고 있는 당신은 면접 전날 무엇을 할 것인가. 긴장 완화를 위해 일찍 잠자리에 들 것인가. 아니면 부족한 기업에 관련한 자료를 살펴볼 것인가? 삼성 면접장까지 올라온 것을 마라톤으로 생각하면 40km 가까이를 열심히 뛰어 이제 막 운동장에 들어선 것이다. 그동안 열심히 쌓은 학점, 어학연수까지 다녀오면서 올린 어학 등급, 치열하게 준비한 SSAT 시험, 다양한 인턴 생활과 자격증, 밤새 작성한 에세이, 이 모든 것의 최종 평가는 면접을 보는 단 하루 만에 끝이 난다.

운동장에 들어온 마라토너는 심장이 터질 때까지 뛰어야 한다. 이 글을 읽는 독자 중에 실제로 삼성 면접을 앞두고 있다면 후회가 남지 않도록 정진하기 바란다. 이 면접만 통과하면 길고긴 구직 활동은 끝을 맺는다. 부디 끝까지 정진하기 바란다.

에필로그

제도는 변해도 **본질은 바뀌지 않는다**

다음은 2014년 11월 5일, 〈한국경제〉에 실린 기사 중 일부이다.

직무 적합성 통과해야 '삼성 고시' 본다

삼성그룹이 내년 하반기 대졸 신입사원 공채부터 직무 적합성 평가를 도입하는 등 채용 제도를 개편한다. 지금은 일정한 학점과 영어 점수만 있으면 누구나 볼 수 있는 삼성직무적성검사(SSAT) 응시 자격을 직무 적합성 평가 통과자로 제한하기로 했다. SSAT 이후 면접 단계에서도 창의성 면접을 추가하기로 했다. 삼성은 5일, 이 같은 내용을 핵심으로 하는 대졸 신입사원(3급) 채용제도 개편안을 발표했다. 이로써 삼성의 대졸 공채제도는 현재 'SSAT-실무 면접-임원 면접' 3단계에서 내년 하반기 이후에는 '직무 적합성 평가-SSAT-실무 면접-창의성 면접-임원 면접'의 5단계로 바뀐다. 직무 적합성 평가는 연구개발·기술·소프트웨어 직군의 경우 전공 능력, 영업·경영지원 직군은 에세이를 통해 직무 적합성을 측정하며 이를 통과한 응시자만 SSAT를 볼 수 있다. 이에 따라 연간 20만 명에 달하는 SSAT 응시 인원이 내년 하반기부터는 상당 폭 줄어들 것이라는 관측이 나온다. 또 창의적이고 우수한 인재를 확보하기 위해 구글식 토론 면접을 도입한 점도 특징이다. 하지만 취업 준비생들은 채용 단계가 늘어나면서 지원 기회조차 얻지 못하는 것 아니냐며 불안해하고 있다.

삼성 채용은 2015년 하반기부터 큰 변화를 겪게 될 예정이다. 지난 2014년 초에 서류 전형 부활과 총장추천제 도입 등 프로세스 개편안을 발표했지만, 상당한 비난 여론 때문에 철회하였다. 2015년 하반기부터 새롭게 도입할 '직무 적합도 평가' 전형 역시 사실상 서류 전형의 부활이 아니냐는 우려의 목소리가 높다.

지원 자격이 충족된다면 누구에게나 직무적성검사의 기회를 부여한다는 것이 삼성 채용 프로세스의 가장 큰 특징이다. 서류 전형이 없다는 것은 소위 '스펙'으로 지원자를 줄 세우지 않겠다는 뜻이다. 그런데 그런 삼성이 서류 전형을 도입하겠다고 하는 것은 '스펙'의 비중을 높이고 수많은 지원자의 직무적성검사 응시 기회를 박탈하는 것 아니냐는 것이다. 총장추천제 역시 대학별 추천 할당 수를 달리하며 '기업이 대학 줄 세우기를 부추기고 있다'라는 비난을 받았다.

하지만 삼성 입장에서는 현행 프로세스가 상당한 부작용을 야기하고 있다는 점을 고민해 왔을 것이다. 공개적으로 문제 삼는 사교육 시장 문제 외에도, 한 해 20만 명 이상의 응시자 수로 인해 제반 비용이 엄청나게 증가하고 있다. 공채 진행 과정에서 지출되는 비용이 100억 원 내외라고 하니 아무리 국내 1위 기업이라 해도 무시하지 못할 것이 확실하다.

삼성은 국내에서 가장 많은 인원을 채용하고 있고, 삼성의 움직임에 따라 모든 대기업의 채용 과정이 영향을 받는다. 효율성과 사회적 형평성을 모두 지켜야 하는 프로세스 개편은 삼성 입장에서 상당히 어려운 일이었을 것이다. 기존의 서류 전형이 아니면서도 직무적성검사 응시 인원을 추려 낼 전형 단계로 고민 끝에 등장한 것이 '직무 적합도 평가' 전형이다.

우선 인문계 지원자들은 인적 사항만 기재했던 현행 프로세스와 달리 직무 에세이를 작성해야 한다. 자기소개서를 먼저 작성하는 일반 대기업 전형과 순서가 일치한다. 다만, 철저하게 '지원 직무와 관련되는 사실'에 대해서만 평가하겠다는 것이 일반 서류 전형과 다른 점이다. 지원 직무와 연관성이 없는 이력이나 스펙(기준 이상의 어학 점수, 단순한 봉사활동, 어학연수 등)에 대해 고려하지 않겠다는 뜻이다.

이공계 지원자의 경우 아직 구체적인 평가 방법이 나오지는 않았지만 연구개발·기술·소프트웨어 직군의 경우, 전공 능력을 평가한다는 계획이다. 이수한 전공 과목의 수, 난이도, 학점이 평가 잣대가 될 것이다. 삼성은 "'학점 인플레' 우려가 나올 수 있지만 일단 대학의 학점 제도를 신뢰한다는 전제에서 이 제도를 시행하는 것이다."라고 밝혔다.

따라서 이공계 취업 준비생들은 단순하게 총점 학점을 높이기 위해 노력할 것이 아니라, 난이도 있는 과목, 본인의 계열사 직무와 연결되는 과목에 집중적으로 도전해야 한다. 또한 관련 과목의 높은 학점 획득은 필수이다. 분명 학부 연구생 같은 과정을 통해 실전형 프로젝트를 많이 수행하는 것이 직무 적합도 평가에서 고득점을 획득하는 첩경이 될 것이다.

또한 S/W 직군의 구직자들은 관련 전문성을 보다 깊게 평가하기 위해 SSAT 시험도 소프트웨어 역량 테스트로 대체된다고 한다. 소프트웨어 역량 테스트는 어떠한 주제를 제시한 뒤 4시간 동안 그와 관련된 코딩과 알고리즘 등을 개발하는 방식으로 이루어진다. 평소 C언어 같은 컴퓨팅 언어를 친숙하게 학습하는 것이 중요할 것이다.

면접 영역에도 변화가 있다. 바로 '창의성 면접'의 신설이다. 기존의 삼성 면접은 PT 면접과 임원 면접의 이원화된 단순 구조였다. 사실 타 기업에 비해 삼성의 면접 프로세스가 비교적 심플했던 것은 사실이다(물론 PT 면접의 전공 난이도는 최고이다.).

그러나 2015년 하반기부터는 채용 프로세스의 대대적 변화에 맞춰 3단계로 다원화될 예정이다. 아직까지는 창의성 면접에 대한 구체적인 자료가 없다. 삼성에서는 원론적으로 면접위원과 지원자의 토론 방식으로 진행이 될 것이고, 독창적인 아이디어와 논리 전개 과정을 평가한다고 공표했다. 나는 여기서 두 가지 가능성에 대해 언급하고자 한다.

첫 번째, 토론 면접 형태이다. 과거 삼성 면접에는 토론 면접이 존재했다. 사회적인 현안을 두고 찬반 토론을 시키는 형식이었다. 기업에서 토론 면접을 시행하는 이유는 무엇일까? 구직자들의 시사 상식 능력을 테스트하기 위해서? 아니다. 이 부분은 이미 SSAT 직무 상식을 통해 체크하고 있다. 기업에서 토론 면접이나 비슷한 롤 플레이 면접을 시행하는 이유는 단 하나, '회의실

에서 온당한 멤버로 업무를 진행할 수 있느냐?'를 가늠하기 위해서이다

　삼성에 있을 때 내 업무 시간의 절반은 회의로 활용되었다. 회사에서 많은 회의를 하는 이유는 무엇일까? 회의는 최적안을 찾아 나가는 일련의 브레인스토밍 과정으로, 공동체 조직문화를 가지고 있는 기업에서는 시너지를 찾기 위해 꼭 필요한 과정이다.

　그렇다면 회의실에 있어서는 안 되는 사람은 어떤 유형일까? 두 부류, 즉 한 부류는 벙어리 삼룡이형이고, 나머지 한 부류는 남의 말을 듣지 않고 자신의 생각만 주장하는 독불장군형이다. 경우에 따라서는 전자인 방관형 부류보다 후자 쪽이 회사에 더 큰 손실을 끼친다.

　면접장에서도 마찬가지이다. 면접장은 정치 토론장이 아니다. '내가 다른 구직자들을 나의 논리로 제압하면 내가 승자가 되겠지.'라는 생각을 가지면 안 된다. 상대방의 의견을 경청하면서 본인의 논리력을 보여 주어야 하고, 협업을 할 수 있고 절충안을 찾아갈 수 있는 구직자로 보이도록 노력해야 한다. 어찌 보면 토론 면접과 롤 플레이 면접은 가장 쉬운 면접이다. 참여율을 평균 이상으로 끌어올리는 것, 독단적인 모습을 보이지 않는 것, 이 두 가지 대전제만 기억하면 되기 때문이다. 물론 과거 삼성의 토론 면접이 부활할 가능성은 없다.

　하지만 이미 삼성의 금융권 계열사들은 시장 상식을 배제한 채 비즈니스 상황을 근간으로 롤 플레이를 진행하고 있다. 이러한 면접은 2015년 하반기

에 모든 계열사의 영업 직군으로 횡전개될 것이고, 합숙 면접이나 종일 면접으로 진행이 될 것이다. 또한 면접 시간이 길기 때문에 영업 구직자들은 본인의 과대 포장을 철저하게 방어할 수 있어야 한다. 확언할 수는 없지만 창의성 면접에서도 면접관과의 토론을 통해 앞서 이야기한 협업 능력을 평가받을 수도 있다.

두 번째, 창의성이라는 면접의 타이틀을 고려하고 독창성과 논리 과정을 평가한다고 생각하면 구글이나 컨설팅 회사에서 진행되는 면접을 예상할 수도 있다. 이 경우에는 페르미 추정과 같은 면접이 진행될 수 있다. '서울에 있는 중국집의 개수를 유추해 보아라', '골프공에 있는 홈의 개수를 추정해 보아라'와 같은 식의 논리 구조 면접이 진행될 수 있다. 이는 당연히 답이 중요한 면접이 아니다. 핵심은 본인의 논리력 표현이다. 하지만 현실적으로 이런 논리력을 완벽하게 유추하기가 불가능하다. 내가 언급하는 팁은 본인이 말한 논리의 약점을 본인 스스로 지적하는 것이 중요하다.

서울의 중국집 개수를 유추해 낼 때 본인이 살고 있는 아파트 단지를 거점으로 인구당 중국집의 개수를 표준화하여 유추했다고 하면 실제 표본 집단이 본인의 아파트 단지는 아닐 것이다. 일인 가구가 많은 주거지의 경우 배달 음식의 수요가 많아 중국집 비율이 올라갈 것이고, 대형 아파트 단지라면 시니어 계층의 비율이 높아 그 비중이 줄어들 것이다.

이런 식으로 본인 논리의 약점을 본인 스스로 지적한다면 당연히 논리력은 올라갈 것이다. 결국 첩경은 없겠지만 본인 스스로 논리력을 올리기 위해 스스로 발표를 진행해 보고, 신문을 꾸준히 읽어 부가 지식을 쌓기 위한 노력을 해야 한다.

새로운 프로세스를 시행하기 전인 현 시점에서 구체적인 사항을 말하기는 힘들다. 실제로 채용 과정을 몇 번 진행하고 반응을 보고 수정하면서 자리를 잡아가야 한다. 하지만 이러한 변화가 이전과 비교해 전혀 새로운 것은 아닐 것이다.

기존의 자기소개서나 면접에서 가장 중요한 것은 직무 역량이었다. 이는 겉모습이 변해도 결코 변하지 않는 핵심이다. 구직자들은 직무에 대한 이해가 선행되어야 취업 합격률을 올릴 수 있다. 이 책을 기본으로 삼고 차근차근 준비한다면 어떤 상황에서도 당황하지 않고 대처할 수 있을 것이다. 결국은 본인의 의지에 달려 있다. 지레 겁먹고 포기하지 말고 끝까지 열정을 다한다면 합격에 한 발 더 가까이 다가갈 수 있을 것이다

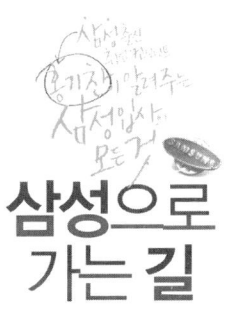

삼성으로 가는 길